国宏智库青年丛书

北京市实现更高质量
就业评价研究

王阳◎著

中国社会科学出版社

图书在版编目（CIP）数据

北京市实现更高质量就业评价研究／ 王阳著 . —北京：
中国社会科学出版社，2021.5
（国宏智库青年丛书）
ISBN 978 - 7 - 5203 - 7871 - 0

Ⅰ.①北⋯　Ⅱ.①王⋯　Ⅲ.①就业—质量评价—研究—
北京　Ⅳ.① D669.2

中国版本图书馆 CIP 数据核字（2021）第 022821 号

出 版 人　赵剑英
策划编辑　喻　苗
责任编辑　刘凯琳
责任校对　任晓晓
责任印制　王　超

出　　版　中国社会科学出版社
社　　址　北京鼓楼西大街甲 158 号
邮　　编　100720
网　　址　http://www.csspw.cn
发 行 部　010 - 84083685
门 市 部　010 - 84029450
经　　销　新华书店及其他书店

印　　刷　北京明恒达印务有限公司
装　　订　廊坊市广阳区广增装订厂
版　　次　2021 年 5 月第 1 版
印　　次　2021 年 5 月第 1 次印刷

开　　本　710×1000　1/16
印　　张　15.5
字　　数　231 千字
定　　价　86.00 元

　　就业是民生之本、财富之源、社会稳定之基。就业包括数量（或称规模）、结构和质量等。比较而言，就业数量和就业结构问题已经普遍受到了世界各国政府和学界的重视。20 世纪 70 年代，西方发达经济体，如美国、欧盟成员国的劳动力市场政策制定者，开始探索超越单纯数量意义的就业概念，进一步深入到分析劳动者从就业过程中获得的全部效用和价值，这就是"就业质量"。当然，就业质量问题真正进入人们关注的视野还是在 90 年代末期。1999 年，时任国际劳工组织总干事的胡安·索马维亚提出了"体面就业"的概念和理念，自此以后，很多国家都将就业质量纳入了议事日程。国际劳工组织发布的《2016 世界就业与展望》显示，"工作贫困"正日益成为世界各国尤其是发展中国家和新兴国家就业的一个突出问题。同时，该报告的数据显示，阿拉伯国家的"工作贫困"率接近 40%，南亚接近 50%，而位于南非洲地区的撒哈拉则几乎达到 70%。如何为大量的就业人口提供足够多的体面工作岗位，是各国及地区面临的共同挑战。2016 年"工作贫困"概念的提出，为深入推进就业质量的研究指明了方向。

　　近年来，随着我国经济进入新常态，经济增速有所放缓，经济增长动力不足。尽管就业形势总体稳定，但是受到各种宏观因素和政策的影响，就业稳而承压，问题和隐忧增加。当前，就业质量已经成为我国各级政府促进就业工作的一项重要内容。《中华人民共和国国民经济和社会发展第十三个五年规划纲要》提出，实施更加积极的就业政策，创造更多就业岗位，着力解决结构性就业矛盾，鼓励以创业带就业，实现比较充分和高质量的就业。《"十三五"促进就业规划》明确要求，到 2020 年，就业规模稳步扩大，就业质量进一步提升。这都体现了在以民为本、以人为本的理念指导下，对就业工作要求的不断提高，实现从注重就业数量向就业数量与质量兼顾的转变。

本书包括十个章节，围绕实现更高就业质量问题，以北京市为主要地区，开展了系统、深入的研究。各章节相互支撑、补充，既有综合性研究，又有专题性研究和社会调查研究，还有观点综述研究。

第一章《北京市实现更高质量就业评价研究》指出，近年来，北京市就业岗位数量、区域分布和就业结构经历了深刻变化。更高质量就业指，劳动者获得更平等的就业机会和权利、更稳定的岗位和保护、更安全的环境和条件、更体面的收入和保障，及更和谐的关系和氛围。实证结果显示，北京市就业质量呈现"W形"波动上升趋势，其中工作安全性和就业稳定性的贡献最大。当北京经济形势较好时，经济增长对就业质量有较强预测作用，但当经济增速放缓、增长动力不足时，就业质量仍能延续增长势头，显示出"福利刚性效应"。结合西城、海淀、石景山、朝阳和门头沟等区的调研，发现存在区域经济增长创造低端劳动力就业机会乏力，工资水平仍然偏低、体面劳动尚需环境改善，及就业政策促进困难人员就业的效率不高等问题。建议将"提升就业质量，改善就业环境，促进职工尤其是就业困难人员就业比较充分"作为重要目标，加强经济增长与解决就业联动机制建设，完善并落实就业扶持政策，加强服务和管理，大力规范劳动用工行为，改善劳动条件，积极主动化解劳动关系矛盾纠纷，努力在重点领域和薄弱环节改进工作、释放政策红利。

第二章《就业政策稳就业、促就业效果评估》指出，改善就业政策稳定就业、促进就业效果，是促进劳动者及其家庭发展的重要举措。使用过程评估方法，认为就业政策已产生一定积极效果，将就业困难人员作为重点扶持对象解决失业问题，社会保障和就业财政支出的均等化水平不断提高，及运用多种手段鼓励市场主体提供就业岗位和服务。但是不能高估政策的绩效，因为对家庭发展还有诸多不利影响。就业政策的主要问题是，存在城乡分割和区域分割、基本经费保障程度低，及扶持对象的定位偏向。建议以"权利公平、救助高效、受惠广泛"为目标调整完善就业政策，按照实际居住地确定政策扶持的家庭对象，在省级就业专项资金中安排服务基本经费，扩大财税和金融政策支持对象范围，以使流动家庭获得更多政策扶持，失业家庭有更多单位就业机会，及就业家庭实现更高质量的就业，促进家庭可持续发展。

第三章《北京市实现更高质量就业水平评价及就业政策再完善》构建了北京市就业质量水平评价指标体系，并拟合就业质量水平指数，使用熵值法测算 2006—2015 年的指数值，发现北京市就业质量水平呈现"上升趋势的 W 形"。得益于工作安全性、就业稳定性和收入保障性，全市就业质量水平较高，且背离经济形势呈现"福利刚性"特点。目前，北京市就业仍有"质量"问题，应进一步完善政策，促进职工体面劳动、全面发展。

第四章《宏观经济政策的就业效应研究》充分利用宏观经济数据的信息，以我国 118 个宏观经济变量的季度数据为基础，采用要素扩展的向量自回归模型估计了财政政策、货币政策对中国就业与经济增长的影响。研究发现：第一，扩张性的财政政策能够有效地促进城镇单位就业、城镇国有和集体单位就业的增长；第二，除了增加货币供给 M0 的扩张性货币政策对城镇国有和集体单位的就业有微弱的促进作用之外，增加货币供给 M1、M2 以及降低利率的扩张性货币政策对城镇单位就业、城镇国有和集体单位的就业均有较强的抑制作用；第三，扩张性的财政政策和扩张性的货币政策均能有效地促进我国的经济增长。建议如果促进就业是宏观调控的关键政策目标，则应当以扩张性的财政政策为主，如果促进就业和经济增长都是宏观调控的关键政策目标，则应当采用扩张性的财政政策和扩张性的货币政策搭配使用的政策组合，而不应当单独采用扩张性的货币政策刺激经济增长，这样会造成"无就业的经济增长"。

第五章《安全生产监管制度实施情况评估》指出，我国安全生产监管制度不能适应安全生产形势要求，亟待完善。安全生产监管正面临严峻形势，主要表现为部分重点行业安全生产问题突出，重特大事故频发以及职业病危害严重等。究其原因，安全生产监管制度存在突出问题，包括相关法规政策不完善，监管执法主体不明确，监察执法力量薄弱、监管机构缺乏独立性以及安全监管社会制约机制尚未形成。建议下一步工作要以维护市场秩序、保护劳动者安全健康权益、保障市场稳定运行为目标，推动形成法规完善、保障有力、机制健全、多方参与的安全生产监管制度，完善法律法规，将设立监管机构纳入法制框架，建立相对独立的监管机构，加强统筹协调，培育和发展安全生产的社会监督机制，激活行业自律行为，着力完善对安全生产监管机构的监督制衡制度，形成对行政监管行为的社会制衡机制。

第六章《基于行业、企业的结构性就业矛盾分析及政策建议》指出，当前阶段，就业总体呈稳定态势，但就业风险在不断累积加大。从行业和企业的就业特征看，就业的结构性矛盾在不断加深。制造业就业岗位流失与服务业就业扩张不稳同时存在，行业就业风险有所加大；一些企业经营状况不佳、用工需求不足直接加剧了就业矛盾。建议适应经济发展新常态，实现经济增长和就业增长的良性互动；营造良好环境，努力化解结构性就业风险的扩大。

第七章《北京市就业服务领域政策实施情况调查研究》指出，北京市就业服务政策有利于家庭发展的做法有三个，一是直接将"零就业家庭""纯农就业家庭"等城乡特定家庭列为扶持对象，二是安排专项资金，落实政策执行责任，规范基层平台服务标准，三是运用多种手段扩大服务供给，提高服务质量。但是不能高估当地就业服务政策的积极效果。因为从可持续发展的视角审视，家庭未能实现公平、高效和共同发展。问题在于，政策扶持的家庭对象是本地户籍家庭、执行所需的工作经费由区县财政负担，及当前的主要任务是解决失业问题。建议按照实际居住地确定政策扶持的家庭对象、在市级就业专项资金中安排服务基本经费，及扩大财税和金融政策支持对象的范围，以提高政策在稳定就业和提升职业价值上的效果，促进家庭可持续发展。

第八章《国内外就业质量水平评价的研究综述》以就业质量水平评价为核心，通过整理和归纳已有的国内外研究文献，对就业质量提出的理论背景、就业质量概念的界定、就业质量指标的选取、就业质量水平的评价和就业质量的测量方法等进行了综述。国内研究起步晚、发展迅速，研究成果日益增多，但在指标设计、评价方法、结果应用等方面存在不足，也是下一步要重点开展的研究工作，以北京市为例，应着重建立就业质量水平指数，使用客观分析方法确定指标系数，评价就业质量水平及其变化趋势，为完善北京市就业政策提供决策参考。

第九章《国内外就业服务政策研究观点综述》指出，已有的研究文献分为就业服务及相关政策研究，以及家庭维护和工作家庭平衡研究等两类。文献数量较多，学科领域广，不乏国外经验介绍。对就业服务政策功能的论述包括导向、财富分配和资源配置，以及管理等三个，对政策效果的论述包括预防和解决失业问题，维护和保持就业稳定，以及促进和提升职业价值等三个。就业服务政策不利于家庭的观点分为政策对象、政策工具和政策方案等三类，而政策的问题分为政策主体、政策过程和执行落实等三个方面。国外就业服务政策有利于家庭的做法广泛且丰富，经验值得学习。已有的研究从政策主体、政策过程和政策安排三个领域，提出了调整、完善就业服务政策的建议，总体上是，增加政策主体，调整政策过程，以及完善政策安排。建议以"增加家庭福利和服务"作为就业服务政策目标，解决"就业服务政策增加家庭福利和服务低效和失效"的问题，促使来自政府、市场和社会的多方主体关注劳动者及其家庭需要，扩大向劳动者及其家庭提供福利和服务。

最后，本书还收录了三个对研究起到重要支撑和参考作用的资料，包括《北京市主要就业创业政策的目录》《北京市现行就业创业政策对象及待遇标准》，以及《北京市就业质量水平评价指标重要性的调查问卷》等。三个附件皆由笔者整理和设计完成。

2015年8月，笔者作为课题负责人，有幸承担了北京市社会科学基金一般项目"北京市就业质量水平评价及完善就业政策研究"（项目编号：15JGB132）。在之后的几年里，笔者在就业质量领域持续跟踪研究，尤其是针对北京市实现更高质量就业问题展开了深度探索，独立完成了多篇研究报告和学术论文。本书收录了笔者主要的研究报告和重要的研究发现，以飨读者。

希望在新阶段、新理念、新格局下我国实现更高质量就业相关研究能够继续深化，多出有前瞻性和建设性的研究成果，助力各领域的劳动者实现体面劳动、全面发展。

王阳

2020 年 6 月

目 录
Contents

第一章

北京市实现更高质量就业评价研究

一 引言

就业历来是重要的民生议题。近年来，"在职贫困"或称"工作贫困"（Working poor）的问题持续蔓延。劳动者即使拥有一份稳定的工作，并且努力工作，所能得到的工资收入依然不足以满足其本人及家庭成员维持合理生活的需要。根据国际劳工组织发布的《2016 世界就业与展望》显示，"工作贫困"正日益成为世界各国，尤其是发展中国家和新兴国家就业的一个突出问题。同时，据该报告的数据显示，阿拉伯国家的"工作贫困"率接近 40%，南亚接近 50%，而位于南非洲地区的撒哈拉则几乎达到 70%。[①] 如何为大量的就业人口提供足够多的体面工作岗位，是各国及地区面临的共同挑战。

就业包括数量（或称规模）、结构和质量等。比较而言，就业数量和就业结构问题普遍受到了世界各国政府和学界的重视。20 世纪 70 年代，西方发达经济体，如美国、欧盟成员国的劳动力市场政策制定者，开始探索超越单纯数量意义的就业概念，进一步深入到分析劳动者从就业过程中获得的全部效用和价值，这就是"就业质量"。当然，就业质量问题真正进入人们关注的视野，还是在 90 年代末期。1999 年，时任国际劳工组织总干事的胡安·索马维亚提出了"体面就业"的概念和理念，自此以后，很多国家都将就业质量纳入了议事日程。2016 年"工作贫困"概念的提出，为深入推进就业质量的研究指明了方向。

---

① 《〈2016 世界就业与展望〉发布，关注就业者在职贫困》，2016 年 8 月 25 日，搜狐新闻网（http://mt.sohu.com/20160825/n465896306.shtml）。

当前，就业质量已经成为我国各级政府促进就业工作的一项重要内容。习近平指出，"就业，牵动着千家万户的生活。如果就业问题处理不好，就会造成严重社会问题。所以，我们必须统筹抓好经济社会发展和促进就业工作，千方百计增加就业岗位，着力在提高就业质量、提高劳动人口尤其是就业困难人口就业能力、改善创业环境上下功夫，建立全员培训制度，引导劳动力适应和促进企业实现转型升级"[1]。《中华人民共和国国民经济和社会发展第十三个五年规划纲要》提出，实施更加积极的就业政策，创造更多就业岗位，着力解决结构性就业矛盾，鼓励以创业带就业，实现比较充分和高质量的就业。《"十三五"促进就业规划》明确要求，到 2020 年，就业规模稳步扩大，就业质量进一步提升。这都体现了在以民为本、以人为本的理念指导下，对就业工作要求的不断提高，实现从注重就业数量向就业数量与质量兼顾的转变。

北京市一直十分重视就业问题。2016 年《北京市"十三五"时期职工发展规划》（以下简称《职工发展规划》）提出，为职工提供就业质量提高、收入增长同步、劳动保护全面、保障形式多样、参与渠道畅通、发展平台广阔的职业环境。其中，对于就业质量提高，《职工发展规划》进一步明确要求，努力为职工创造就业更加充分公平、劳动关系更加和谐稳定的就业环境，促进绿色就业，使越来越多的职工和劳动者能够稳定就业、舒心工作、体面劳动。

在新时期、新形势和新要求下，对北京市就业质量水平变化进行客观衡量和评价，并对职工群体尤其是当中的就业困难人群的就业状况展开专门调研和剖析，既是研判北京市整体就业状况，为完善促进就业政策提供决策参考的重要手段和路径，又是进一步落实新发展理念，做好经济新常态下北京市就业工作的有力支撑和保障。

二 北京市就业的基本特点和面临的宏观环境

近年来，北京市就业形势保持总体稳定，就业结构持续优化，创

---

[1] 中共中央宣传部：《习近平总书记系列重要讲话读本（2016 年版）》，学习出版社、人民出版社 2016 年版，第 216 页。

新创业活动日益活跃，带动新就业机会不断涌现，高校毕业生等重点群体呈现多元化就业态势。但同时，受到宏观环境的影响，就业岗位数量、区域分布和就业结构等仍将处在变化过程中。

（一）北京市就业的基本特点

1. 主要就业失业指标保持在合理区间

2016 年，北京市城镇新增就业人数是 42.8 万人，比 2015 年增加了 0.2 万人，与 2005 年相比，增加了 11.3 万人，增幅达到 35.9%。2016 年末，城镇登记失业率为 1.41%，虽比 2015 年末提高了 0.02 个百分点，但仍持续保持在 2% 以下的低位水平。如图 1-1 所示，2005 年，北京市城镇新增就业人数只有 31.5 万人，2011 年攀升至近年来的最高值 44.69 万人，2016 年虽有小幅回落，但仍是保持了近 43 万人的规模。城镇登记失业率也显示出了大幅下降的稳定趋势。2005 年，城镇登记失业率高达 2.11%，2013 年下降至近年来的最低值 1.21%，2016 年虽有小幅回升，但仅增加了 0.2 个百分点，就业形势保持总体稳定。

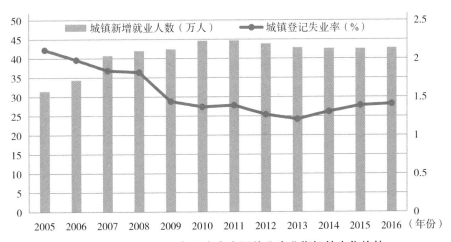

图1-1 2005—2016年北京市主要就业失业指标的变化趋势

说明：左边坐标轴对应城镇新增就业人数；右边坐标轴对应城镇登记失业率。

资料来源：北京市统计年鉴（2016）、北京市2016年国民经济和社会发展统计公报（http://www.gov.cn/shuju/2017-02/25/content_5170810.htm#1）。

2. 就业行业结构有所优化

伴随产业结构优化升级和非首都功能疏解加快推进，各行业就业有所分化。严格执行禁限目录，全年一般制造业、农林牧渔业和批发零售业新设市场主体数分别下降 72.75%、26.42% 和 18.36%，符合首都功能定位的金融业、文化体育娱乐业和科学技术服务业新设企业数分别增长 12.77%、26.76% 和 22.53%。服务业主导型就业的特征突出，2016 年全市第二产业和第三产业从业人员分别达到 193 万人和 977.5 万人，占全市就业人员总数比重分别为 15.8% 和 80.1%。[①]

第三产业是北京市人口就业的主要载体。租赁和商务服务业、批发和零售业、制造业、科技服务业、信息服务业和建筑业是全市吸纳从业人员的主要行业，占全市从业人员比重超过 60%。与 2013 年相比，工业、交通运输业和住宿餐饮业等从业人员明显减少，租赁和商务服务业、科技服务业、信息服务业、房地产和金融业等从业人员明显增加。截至 2016 年第三季度末，全市法人单位从业人员达到 1042.5 万人，增长 3.1%，呈现稳定增长态势。

3. 劳动年龄人口规模和比重双下降

北京市人口老龄化加速推进，自 2010 年以来北京市老年人口占常住人口的比重持续提高，2016 年 60 岁以上常住老年人口达到 348.4 万人，65 岁以上常住老年人口达到 230.4 万人，占总人口比重分别为 16% 和 10.6%。按国际标准衡量，一般 60 周岁以上人口占比达到 10%，或 65 周岁以上人口占比达到 7%，即进入老年型社会。常住外来人口的老龄化程度较低，65 岁以上人口占比为 4.2%，劳动年龄人口比重持续保持在 85% 以上的高位，减缓了北京市常住人口的老龄化，延长了人口红利。劳动年龄人口规模和占比持续下降。根据北京市统计局发布的数据显示，北京市 15—59 岁劳动年龄人口占比自 2010 年开始逐年下降，由 78.8% 降至目前的 73.7%，绝对数自 2014 年开始逐年减少，

---

① 《2016 年北京市经济运行情况新闻发布会》，2017 年 1 月 22 日，国务院新闻办公室网站（http://www.scio.gov.cn/xwfbh/gssxwfbh/xwfbh/beijing/Document/1540994/1540994.htm）。

由 1621.1 万人减至 2016 年的 1600 万人，与全国趋势保持一致。①

4. 创新创业活动日益活跃

持续推进"大众创业、万众创新"。强化大学生创业引领，搭建大学生创业服务平台和创业板。在北京联合大学等创业培训定点机构，开展大学生创业培训课程教学大纲使用试点，增强高校毕业生培训的针对性和有效性。大力推进创业孵化基地建设，为示范基地入驻创业实体提供人才引进、培训指导、政策对接等有针对性的服务。②2016 年，全市累计授予 141 家机构"北京市众创空间"称号，其中 125 家入选国家级众创空间，居全国首位。"新三板"北京地区新增挂牌公司 716 家、总数达 1479 家，北京地区挂牌公司募集资金 351 亿元，居全国首位，推动设立北京中关村银行。成功举办全国双创活动周北京会场活动和 2016 世界机器人大会，吸引一批世界先进技术企业及产品落户。③另根据中关村管委会数据，园区平均每天诞生科技型企业 40 家；专项调查结果显示，近四成大学生创业与互联网相关。④创新活力不断迸发，创业服务加快成长，促使大量新的就业机会不断涌现。全年北京市共扶持失业人员、农村劳动力、高校毕业生等群体创业超过 1 万人，带动就业接近 3 万人。⑤

5. 以高校毕业生为代表的重点群体就业多元化

2016 年北京高校学生就业意愿调查显示，高校学生就业意愿日益多元。一是就业区域仍主要集中在北上广等一线城市，但赴西部就业的占比上升。其中选择在北京就业的占毕业生就业人数的 71.6%，较 2015 年下降 2.5 个百分点；选择在广东和上海就业的分别占毕业生就

---

① 《北京 2016 年常住人口增量增速双下降》，2017 年 1 月 22 日，中国政府网（http://www.gov.cn/shuju/2017-01/22/content_5162253.htm）。

② 《关于北京市 2016 年国民经济和社会发展计划执行情况与 2017 年国民经济和社会发展计划的报告》，2017 年 1 月 14 日。

③ 《关于北京市 2016 年国民经济和社会发展计划执行情况与 2017 年国民经济和社会发展计划的报告》，2017 年 1 月 14 日。

④ 《中关村每天诞生科技企业 40 家》，2016 年 8 月 18 日，千龙网（http://beijing.qianlong.com/2016/0818/846475.shtml）。

⑤ 胡彭辉：《2016 年北京就业形势分析与 2017 年展望》，载《2016—2017 年北京经济蓝皮书》，社会科学文献出版社 2017 年版。

业人数的 3.3% 和 3%，占比则与 2015 年基本持平。2016 年选择赴西部就业的毕业生占 8.2%，比 2015 年提高 1.7 个百分点。二是选择机关事业单位的占比下降，私企占比上升。其中，本科和硕士毕业生选择到机关事业单位就业的比重分别为 29.4% 和 40.2%，分别比 2015 年下降 5.5 个和 0.6 个百分点；选择到大中型私企和小微企业就业的比重分别为 28.8% 和 16.5%，分别比 2015 年提高 9.7 个和 3.9 个百分点。2016 年，全市约 23 万名高校毕业生办理就业手续，就业率超过 91%，其中北京生源毕业生约 6 万人，就业率接近 92%，均与 2015 年同期基本持平。①

（二）北京市就业面临的宏观环境

1. **非首都功能疏解加快推进，显著影响就业岗位的数量和分布**

按照《京津冀协同发展规划纲要》的要求，2017 年是有序疏解北京非首都功能取得明显进展的一年。为此，北京将加快非首都功能疏解步伐，集中疏解与分散疏解并举，加快推进部分市属高校、中等职业学校、医院以及部分培训机构等社会公共服务功能疏解，实质性地推动北京市级行政性、事业性服务机构疏解；继续关停退出一般制造业和污染企业，加大大红门、官园、万通等批发市场调整疏解的力度。这些产业和功能加速向郊区以及津冀地区疏解转移，不可避免地带来关联行业就业岗位的转移和减少，加上城市运行管理服务领域劳动力供给不足的问题也逐步显现。目前疏解过程中存在的"业走人留"问题，可能释放出数量可观的剩余劳动力，将加大产能过剩行业职工分流安置压力。② 根据市统计局相关调查，在计划疏解的批发市场中，超过七成的外来从业人员选择继续漂在北京，愿意迁往京外的比例不足二成。北京传统产业企业在疏解和转型过程中也面临一定数量的分流安置人员，仅京煤集团煤矿退出后就将带来约 1.7 万名矿工的安置任务。③

① 《2016 年北京高校学生就业意愿调查结果公布》，2016 年 8 月 10 日，网易财经网（http://money.163.com/16/0810/07/BU3D2GNF00253B0H.html）。
② 胡彭辉：《2016 年北京就业形势分析与 2017 年展望》，载《2016—2017 年北京经济蓝皮书》，社会科学文献出版社 2017 年版。
③ 《市人大代表、京煤集团总经理阚兴建议设立疏解转移基金》，2016 年 1 月 25 日，京报网（http://sdjsb.bjd.com.cn/html/2016-01/25/content_347738.htm）。

2. 重点项目和工程建设带动形成新的就业集聚区

新机场、通州副中心、冬奥会场馆区、新首钢高端产业综合服务区等是北京未来若干年着力建设的重点区域，这些地区基础设施、公共服务等重大项目建设步伐的加快，将明显增加就业岗位、新增就业人口，建设时期将主要带动建筑业等领域就业人口猛增，运营时期将主要创造可观的服务业就业规模，并将保持持续增加的态势。数据显示，2016 年北京新机场、通州副中心等重点区域的重大项目建设增加了 4 万左右的就业人口。[①] 随着公共服务配套、基础设施建设的加快推进和逐步完善，上述重点区域有望形成服务业新业态、新产业的集中分布区，临空关联型、临空附属型、机场服务型[②]产业以及冰雪运动和冰雪旅游文化产业等将逐步形成气候，并达到一定规模，第三产业就业吸纳能力将明显增强，最终形成北京市新的充满活力的新兴产业就业集聚地区。

3. 产业转型升级对就业的影响日益凸显

主要表现在如下四个方面：一是信息技术进步下新业态带来新岗位。互联网的普及和创新为众创空间、网店、微商等的发展创造有利条件，创造新经济的增长空间，衍生出一批新模式和新业态，在线旅游、在线医疗、在线教育、网络约车、第三方支付等蓬勃发展，个性化定制、普惠金融、智慧城市等新模式越来越火爆，将有助于满足新增青年劳动力的就业需求，传统服务业就业被替代的步伐将逐步加快。[③] 二是"机器替代人"的趋势更为凸显。北京市大力发展高精尖产业过程中，部分领域将更多地使用机器人，如智能制造等领域，这必将带来工业行业就业人数的减少。2016 年，北京京东方年产 1800 万台整机智能制

---

① 《通州全境纳入北京城市副中心，未来疏解 40 万人口》，2016 年 5 月 10 日，中国新闻网（http://www.chinanews.com/gn/2016-05-10/7864133.shtml）。

② 临空关联型主要为与机场功能直接有关的产业，如物流、配送及适宜空运的高新技术产业；临空附属型则大多指机场相邻而得益的产业，主要有会展业、分销中心等；机场服务型则包括宾馆、餐饮业、商业中心、金融业、咨询业以及基本的服务设施等。

③ 胡彭辉：《2016 年北京就业形势分析与 2017 年展望》，载《2016—2017 年北京经济蓝皮书》，社会科学文献出版社，2017 年。

造生产线项目约 3/4 采用机器人等自动化设备，预计全市工业领域机器替代人工的势头将日益突出，重点产业聚集区以及汽车、电子等产业的母工厂将大量应用机器人等智能制造装备，工业用工人数逐步下降。[①] 有关数据显示，全球最大的工业机器人市场是中国。2015 年，我国工业机器人保有量突破 40 万台，2016 年安装的工业机器人数量更是位居全球之首。[②] 三是高精尖人才供需结构性矛盾将持续存在。在人才需求方面，产业转型升级加速背景下，全市大力发展高精尖产业，着力提升生活服务业发展品质，产生日趋旺盛的中高端人才需求。同时，北京市中高技能人才总量仍然不足，高精尖人才供给不足与需求旺盛的结构性矛盾将持续存在。四是居民消费观念更新、消费结构升级不断创造就业机会。教育、医疗保健、养老、文化娱乐、体育、旅游、餐饮等服务业的发展，产生越来越多的就业岗位，巩固提升服务业就业的主导地位。[③]

三 北京市加强就业扶持的主要措施

北京市用于调节就业服务与被服务关系，指导公共就业服务机构行为的一系列政策，形成了相对完整和系统的就业政策体系（附件 1 列出了北京市主要就业创业政策的目录）。目前，北京市已将城乡特定家庭纳入政策扶持对象范围，安排就业再就业资金，加强就业援助；同时，明确区、县级政府的政策执行责任，规范基层平台服务标准，此外，综合使用法律、财税和金融等手段，鼓励多方主体增加服务供给，提高服务质量。

---

① （1）《京东方年产 1800 万台整机智能生产线开建》，2016 年 1 月 15 日，中国机器人网（http://www.robot-china.com/news/201601/15/30279.html）。（2）《京东方 A: 关于投资整机智能制造生产线项目的公告》，2015 年 12 月 3 日，东方财富网（http://data.eastmoney.com/notices/detail/000725/AN201512020011680716,JUU0JUJBJUFDJUU0JUI4JTlDJUU2JTk2JUI5QQ==.html）。

② 《2016 年中国工业机器人保有量全球第一》，2016 年 7 月 18 日，中国机器人网（http://www.robot-china.com/news/201607/18/34189.html）。

③ 胡彭辉：《2016 年北京就业形势分析与 2017 年展望》，载《2016—2017 年北京经济蓝皮书》，社会科学文献出版社，2017 年。

（一）将特定家庭作为一类群体纳入政策扶持对象的范围

零就业家庭是指城镇家庭中，所有法定劳动年龄内、具有劳动能力和就业愿望的家庭成员均处于失业状态，且无经营性、投资性收入的家庭。2006年《中共中央关于构建社会主义和谐社会若干重大问题的决定》要求，扩大再就业政策扶持范围，健全再就业援助制度，着力帮助零就业家庭和就业困难人员就业。2007年原劳动保障部《关于全面推进零就业家庭就业援助工作的通知》（劳社部发〔2007〕24号）要求，各地要积极探索建立动态援助的长效机制，做到零就业家庭"产生一户，援助一户，消除一户，稳定一户"。同年，北京市原劳动保障局《关于促进"零就业家庭"劳动力就业的通知》提出，各区县要将"零就业家庭"劳动力列为重点帮扶对象，通过加强就业服务、加大政策扶持力度、实施动态跟踪服务等措施，尽快促进"零就业家庭"至少1人实现就业。并且，该政策还指出，"零就业家庭"不仅是城镇的非农业户籍家庭，还包括农村的农业户籍家庭，只要后者中的家庭成员未从事一产经营项目，进行了转移就业登记，且无一人在二、三产业就业。2010年《北京市"纯农就业家庭"转移就业援助工作意见》出台，又将"纯农就业家庭"纳入重点援助对象的范围。此外，一些家庭成员也是政策重点帮扶的群体，如随迁配偶、随军家属等。

（二）安排专项资金，明确执行落实责任，规范服务标准

2008年《就业促进法》（中华人民共和国主席令第七十号）规定，县级以上人民政府建立健全公共就业服务体系，对就业困难人员实施就业援助，公共就业服务经费纳入同级财政预算。2009年《北京市就业再就业资金管理办法》（以下简称《管理办法》）提出，建立市级就业再就业资金，包括财政预算安排的就业专项资金和失业保险基金预算安排的促进就业资金；建立区、县就业专项资金，纳入区县财政预算。就业援助涉及多项就业促进政策，包括职业介绍补贴政策、职业培训补贴政策、岗位补贴和社会保险补贴政策、税费减免政策、小额担保贷款政策、社区（社会）公益性就业组织"托底"安置就业特困

人员补助政策、资金补贴政策，及免费服务政策等（附件2列出了北京市现行就业创业政策对象及待遇标准）。对于上述政策所需资金的保障，《管理办法》明确提出，由就业再就业资金列支，同时还规定，市、区（县）财政预算安排的就业专项资金可用于扶持公共就业服务，资金的列支范围包括公共就业服务机构为各类就业困难人员开展的就业援助，及为失业人员开展的各项公共就业服务支出等。扶持公共就业服务资金必须单独安排、单独核算、单独管理，不得与其他就业专项资金相互调剂使用。

人力资源和社会保障基层公共服务平台是直接面向群众提供就业服务的基层单位。目前，北京市各街道、乡镇都已成立了社保所，98%以上的社区和行政村组建了就业服务组织。社保所为全额拨款事业单位，所需经费列入同级财政预算。截至2016年底，全市有社保所329个，工作人员4548名，负责失业人员动态管理和就业服务、退休人员社会化管理服务等工作，为约1200万名失业人员、社会化管理退休人员、城乡低保人员等提供服务。

建立健全工作机制，颁布实施服务标准，推动服务管理规范化、标准化。2004年北京市原劳动保障局《关于加强全市街道（乡镇）劳动保障工作行风建设的意见》提出，从规范服务内容、明确服务标准，优化服务流程，提高办事效率和服务质量入手，将基层劳动保障平台工作纳入年度行风考核中。

（三）运用多种手段，鼓励并引导多方主体扩大服务供给

北京市就业服务的供给主体，不仅有市、区（县）、街道（乡镇）、社区（村）四级公共就业服务机构，还有用人单位、各类就业服务机构、社区（社会）公益性就业组织、工会、妇联和残联等。对于用人单位、各类就业服务机构和社区（社会）公益性就业组织提供就业服务的，政府通过法律、财政税收、金融和行政等手段，给予了行政上和经济上的支持。《北京市就业援助规定》明确提出，公共就业服务机构应当优先为提供岗位空缺信息的用人单位提供服务。免费为就业困难人员提供职业介绍、职业指导等服务的职业中介机构，按照国家和

本市有关规定享受职业介绍补贴。免费为就业困难人员提供职业技能培训、创业培训、技能鉴定的职业技能培训机构、职业技能鉴定机构，按照国家和本市有关规定享受培训补贴、鉴定补贴。用人单位招用就业困难人员的，按照国家和本市有关规定享受营业税、企业所得税等税费减免，贷款贴息，养老、医疗、失业等社会保险补贴和岗位补贴。[①]

财政税收手段是政府运用最广泛的政策工具，连同金融手段、法律手段和行政手段，形成了一系列的面向公共部门、私人部门和非营利组织的扩大就业服务供给政策。从北京市的例子看，政府用于鼓励其他主体扩大就业服务供给的政策共计9类（不包括一项地方性法规——《北京市就业援助规定》），其中，有7类都属于财政税收政策，另外有1类属于金融政策，1类属于行政规定。多种政策手段的组合使用，促使了各类主体积极参与和增加服务供给，特别是直接扶持特定家庭的就业援助，与之相关的岗位补贴和社会保险补贴政策和税收减免政策，正是吸引社会各类用人单位招用城乡就业困难人员的主要原因。据北京市人社局2015年的调查结果显示，2008—2014年，累计有4810家用人单位享受岗位补贴政策，有3560家用人单位享受社会保险补贴政策，其中，全部或部分考虑政策补贴因素的用人单位占补贴单位总数的39%。对于城乡就业困难人员而言，用人单位提供的就业岗位增强了其就业稳定性。据调查结果显示，城乡就业困难人员的劳动合同签订期限在三年以上至无固定期限的达到52.3%，并且还有88%的用人单位愿意与其续签劳动合同。

四 北京市就业质量水平的评价：运用主、客观赋权法的综合分析框架[②]

更高质量就业指就业带给劳动者更平等的机会和权利、更稳定的

---

① 引自《北京市就业援助规定》的第十三条、第十四条和第十五条。

② 本部分及以后内容收录于王阳、赵柳合作完成的《北京市实现更高质量就业水平评价及就业政策再完善》，载《北京健康城市建设研究报告（2017）》。

岗位和保护、更安全的环境和条件、更体面的收入和保障，及更和谐的关系和氛围。为此，要评价就业质量水平，就至少从劳动力市场、就业稳定性、工作安全性、收入保障性和劳动关系和谐度等五个维度展开。同时，评价指标体系应力求全面、系统和综合，也就是通过编制一揽子的就业质量水平评价指标池，采用客观赋权法确定指标权重，构建北京市就业质量水平指数（通过主观赋权法的结果检验），从而对北京市就业质量水平进行多角度、立体式、动态化而又突出重点的整体性评估和比较分析。

（一）就业质量水平评价的研究述评

就业质量反映劳动者与生产资料结合的状况，包括工作的性质（此处指是否为自由、自愿地选择就业）、聘用条件、工资水平、工作稳定性、工作环境、社会保险和劳动关系等主要内容（曾湘泉，2012；Bescond, D. et al., 2016；R. Johri, 2016），其与就业数量一起，是综合反映就业"一体两面"的概念（Ministers, H., 2006；赖德胜、石丹淅，2013；Anker, 2015）。就业质量不仅关系到劳动者的权益保护，其优劣还会直接影响就业数量（Fredrick, 2007；杨宜勇，2000；王阳，2013）。本部分详见综述报告《国内外就业质量水平评价的研究综述》。

针对就业质量水平评价的研究，国外文献已经取得三个重要进展。具体如下：一是建立了微观工作层面就业质量评价体系。已有文献使用了工作满意度、自由、公平、工作生活平衡度、个人尊严和安全等指标（L. Davoine & C. Ethel, 2006；Bergemann, A. & A. Mertens, 2014）。二是建立了中观劳动力市场和行业层面的就业质量评价体系。其中，劳动力市场层面的就业质量评价，主要涵盖劳动力市场的运行状况、资源配置效率，包括劳动力供求状况、公共就业服务质量（Bratberg, E. et al., 2010）。行业层面的就业质量评价，则是开发了工作岗位质量评价指标——"就业质量指数"（Employment Quality Index，EQI）。加拿大帝国商业银行（CIBC）经济委员会开发的 EQI 包含相对就业补偿指数（Weighted Ratio of Employment in High Paying & Stability Industries to Jobs in Low Paying & Stability Industries）、就业稳定性指数（Ratio of Paid

Employment to Self-Employment）和全职等量就业比重（Ratio of Full-Time to Part-Time Employment）等三个分指标（指数），[①] 并建立了 EQI 月度发布制度。三是形成了国家层面就业质量整体评估框架（R. Johri，2011；Bonnet，2014）。如国际劳工组织使用"体面劳动"指标，欧盟委员会使用"工作质量"指标[②]，欧洲基金会使用"工作和就业质量"（Quality of job and employment）指标[③] 等。2010 年，上述三个国际组织编制完成统一的"就业质量"（Quality of employment）指标体系，包括了劳动报酬、劳动安全与规范、工作时间及工作与生活平衡度、技能培训与发展、员工关系、工作稳定性与社会保护、社会对话等七项指标，并发布了法、德、加拿大等 9 个国家的就业质量水平评价报告。[④]

国内文献集中在微观层面研究，并得出了三个基本判断。具体如下：一是要从主观和客观两个角度进行评价（秦建国，2011；王阳，2014）。二是要从微观和宏观两个层次把握评价的内容。前者要关注与劳动者个体就业状况相关的要素，如工作条件、稳定与安全、个人尊重、健康与福利、社会保障、职业发展等（杨河清、李佳，2007；赖德胜等，2011）。后者要聚焦国家、地区或行业的就业质量，使用如社会保险参保率、劳动合同签约率、平均工资等统计指标（刘素华，2005；劳动科学研究所课题组，2013）。三是本土的评价体系不会等同于国外，但是两者的评价指标是能够开展比较分析的（国福丽，2009；田永坡、满子会，2013）。

总体来看，我国多数研究文献提出的就业质量水平评价体系，倾

---

① 更深入的了解，可阅读：Benjamin Tal. On The Quality of Employment in Canada, in CIBC World Market Inc. Special Report, March 8, 2006, Toronto, Canada. http://research.cibcwm.com/economic_public/download/srpt_eqi_03082006.pdf.

② 该指标既包含单个工作的特点，也包含更广泛的工作环境的特点，共计内在工作质量，技能，终身学习和职业发展，性别平等，健康和工作安全，灵活性和安全性，劳动力市场进入和包容性，工作组织和工作—生活平衡，社会对话和员工参与，多样性和非歧视，整体经济表现和生产率等 10 个维度 31 项测量指标。

③ 包括职业和就业保障、健康和福利、技能开发、协调工作和非工作生活等 4 个维度共计 13 个项目。

④ 更深入的了解，可阅读：UNECE. Measuring Quality of Employment: Country Pilot Reports. http://www.unece.org/publications/oes/STATS_Measuring QualityEmployment.E.pdf, 2011-07-30.

向于选择客观指标和微观指标，对劳动者主观感受的评价不足，从国家、地区或行业的角度评价也不足。这并不利于整体、全面乃至比较地把握我国就业质量水平，也不能将有关研究结论和建议较为确切地转化为推动我国就业质量提高的政策措施。

评价就业质量水平的初衷是面向更高质量就业，因此评价维度要考虑劳动者可主观感受到的，并且是可以利用政策工具综合协调和推动改善的内容，那么至少应包括三个维度。具体如下：一是劳动者的就业状况是否良好。好的就业状况可描述为：劳动者就业机会充分，就业结构良好，就业的稳定性、工作的安全性得到改善。二是劳动者是否能获得公平、合理的劳动报酬。合理的劳动报酬可描述为：劳动者通过就业能够获得合理的、稳步增长的劳动报酬，并且所获报酬能有效改善其家庭生活，体现劳动者自身的社会价值；同时，劳动者能享受到法律政策制度提供的、完备的和必要的社会保护，社会保险覆盖率不断扩大。三是劳动关系是否和谐稳定。和谐稳定的劳动关系可描述为：劳动者的社会组织权和合法就业权益能够得到充分、有效的保障，劳动关系改善并趋向规范，劳动争议可通过有效途径解决。

（二）北京市就业质量水平指数的构建

首先，建立北京市就业质量水平评价指标体系。甄选评价指标，依据如下四个基本原则：（1）特征明确，有代表性。从众多影响就业质量的因素中按照一定的准则选取影响程度最大的关键因素作为评价指标（莫荣，2014；R. Johri，2016）。（2）维度完整，高适用性。选取的指标应具有普遍性、多层次性，保证总体指数能够尽量客观地反映就业质量（赖德胜、石丹淅，2013）。（3）数据可得，度量可行。指标的获取、收集和整理要简便易行，数据可从官方的、公开的渠道获取（罗燕，2013；B. Tal.，2015）。（4）逻辑清楚，衡量有效。指标的划分在逻辑上保持一致，指标体系的合成能够客观、定量地反映就业质量的状态，避免指标交叉和重复（张丽宾，2014；Ramón P. C.，2016）。

北京市就业质量水平评价指标体系如表1-1所示，其中，评价维度即一级指标依照更高质量就业的概念设立五个，评价指标即二级指标进一步细分，共设立十个，具体包括城镇登记失业率、城镇新增就业弹性、单位从业人数比例、工会会员人数比例、产均工伤事件发生率、工伤事故死亡率、最低工资保护程度、社会保险保护程度、劳均劳动争议案件发生率，及劳动争议劳动者当事人数比例。表1-1同时给出了各二级指标的定义、计算方法和单位。

表 1-1　　　　　　　　北京市就业质量水平评价指标体系

评价维度	评价指标（单位）	指标的定义和计算方法
1 劳动力市场	1.1 城镇登记失业率[b]（%）	城镇登记失业人员与城镇单位就业人员（扣除使用的农村劳动力、聘用的离退休人员、港澳台及外方人员）、城镇单位中的不在岗职工、城镇私营业主、个体户主、城镇私营企业和个体就业人员、城镇登记失业人员之和的比
	1.2 城镇新增就业弹性[a]	地区经济总量每变化 1 个百分点所对应的城镇新增就业数量变化的百分点。计算公式如下：$$\frac{（当期城镇新增就业人数÷上一期城镇就业人数）×100\%}{当期地区生产总值增长率}$$
2 就业稳定性	2.1 单位从业人数比例[a]（%）	城镇单位从业人员年末人数占当期城镇从业人员总数的比例。计算公式如下：$$\frac{城镇单位从业人员年末人数}{城镇从业人员年末人数}×100\%$$
	2.2 工会会员人数比例[a]（%）	当期工会会员人数占当期从业人员年末人数的比例。计算公式如下：$$\frac{当期工会会员人数}{从业人员年末人数}×100\%$$
3 工作安全性	3.1 产均工伤事件发生率[b]（件/1亿元）	一亿元地区生产总值的当期认定（视同）工伤事件发生率。计算公式如下：$$\frac{当期认定（视同）工伤事件数}{地区生产总值}$$
	3.2 工伤事故死亡率[b]（人/10万人）	工矿商贸十万就业人员生产安全事故的死亡率
4 收入保障性	4.1 最低工资保护程度[a]（%）	当期地区月最低工资标准占从业人员月平均工资的比例。计算公式如下：$$\frac{当期地区月最低工资标准}{从业人员年平均工资/12}×100\%$$

评价维度	评价指标（单位）	指标的定义和计算方法
4 收入保障性	4.2 社会保险保护程度 [a]（%）	城镇职工基本养老保险、基本医疗保险、失业保险、工伤保险和生育保险等五项社会保险覆盖率的算数平均数。单项社会保险覆盖率的计算公式如下：$\dfrac{当期参加单项社会保险的在岗职工人数}{从业人员年末人数} \times 100\%$
5 劳动关系和谐度	5.1 劳均劳动争议案件发生率 [b]（件/人）	当期劳动争议案件受理数占从业人员年末人数的比例。计算公式如下：$\dfrac{当期劳动争议案件受理数}{从业人员年末人数}$
	5.2 劳动争议劳动者当事人数比例 [b]（%）	当期受理的劳动争议案件劳动者当事人数占从业人员年末人数的比例。计算公式如下：$\dfrac{当期受理案件的劳动者当事人数}{从业人员年末人数} \times 100\%$

说明：上标a指正向指标；上标b指负向指标。

资料来源：根据本书的研究观点整理得到。

就业质量水平指数是对就业质量水平评价指标体系中全部具体指标进行综合评价后，以年为单位，将各具体指标的分值加总，进而得到的总分值。该指数值反映各年度就业质量整体水平及变动态势，并可进一步利用该指数同经济发展指标（如地区生产总值指数等）的变化趋势进行比较分析。

基于此，依据北京市就业质量水平评价指标体系拟合北京市就业质量水平指数。十项具体指标的缩写表达如表 1-2 所示，用 S_i 表示北京市就业质量水平指数，公式（1-1）如下：

$$S_i = \varphi_{ur} \times ur_i + \varphi_{newempe} \times newempe_i + \varphi_{unempr} \times unempr_i + \varphi_{unionmr} \times unionmr_i +$$

$$\varphi_{pinjr} \times pinjr_i + \varphi_{injdr} \times injdr_i + \varphi_{minwr} \times minwr_i + \varphi_{sinrpr} \times sinrpr_i + \varphi_{lldinr} \times lldinr_i + \varphi_{ldlar} \times ldlar_i$$

$$(1-1)$$

其中，$i = 2006, 2007, \cdots, 2015$

使用北京市 2006—2015 年的历史数据，对十项具体指标进行描述性统计分析的数据如表 1-2 所示，全部数据来自历年的中国劳动统计年鉴、北京市统计年鉴、北京市国民经济和社会发展统计公报等公开出版物，使用 Stata12 完成全部的计算和预测。

表 1-2　　　　　　具体指标及北京市样本数据的描述性统计分析

评价指标（单位）/ 缩写表达	平均值	中位数	最大值	最小值	标准差	现状值（2015）
城镇登记失业率（%）/ur	1.502	1.39	1.98	1.21	0.27	1.39
城镇新增就业弹性 /newempe	0.005	0.006	0.006	0.004	0.0009	0.006
单位从业人数比例（%）/unempr	93.13	93.29	94.91	90.98	1.54	94.91
工会会员人数比例（%）/unionmr	36.04	36.05	38.70	34.71	1.10	35.51
产均工伤事件发生率（件/1 亿元）/pinjr	1.58	1.62	2.06	0.99	0.39	0.99
工伤事故死亡率（人/10 万人）/injdr	1.31	1.19	2.4	0.43	0.60	0.43
最低工资保护程度（%）/minwr	17.94	17.99	19.14	16.51	0.79	18.25
社会保险保护程度（%）/sinrpr	72.45	72.17	91.69	47.17	16.42	91.69
劳均劳动争议案件发生率（件/人）/lldinr	0.005	0.006	0.007	0.002	0.002	0.006
劳动争议劳动者当事人数比例（%）/ldlar	0.005	0.006	0.007	0.002	0.002	0.006

说明：数据时间跨度为2006—2015年，全部基础数据来自国家和北京市的相关统计年鉴、统计公报等公开出版物。

资料来源：根据国家和北京市统计数据计算得到。

（三）北京市就业质量水平的测度：兼及主、客观赋权法的结果检验

1. 利用熵值法[①]确定北京市就业质量水平评价指标体系全部具体指标的权重

熵值法避免人为主观影响，使指标的赋权更为科学，尤其适用于分析制度变迁对客观环境、系统结构等带来的影响（陈明星等，2009）。

---

① 熵值法是确定评价指标体系中各指标权重的一种客观赋权法，是源于客观环境所提供的原始信息来决定指标权重的方法，又如"聚类分析法"。熵值法在社会系统应用时是指信息熵，其数学含义与物理学中的热力学熵等同，是指系统无序状态的一种度量。一般认为，信息熵值与系统结构的均衡程度成反比，熵值越大表明系统结构越混乱，携带的信息越少，因此熵值的大小也即各指标的变异程度，可以根据熵值计算各指标的权重。除客观赋权法，指标权重还可使用主观赋权法，是根据主观的重视程度决定各指标权重的方法，如"德尔菲法（Delphi）"和"层次分析法（AHP）"等。

就业质量水平的提升，暗含了制度调整进步对劳动者与生产资料结合状况的优化，符合方法使用的基本条件。基于此，使用北京市完整、可得的历史统计数据，采用熵值法计算全部就业质量水平评价指标的系数。

第一步，将就业质量具体指标的量纲和数量级做正规化处理，获得横向的可比性和实用性。在正规化过程中，需要区分指标走向对就业质量整个系统的意义。当单个指标值越大，对就业质量提高越有利时，采用正向指标计算方法，如下公式：

$$\chi_{ij} = \frac{X_{ij} - \min\{X_j\}}{\max\{X_j\} - \min\{X_j\}}$$

当单个指标值越小，对就业质量提高越有利时，采用负向指标计算方法，如下公式：

$$\chi_{ij} = \frac{\max\{X_j\} - X_{ij}}{\max\{X_j\} - \min\{X_j\}}$$

其中，X_{ij} 为正规化处理后的指标，$\max\{X_j\}$ 为所有年份的指标值中的最大值，$\min\{X_j\}$ 为所有年份的指标值中的最小值，i 为年份，j 为指标项。

第二步，计算第 i 年的第 j 项指标值所占的比重，使用 ω_{ij} 表示，其中 $\omega_{ij} = \dfrac{\chi_{ij}}{\sum_{i=1}^{m} \chi_{ij}}$，$m$ 为年数。

第三步，计算指标的信息熵值和信息熵冗余度。使用 e_j 表示信息熵值，计算公式为 $e_j = \dfrac{1}{\ln m} \sum_{i=1}^{m} (\omega_{ij} \times \ln \omega_{ij})$，$0 \leqslant e_j \leqslant 1$，$m$ 为年数；信息熵冗余度用 d_j 表示，计算公式为 $d_j = 1 - e_j$。

第四步，根据信息熵冗余度计算具体指标的权重，$\varphi_j = \dfrac{d_j}{\sum_{j=1}^{n} d_j}$，$n$ 为评价指标体系全部具体指标的数量。

将计算结果代入就业质量水平指数的公式（1-1），形成如下公式（1-2）：

$S_i = 0.0822 \times ur_i + 0.0963 \times newempe_i + 0.1213 \times unempr_i + 0.1185 \times unionmr_i + 0.1390 \times pinjr_i + 0.0761 \times injdr_i + 0.0729 \times minwr_i + 0.0953 \times$

$sinrpr_i + 0.0989 \times lldinr_i + 0.0995 \times ldlar_i$ （1-2）

其中，$i = 2006, 2007, \cdots, 2015$

最后，依据北京市就业质量水平评价指标体系，综合计算各年度就业质量水平指数。

第一步，计算第 i 年的第 j 项指标的分值。将第 j 项指标在第 i 年的正规化值 χ_{ij} 乘以其权重 φ_j，得到分值 $S_{ij} = \varphi_j \chi_{ij}$。

第二步，加总第 i 年全部具体指标的分值，得到第 i 年北京市就业质量水平指数，计算公式为 $S_i = \sum_{j=1}^{n} S_{ij}$。计算结果如图1-2所示，由于对选取的指标作了正规化处理，就业质量水平指数的取值范围在 (0，1) 之间。

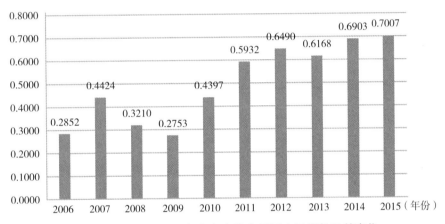

图1-2 2006—2015年北京市就业质量水平指数及其变化

说明：（1）横坐标设为年份，纵坐标设为就业质量水平指数值。（2）在选定期内，就业质量水平指数的高低仅表示一个相对水平，而非一个绝对量，也就是说，改变选定期，同一年份的就业质量水平指数会有所不同。

资料来源：根据本书的计算结果绘制而成。

2. 利用层次分析法[①]**确定北京市就业质量水平评价指标体系全部具体指标的权重**

尽管使用熵值法（客观赋权法）得出的指标权重值具有较高的可

① 层次分析法（Analytic Hierarchy Process，AHP）是将一个复杂的多目标决策问题作为一个系统，将目标分解为多个目标或准则，进而分解为多指标（或准则、约束）的若干层次，通过定性指标模糊量化方法算出层次单排序（权数）和总排序，以作为目标（多指标）、多方案优化决策的系统方法。该方法的优点包括系统性、简洁实用和所需定量数据信息较少等。

信度和精确度，但是由于熵值法自身存在一些缺陷，包括缺乏各指标之间的横向比较，及各指标的权重数会随着样本数量的变化而变化等，所以使用此法测量得到的就业质量水平指数值可能与北京市就业质量水平的实际状况有所偏误。为考察前述偏误的严重程度，同时，也为更好地服务于北京市就业工作、促进首都就业服务管理科学化和规范化，再次采用层次分析法计算全部就业质量水平评价指标的系数。

编制《北京市就业质量水平评价指标重要性的调查问卷》（详见附件3），使用结构性调查问卷方法，向两类对象收集意见。一是北京市级和区级发改、人社等部门直接从事就业工作处（科）室的人员（后文简称"部门组"）；① 二是在京国家部委直属科研单位、北京地区高等院校，及北京市属科研单位具有副高级及以上职称的从事教学或科研工作的人员（后文简称"专家组"）。② 部门组完成结构性调查问卷的方式有两种。一是实地走访，通过部门座谈和工作人员的深度访谈，发放纸质版调查问卷。在问卷填答前，当面介绍调查的目的及问卷填写的方法，在走访结束前，回收全部纸质版调查问卷。二是电话访谈，通过电子邮件发放电子版调查问卷。在电话中介绍调查的目的及问卷填写的方法，在约定的反馈时间之前回收全部电子版调查问卷。部门组问卷调查的完成时间是2017年3月底。专家组完成结构性调查问卷的方式与部门组类似，同样有两种方式。一是专家面对面访谈，同时完成纸质版调查问卷的填写，在访谈结束前回收。二是通信方式的专家咨询和发送电子版调查问卷，并在约定的反馈时间之前回收。专家组问卷调查的完成时间是2017年4月上旬。

采用层次分析法确定各级指标判断矩阵，计算权重。使用Excel完成全部的计算和一致性检验。具体操作步骤为：

第一步，构造判断矩阵 $A = (a_{ij})_{n \times n}$。将同属于一级的要素两两进

---

① 部门组共获得31份有效问卷。其中，北京市发改委就业处、市人社局就业处各2份，合计4份；北京市9个区人社局就业科各3份，合计27份。9个区包括：海淀区、东城区、西城区、朝阳区、丰台区、门头沟区、房山区、昌平区和顺义区。

② 专家组共获得11份有效问卷。其中，国家发改委、人社部直属科研单位共计4份；中国人民大学、北京师范大学、首都经济贸易大学和中国劳动关系学院等北京地区高等院校共计5份；北京市发改委直属科研单位共计2份。

行比较，进而确定相对重要程度，以此构造判断矩阵 $A=(a_{ij})_{n \times n}$。其中，a_{ij} 表示第 i 行指标相对于第 j 列指标进行重要性两两比较的赋值，即 X_i 与 X_j 关于某一个评价指标相对重要程度之比的赋值，n 为同一层次内评价指标的数量。采用 1—9 的标度法赋值。一级评价指标 $n=5$，二级评价指标 $n=10$。

假设判断矩阵为 $A=(a_{ij})_{n \times n}$，则满足 $a_{ij}>0$，$a_{ij}=1$（当 $i=j$），$a_{ij}=1/a_{ij}$（其中，i，$j=1,2,\cdots,n$）。通过部门组和专家组对指标重要程度的打分，按照几何平均的方法分别对两组的打分结果进行整合处理，构造判断矩阵。

第二步，确定指标权重和最大特征根。采用方根法计算判断矩阵特征向量和特征值。具体的计算步骤如下：

（1）计算判断矩阵每一行元素的乘积 $M_i=\prod_{j=1}^{m}b_{ij}$，$i=1,2,\cdots,n$。

（2）计算 M_i 的 n 次方根 $\overline{W_i}=\sqrt[n]{M_i}$。

（3）对向量 $w=[\overline{W_1},\overline{W_2},\cdots,\overline{W_n}]^T$ 归一化，$w_i=\overline{W_i}\Big/\sum_{i=1}^{n}\overline{W_i}$，$w$ 即为指标权重。

（4）计算判断矩阵的最大特征根 $\lambda_{\max}=\dfrac{1}{n}\sum_{i=1}^{n}\dfrac{(AW)_i}{w_i}$。

第三步，进行一致性检验。对判断矩阵进行一致性检验，是考察客观成分能否达到足够合理的地步（曹茂林，2012）。

一致性指标 $CI=\dfrac{\lambda_{\max}-n}{n-1}$。一致性指标 CI 是衡量判断矩阵 A 的不一致性程度的数量指标。一般情况下，$CI>0$，即 $\lambda_{\max}>n$。CI 越小，表明一致性越好。判断矩阵的平均随机一致性指标 RI 值，用于度量不同阶数判断矩阵是否具有满意的一致性。1—14 阶判断矩阵的 RI 值如表 1–3 所示。

判断矩阵的一致性比率 $CR=CI/RI$。通过将 CI 和平均随机一致性指标 RI 进行比较，一般认为，当阶数大于 2，$CR<0.1$，则判断矩阵就具有满意的一致性。否则，需要调整判断矩阵，以使之具有满意的一致性。由于一阶判断矩阵、二阶判断矩阵总是呈现一致性，因此不必进行检验。

表 1-3 　　　　　　平均随机一致性指标 RI 值

n	1	2	3	4	5	6	7	8	9	10	11	12	13	14
RI	0	0	0.52	0.89	1.12	1.24	1.36	1.41	1.46	1.49	1.52	1.54	1.56	1.58

资料来源：曹茂林，2012：40。

指标权重的计算结果如表 1-4 所示。鉴于部门组和专家组的经验判断各有侧重，其中，部门组具有丰富的就业政策和就业工作实务经验，专家组具有丰富的就业理论和就业问题研究经验，分别对两类对象的经验判断进行定量化，继而分别确定指标权重和计算北京市就业质量水平指标值。原因主要有两个，一是共同检验客观赋权法测度结果的可信度，二是相互检验主观赋权法测度的两个结果的可信度。

表 1-4 　　采用层次分析法得到的北京市就业质量水平评价指标权重

一级指标	权重 W1		二级指标	权重 W2	
	部门组	专家组		部门组	专家组
劳动力市场就业机会	0.316	0.318	城镇登记失业率	0.464	0.448
			城镇新增就业弹性	0.536	0.552
就业稳定性	0.198	0.108	单位从业人数比例	0.700	0.618
			工会会员人数比例	0.300	0.382
工作安全性	0.174	0.226	产均工伤事件发生率	0.471	0.545
			工伤事故死亡率	0.529	0.455
收入保障性	0.207	0.201	最低工资保护程度	0.428	0.390
			社会保险保护程度	0.572	0.610
劳动关系和谐度	0.106	0.147	劳均劳动争议案件发生率	0.535	0.675
			劳动争议劳动者当事人数比例	0.465	0.325

资料来源：根据本书的计算结果整理得到。

分别计算得到部门组和专家组经验判断定量化后的指标权重。使用 W1 代表一级指标的权重，W2 代表二级指标的权重。计算公式：$W_{ij} = W1_i \times W2_j$。其中，$i = 1, 2, \cdots, 5$；$j = 1, 2$

将部门组的计算结果代入就业质量水平指数的公式（1-1），形成如下公式（1-3）：

$S_i = 0.1466 \times ur_i + 0.1694 \times newempe_i + 0.1386 \times unempr_i + 0.0594 \times unionmr_i + 0.0820 \times pinjr_i + 0.0920 \times injdr_i + 0.0886 \times minwr_i + 0.1184 \times sinrpr_i + 0.0567 \times lldinr_i + 0.0493 \times ldlar_i$ （1-3）

将专家组的计算结果代入就业质量水平指数的公式（1-1），形成如下公式（1-4）：

$S_i = 0.1425 \times ur_i + 0.1755 \times newempe_i + 0.0667 \times unempr_i + 0.0413 \times unionmr_i + 0.1232 \times pinjr_i + 0.1028 \times injdr_i + 0.0784 \times minwr_i + 0.1226 \times sinrpr_i + 0.0992 \times lldinr_i + 0.0478 \times ldlar_i$ （1-4）

通过比较两种赋权方法、三组指标权重下三组北京市就业质量水平指标值的变化趋势和极值分布，如图 1-3 所示，可以发现，使用熵值法为北京市就业质量水平评价指标赋权，得到的北京市就业质量水平指数值具有较高的可信度和准确性。该指数值变化与北京市就业质量相关制度变迁的时间轨迹密切契合，较好地反映了制度变化给就业环境、就业结构等带来的影响。三组北京市就业质量水平指标值表现出了相似的变化趋势，2006—2009 年北京市就业质量水平在波动中稳步、显著地提高。2015 年，三组北京市就业质量水平指标值都达到了最大值。

此外，使用层次分析法为北京市就业质量水平评价指标赋权，得到的两组北京市就业质量水平指数值十分相近，计算结果的可信度同样较高。尽管两组调查对象的经验判断有所侧重，但是并未明显影响到赋权的结果。由于 2009 年以来北京市就业工作的目标结构趋向多元和复杂，诸多影响就业质量水平的宏观、中观和微观因素尚缺乏统计数据作为支撑，而是有赖于实务经验判断，这也导致部门组和专家组的意见有所差别。表现为，2006—2008 年部门组的北京市就业质量水平指数值略低于专家组的，而 2009—2015 年部门组的北京市就业质量水平指数值则略高于专家组的。

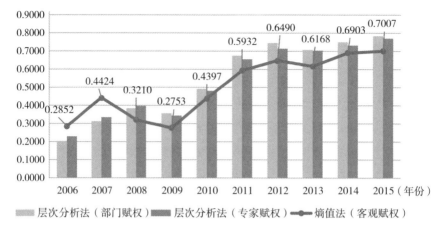

层次分析法（部门赋权）　层次分析法（专家赋权）　熵值法（客观赋权）

图1-3　2006—2015年三组北京市就业质量水平指数值变化及趋势比较

说明：（1）横坐标设为年份，纵坐标设为就业质量水平指数值。（2）三组指数值依据三组指标权重计算得到。（3）在选定期内，采用熵值法得到就业质量水平指数的高低仅表示一个相对水平，而非一个绝对量，也就是说，改变选定期，同一年份的就业质量水平指数会有所不同。

资料来源：根据本书的计算结果绘制而成。

在新时期和新要求下，北京市就业工作目标结构仍将进一步复杂化，影响决策的不确定因素增加，为增强本研究服务于北京市就业决策依据的准确性，最大程度描述客观事实、最大限度避免主观性，后文将以熵值法计算得到的北京市就业质量水平指数值为依据，进行更深入的探讨。

（四）北京市就业质量水平变化趋势分析

2006—2015年，北京市就业质量水平总体呈现"上升趋势的W形"变动轨迹，由图1-3可见，2006年北京市就业质量水平只有0.2852，在经历2007年的一个小高点（0.4424）以后，到2009年下降至历年的最低点0.2753，随后快速、大幅攀升，尤其是在2010年和2011年，北京市就业质量水平的提升幅度十分显著，尽管到2013年又出现了小幅回落，降至0.6168，但是从2014年开始再次进入上升区间，2015年攀升至最高值0.7007。进一步对比十项就业质量水平二级评价指标在2015年的分值情况，如图1-4所示，得分最高的前三项指标依次是产均工伤事件发生率（0.1390）、单位从业人数比例（0.1213）和社会保险保护程度（0.0953），而得分最低的是工会会员人数比例（0.0240）。可见，2015年得益于工作安全性、就业稳定性和收入保障性的良好表现，北京市就业质量水平较高。

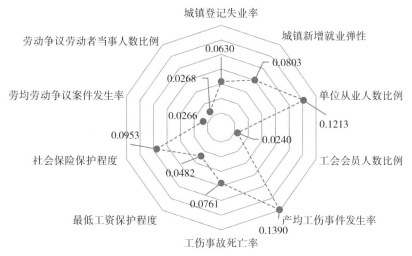

图1-4　2015年北京市就业质量水平十个二级评价指标值的比较

资料来源：根据本书的计算结果绘制而成。

《北京市"十二五"时期职工发展规划》就提出，为职工提供就业有平等机会、收入有同步增长、工作有安全保护、保障有多元平台、参与有充分渠道、职业发展有支撑条件的职业环境。经过五年多来各部门和各单位的共同努力，北京市职工就业质量水平显著提升，尤其是在工作安全性和就业稳定性上取得了长足的进步，如图1-5所示，两个维度的评价指标综合得分最高。其次是劳动力市场和收入保障性的状况良好，两个维度的评价指标综合得分接近，且稳定处于中游水平。最后是劳动关系和谐度得分较低，是需要重视和下一步加强相关工作的领域。

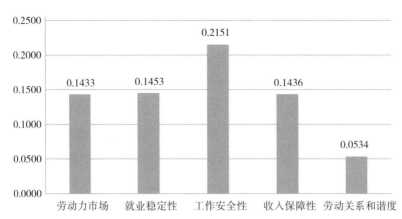

图1-5 2015年北京市就业质量水平五个一级评价维度综合得分的比较

资料来源：根据本书的计算结果绘制而成。

　　为了更深入分析北京市就业质量水平变化与地区宏观经济形势变化的关系，以地区国内生产总值指数表示地区经济增长水平，比较北京市就业质量水平指数和北京市地区国内生产总值指数同期变化情况，如图1-6所示，发现2006—2008年两个指数值呈现相同的"先增后降"的变化趋势，2007年北京市就业质量水平指数为0.4424，是2006—2010年期间的最高值；同年，北京市地区国内生产总值指数为114.5，是2006—2015年十年间的最高值。然而，从2009年开始，两个指数值的变化趋势出现了明显的背离，北京市就业质量水平指数在2009年跌至最低点，而地区生产总值指数则小幅提升；2010年以后，北京市就业质量水平指数持续、快速提升，而地区生产总值指数则反转进入持续下降区间。2015年，两个指数分别达到各自的最高值（就业质量水平指数0.7007）和最低值（地区生产总值指数106.9）。由此可见，在北京市经济形势较好的时期，经济增长水平对就业质量水平有较好的预测作用，经济增长绩效好，则就业质量水平较高，反之亦然，经济增长绩效不好，则就业质量水平较低。但是，当经济进入新常态，经济增速放缓，经济增长动力不足。那么，经济增长水平对就业质量水平并未表现出预测作用，就业质量水平依旧延续增长趋势，"福利刚性效应"明显。同时，受到一系列促进就业政策的扶持和刺激，就业质量的改善状况好于预期。

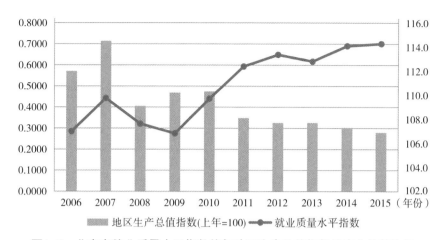

图1-6 北京市就业质量水平指数值与地区生产总值指数值变化趋势比较

说明：横坐标设为年份，左侧纵坐标为就业质量水平指数值，右侧纵坐标为地区生产总值指数值。

资料来源：根据本书的计算结果及国家统计局网站公布的数据（http://www.stats.gov.cn/tjsj/）绘制而成。

五 经济新常态下北京市就业的主要"质量"问题

近年来，随着北京市职工队伍结构及自身需求日趋多元化，权益受损现象依然有增无减。在经历结构调整的地区，不仅就业机会受到挑战、工资水平依然偏低，就业政策扶持困难群体效率也不高。就业领域的内忧外患，构成了促进地区就业的积极因素与消极因素的对冲和角力，各种矛盾和问题暴露出来。结合在西城、海淀、石景山、朝阳和门头沟等区的调研，综合分析发现有如下三个"质量"问题需引起重视：

（一）区域经济增长创造低端劳动力就业机会乏力

2016年是北京市实施全面深度转型、高端绿色发展战略的突破之年，着眼于构建"高精尖"经济结构，全力促进重大政策落地，培育壮大主导产业，促使服务业高端发展。经济结构调整与转型升级势头明显，岗位创造能力提高。然而，以信息传输、计算机服务和文化体育娱乐业为代表的首都文化娱乐休闲区相关领域提供的就业岗位主要是以年轻人为主，并且对从业者的知识技能水平要求较高，而与主导产业及其对应项目配套的周边商业圈，则基本是以个体经营为主，工作时间长、强度大，就业困难人员缺少就业优势。对于当地失业人员，尤其是近几年沉淀下来的就业困难人员，普遍是文化水平偏低、技能单一，难以在地区经济增长和结构调整所提供的岗位中竞争就业。

2016 年前三季度，B 区城镇新增就业人数 9837 人，比 2014 年同期增加 767 人，同比增长 8.46%，但是就业困难人员的再就业形势依然严峻。据初步统计，在该区现有就业困难人员中，文化程度在大专及以上的仅占 1/4，超过半数的人是高中或中专学历，还有近 4% 的人是小学及以下文化水平；在技术技能上，拥有国家职业资格证书的就业困难人员占比不到 30%，其中主要是具有初级和中级资格人员，两类加总的占比接近 70%。2016 年前三季度，B 区城镇失业人员再就业人数为 4939 人，与 2014 年同期相比，减少 556 人，降幅达 10.12%；就业困难人员就业人数为 3697 人，与 2014 年同期相比，减少 192 人，降幅为 4.94%。

就业困难人员的技能结构与区域经济增长带来的岗位技能结构存在明显错位，在新常态下，这种岗位供求矛盾进一步加剧并越发突出，就业困难人员实现就业的难度加大。

（二）工资水平仍然偏低，体面劳动尚需环境改善

就业困难群体是就业工作的主要服务对象，也是经济新常态下最易受到冲击的群体。目前，就业困难人员无论通过何种方式就业，工资收入水平都不高。据北京市 2015 年一项相关调查结果显示，享受补贴政策用人单位的月人均工资 2484 元、月人均缴纳社会保险 1003 元、月人均福利 191 元，只占 2014 年北京市职工月平均工资的 56.9%。同时，社区公益性就业组织月人均工资只有 2064 元、月人均缴纳社会保险 884 元、月人均福利 208 元，只占全市职工月均工资的 48.8%。从被招用就业困难人员的月工资分布看，有近 80% 的被单位招用人员的月工资介于 2000—2400 元之间，有超过 17% 的人的工资超过 2400 元，

而被社会公益性组织托底安置人员则全部低于 2400 元，且有近 60% 的人的工资不足 2000 元。此外，灵活就业人员的收入更低。由于主要从事传统社会服务业和存在就业间断现象，该类人员的收入难以保证和提高（罗燕，2013）。

从 C 区的情况看，大多数就业困难人员的月工资收入低于全市社会月平均工资，而在三种就业方式中，单位就业人员的月工资收入最高，灵活就业人员的收入最低。该区 D 街道截至 2015 年 9 月底有 681 名失业人员实现灵活就业，占登记失业人员就业数量的近 90%，他们主要从事小时工，如照顾老人、接送小孩等，没有稳定的收入。与之相比，被用人单位招用人员的平均月收入则在 2200—2500 元之间，然而只有 80 名失业人员实现单位就业，仅占登记失业人员就业数量的 10%。

随着地区经济下行压力加大，用人单位资金链紧张，进一步提高职工工资水平的动力不足；同时，受投资转移、项目延缓、企业外迁、关停和调整等因素的影响，部分单位用人意愿正在减弱，观望、维持甚至减员的态度比较普遍，扩大就业岗位资源的动力也不足。C 区某国有钢铁企业预计在 2016 年底通过减员增效向社会排放近千名富余人员，其中还包括一部分年龄偏大的人员，这无疑加大了全区城镇登记失业率的调控难度。诸多问题交织叠加，既显著制约了就业困难人员就业质量的提升，又在一定程度上收窄了其实现在用人单位稳定就业的空间。

（三）就业政策促进就业困难人员就业的效率不高

目前，尽管北京市促进就业政策已经形成比较完整的体系，表现为以北京市促进就业政策体系为主体、以各区促进就业优惠政策为重要补充，但是由于各项政策的组合效应发挥不足，同时加上政策手段单一，管理方式滞后，导致北京市就业政策扶持各类劳动者，尤其是困难群体就业的效率不高。

首先，北京市及各区现行的就业政策（绝大多数还是北京市级就业政策）存在"三类分割"，制约政策合力的集聚和形成。一是城乡分割。

当前北京市户籍的农村劳动力无法获得全面的政策帮扶，只能享受鼓励单位招用、职业培训、职业介绍和小额担保贷款等少数就业扶持政策。二是群体分割。就业困难群体、大学毕业生、复退转业军人、随军家属、残疾人、刑满释放和社区矫正人员等均有就业扶持政策，既各自独立又相互交叉，政策覆盖群体、享受范围和帮扶力度各不相同；同时，由于政策资金来源多样，监管体系缺乏共享机制，容易产生同类政策重复享受的问题。三是区域分割。一些区级的就业扶持政策仍以"具有本区户口"作为享受待遇的必要条件，在当今人户分离日趋增多，区域功能定位差异明显，促进就业的资金和岗位资源分布不均的情况下，既不利于调动全市力量，整合各地资源，也不方便城乡劳动者获得同等的就业帮扶。

其次，绝大部分政策是财税政策，采取直接补贴资金的方式，难免成为部分就业困难人员的逐利目标，容易产生资金风险，较难保证促进就业功效。而与市场机制相适应的就业服务、金融、财税、经济等政策在支持项目、覆盖范围和帮扶力度上相对不足，使经济增长带来的就业机会较难转化为促进稳定就业的有力支撑。据调查，一些区享受灵活就业社会补贴的人数虽然很多，但部分就业困难人员只是将其作为延续社会保险缴费的手段而并未真正就业。

最后，政策管理手段滞后，影响用人单位和个人享受政策的积极性。一方面，就业和社会保障相关信息的共享程度低，政策申请审批多依靠登记和证明材料，程序复杂，审批困难，周期较长，不少用人单位因为手续流程烦琐而不愿意申请。另一方面，多年以来延续下来的政策文件缺乏整体梳理，项目繁多，范围不一，有的先后矛盾，用人单位和就业困难人员都感到"了解难、掌握难、使用难"。某国有客运公司现有职工 7000 多名，其中属于就业困难人员的有 400 名，对于相关的岗位补贴和社会保险补贴，均需按人头每月提出申请，大大增加了企业人力资源管理的工作量。某私营餐饮企业现有员工 120 多名，累计招用就业困难人员 20 名，为符合申请岗位补贴和社会保险补贴的条件，公司办理了银行卡领取工资的手续，增加了人员管理的成本。按照现行政策规定，用人单位首次为所招用的补贴对象申请岗位补贴和社会保险补贴，应向注册或经营所在地区县人力社保局提交用人单位法定证明材料副本复印件、社会保险登记证及复印件、《用人单位享受岗位补贴和社会保险补贴申请表》、银行出具的含补贴对象申请期内的工资明细表及记账凭证复印件等十多项材料。即使是申请市人力社保局批准的享受期内的岗位补贴和社会保险补贴时，用人单位也必须要至少提交《用人单位享受岗位补贴和社会保险补贴申请表》、银行出具的含补贴对象申请期内的工资明细表及记账凭证复印件等五项材料。

六　进一步完善北京市就业政策的几点建议

在国内外经济环境依然错综复杂，地区经济发展基础尚需进一步巩固的背景下，北京市就业具有"总量矛盾不减，结构性矛盾加剧，失业原因分化，劳动力供给意愿下降"等特点。在全面深化经济体制改革，实施创新驱动发展战略，推进经济结构战略性调整，推动城乡发展一体化的发展背景下，做好"十三五"时期北京市的就业工作，应将"提升就业质量，改善就业环境，促进职工尤其是就业困难人员就业比较充分"作为重要的目标，加强经济增长与解决劳动力就业的联动机制建设，完善并落实好就业扶持政策，加强就业服务和管理，大力规范治理劳动用工行为，改善劳动条件，积极主动化解劳动关系双方的矛盾纠纷，努力消除新常态下就业的"质量"短板，在重点领域和薄弱环节大力改进工作、提升服务质量，促进职工体面劳动、全面发展。

（一）大力推动服务业发展，增加低端劳动力就业岗位

深入研究地区经济发展与扩大就业的渠道和办法，评估经济发展对增加就业岗位，特别是对解决低端劳动力就业问题的影响。提高服务业促进低端劳动力就业效应，运用积极的产业政策，支持批发零售、交通运输等传统服务业的发展。加强对区域就业形势的研判，通过信息系统建设和统计制度完善，开展重大政策和重大项目工程带动就业效果的监测和评估，跟踪重点就业群体，尤其是长期失业人员的就业意愿和就业问题。

（二）针对不同就业方式的特点，调整政策扶持对象范围

根据用人单位招用、自谋职业、灵活就业和社会公益性组织招用等实现就业的不同特点，调整对应政策的扶持对象。一是扩大单位招用和自谋职业政策的帮扶范围，重点解决青年失业问题。二是适当缩减灵活就业政策的帮扶范围，在确保年龄偏大、生活困难和身体残疾人员帮扶力度不减的前提下，引导年龄较小、竞争能力较强的人员选择并实现正规就业。三是拓宽社会公益性组织岗位安置途径，开辟公益性岗位灵活就业渠道，提供社会保险补贴，着力解决城乡就业特困群体的就业问题。

（三）实现常住地就业失业管理，消除各级各类政策分割

顺应人口流动趋势，在推动以常住地为依托的就业失业管理制度的前提下，将市、区两级就业扶持政策实施范围逐步由户籍地调整为常住地。北京市应统一研究制定特殊支持政策，对充分利用促进就业资源有效解决其他地区就业困难的区县，给予一定的补助。不断扩大就业失业管理制度覆盖范围，将需要政策扶持的不同特殊群体纳入统一的管理体制，建立科学的就业困难认定标准，给予特殊群体有针对性的就业帮扶。

（四）加强各项就业政策的衔接与协调，提高政策整体效能

在根据地区经济社会形势发展需要，不断调整和完善促进就业政策的覆盖范围、帮扶对象、扶持手段和资金力度的同时，一是重点增加灵活就业政策与正规就业政策的衔接，鼓励城乡劳动者由非正规就业（灵活就业）向正规就业过渡；二是进一步强化政府"托底"安置政策与市场竞争就业政策的衔接，推动城乡劳动者由依靠政府"救济"向自主择业、就业转变，从而实现更高质量就业。

（五）加大就业项目建设投入，提升信息化服务能力

加强街道就业和社会保障服务设施项目建设，在完善职业介绍、

职业指导、职业培训、创业指导、就业实习等公共就业服务内容的同时，尽快实现就业与社会保障信息系统互联互通。改善就业援助的服务条件，对就业困难人员特别是长期失业人员提供综合而精准的服务，有针对性地解决失业问题。同时，加强绩效考核，综合评定就业服务工作量和工作成果，并以此作为核发补贴资金的重要依据，促进服务质量提升。

参考文献

1. 曾湘泉：《深化对就业质量问题的理论探讨和政策研究》，《中国劳动保障报》（理论版）2012 年 12 月 22 日第 3 版。

2. 赖德胜、石丹淅：《推动实现更高质量的就业：理论探讨与政策建议》，《第一资源》2013 年第 2 期。

3. 杨宜勇：《城市化创造就业机会与城市就业空间分析》，《管理世界》2000 年第 2 期。

4. 王阳：《我国就业质量分析与对策研究》，《第一资源》2013 年第 4 期。

5. 秦建国：《就业质量评价指标体系探析》，《广东行政学院院报》2011 年第 4 期。

6. 王阳：《我国就业质量水平评价研究——兼析实现更高质量就业的政策取向》，《经济体制改革》2014 年第 5 期。

7. 杨河清、李佳：《大学毕业生就业质量评价指标体系的建立与应用》，《中国人才》2007 年第 8 期。

8. 赖德胜、苏丽锋、孟大虎、李长安：《中国各地区就业质量测算与评价》，《经济理论与经济管理》2011 年第 11 期。

9. 刘素华：《建立我国就业质量量化评价体系的步骤与方法》，《人口与经济》2005 年第 6 期。

10. 劳动科学研究所课题组：《就业质量要与经济发展水平相适应》，《中国劳动保障报》2013 年 1 月 19 日第 3 版。

11. 国福丽:《国外劳动领域的质量探讨：就业质量的相关范畴》,《北京行政学院学报》2009 年第 1 期。

12. 田永坡、满子会:《就业质量内涵及测量：基于国际对比的研究》,《第一资源》2013 年第 8 期。

13. 莫荣:《国外就业理论、实践和启示》,中国劳动社会保障出版社 2014 年版。

14. 罗燕:《体面劳动实现影响因素的实证研究——来自广州、深圳、中山三地企业微观数据的发现》,《学术研究》2013 年第 2 期。

15. 张丽宾:《实现更高质量就业评价体系研究》,中国言实出版社 2014 年版。

16. 陈明星、陆大道、张华:《中国城市化水平的综合测度及其动力因子分析》,《地理学报》2009 年第 4 期。

17. 曹茂林:《层次分析法确定评价指标权重及 Excel 计算》,《江苏科技信息》2012 年第 2 期。

18. Bescond, D., Chataignier, A., Mehran, F., "Seven Indicators to Measure De-cent Work: an International Comparison", *International Labor Review*, Vol.2, No.142, 2016.

19. R. Johri, Work Values and the Quality of Employment, Working Paper. http://www.dol.nz/pdfs.pdf, 2016.

20. Ministers, H., "European Foundation for the Improvement of Living and Working Conditions, Annual Review of Working Conditions in the EU", *Office of Official Publications of the Ec*, Vol.59, No.1, 2006.

21. Anker, "Measuring Decent Work with Statistical Indicators", *International Labor Review*, Vol.2, No.142, 2015.

22. Fredric K. Schroeder, "Workplace Issues and Placement: What is High Quality Employment?", *Work*, Vol.29, No.4, 2007.

23. L. Davoine and C. Ethel. Monitoring Employment Quality in Europe: European Employment Strategy Indicators and Beyond. *Working Paper*, No. 66, 2006, http://hal.archives-ouvertes.fr/docs/00/27/20/15/PDF/monitoring_ employment_quality_europe_66.pdf.

24. Bergemann A., A. Mertens, "Job Stability Trends, Layoffs, and Transitions to Unemployment: An Empirical Analysis for West Germany", IZA *Discussion Paper*, No. 1368, 2014.

25. Espen Bratberg, Kjell G. Salvanes, Kjell Vaage, "Has Job Stability Decreased? Population Data from a Small Open Economy", *Scandinavian Journal of Economics*, Vol.1, No.3, 2010.

26. The Quality Employment Indicators Project of the Canadian Policy Research Net-works, 2010, http://www.jobquality.ca.

27. R. Johri. Work Values and the Quality of Employment: A Literature Review. Working Paper. http://www.dol.govt.nz/pdfs/lit-review-work-values, pdf, 2011-07-30.

28. Bonnet, F., Figueiredo, B., Standing, G., "A Family of Decent Work Indexes", *International Labor Review*, Vol.4, No.142, 2014.

29. European Foundation, "Work and Employment in Europe: Issues and Challenges", *European Foundation Paper*, Number 1, 2002.

30. UNECE, "Measuring Quality of Employment: Country Pilot Reports", 2010, http://www.unece.org/publications/oes/STATS_Measuring QualityEmploment.E. pdf.

31. ILO, "Decent Work and the Informal Economy", International Labor Conference, 90th Session, Geneva, 2002.

32. United Nations, Measuring the Quality of Employment in the EU-country Pilot Reports, 2010.

33. B. Tal., The European Employment Quality Index, http://research. cibcwm.pdf, 2015.

34. Ramón P. C., "More and Better Jobs: Indicators of Quality of Work", *Working Paper*, 2016.

第二章
就业政策稳就业、促就业效果评估

就业政策是政府制定的，用于调节就业活动中出现的服务与被服务关系，指导公共部门行为的准则，包括一系列的法律法规及政府条例、计划、项目、制度、措施和办法。家庭是社会的细胞和基本单位，是社会生活的微观组织形式。家庭发展能力是家庭利用自身拥有的禀赋、权利和可能的策略，去追求更高生活水平和家庭发展可持续性的综合能力（石智雷，2013）。党的十八大报告要求，推动实现更高质量的就业，并提出，贯彻劳动者自主就业、市场调节就业、政府促进就业和鼓励创业的方针。《促进就业规划（2011—2015）》进一步将"有效控制失业"和"就业质量得到进一步提升"列为了"十二五"时期就业促进工作的两个主要发展目标。完善就业政策，提升促进就业效果，使各类家庭主要是劳动者家庭能够改善生活状况和实现发展可持续性，这既是就业政策有效控制失业，维护劳动者权益和社会公平正义的切实体现，又是通过规则设计促进就业质量提升，改进政策科学性和实效性的现实要求。

已有研究文献已经对就业政策的"内容"和"制定、实施过程"作了较为细致和深入的探讨，其中，政策评估类文献设立的评估标准有就业规模扩大[1]、实现更高质量就业[2]、帮扶就业困难人群再就业[3]，及促进家庭成员工作生活平衡[4]等。已有文献既有规范研究，也有实证研究，

---

[1] 如：吴要武、蔡昉，2009；上海工程技术大学课题组，2014；等。
[2] 如：王兆萍，2013；王阳，2014；等。
[3] 如：尼尔·吉尔伯特、芮贝卡·范·沃黑斯，2004；孟平原，2010；胡雅倩、李俊，2012；等。
[4] 如：刘伯红、张永英、李亚妮，2010；宋健，2012；郭砾、赵云，2013；等。

对分析就业政策效果，尤其是相关政策促进家庭发展的效果，都具有较大的启发性和参考价值。然而，现有研究文献却未能将两类评估标准（"促进就业"和"促进家庭发展"）进行整合，在推动就业政策促进就业的基础上，更有利于家庭发展，提高家庭发展能力。为此，本研究拟填补这一空白，在肯定就业政策成效的同时，重点探索和挖掘其中并不利于家庭的主要问题，以推动形成"提高家庭发展能力的就业政策"。

本章主要使用过程评估方法收集资料，包含定量调查（对政策执行者）、深度访谈和小组讨论（对政策扶持对象）。在撰写论文中，主要使用定性研究方法，在处理数据资料部分使用了指数分析法等。课题组曾于 2014 年 8—11 月陆续对北京、江苏、湖南、重庆等地的就业政策实施情况开展调研，本章将吸纳和引用重要的发现。

一　就业政策框架及主要成效

党的十八大报告提出，贯彻劳动者自主就业、市场调节就业、政府促进就业和鼓励创业的方针，实施就业优先战略和更加积极的就业政策。目前，我国已形成相对完整和系统的就业政策体系，并在促进就业方面具有积极作用。

（一）就业政策体系的基本构成

自 1995 年实施再就业工程，我国首次制定并出台就业促进政策，[①]经过近 20 年的完善和发展，就业政策的项目逐步扩充，受惠群体范围逐步扩大，扶持力度逐步增强，政策手段逐步优化，到目前已经形成了一整套的就业政策体系。如表 2-1 所示，我国就业政策体系包含 11 项具体政策，受惠群体既有城乡就业困难群体（如"4050"人员、残疾人、长期失业人员等），也有重点帮扶群体（如大学毕业生、农民工

---

　　① 政策依据：《国务院办公厅转发劳动部关于实施再就业工程报告的通知》（国办发〔1995〕24 号）。

和国有企业富余职工等）。政策的具体目标既包括对城乡劳动者的就业服务，也包括针对单位招用、自谋职业、自主创业和灵活就业等不同就业形式的引导就业，还包括危机风险下的稳定就业。政策扶持手段有，直接补贴所帮扶对象的资金支持方式、减免税收和行政事业性收费的财税支持方式、提供资金信贷的金融支持方式，及提供就业场地物质帮助的环境支持方式等。

表 2-1 我国就业政策体系的现状

政策项目	职业介绍补贴政策、职业培训补贴政策、岗位补贴和社会保险补贴政策、社区公益性就业组织安置就业困难人员专项补助政策、税收减免政策、行政事业性收费减免政策、小额担保贷款政策、资金补贴政策、免费服务政策、开业管制政策，及经营管制政策
受惠群体	"4050" 年龄偏大人员、身体残疾人员、享受"低保"待遇人员、"零就业家庭"、长期失业人员、大学毕业生、农民工，及国有企业富余职工等
具体目标	提供就业服务、针对不同就业形式的引导就业，及危机风险下的稳定就业等
政策手段	资金补贴、财税支持、金融支持及环境支持等

资料来源：根据我国现行就业政策文件内容总结和整理得到。

（二）就业政策的主要实施效果

1. 将就业困难人员作为重点扶持对象解决失业问题

《就业促进法》规定，各级人民政府建立健全就业援助制度，对就业困难人员实行优先扶持和重点帮助。就业困难人员是指因身体状况、技能水平、家庭因素、失去土地等原因难以实现就业，以及连续失业一定时间仍未能实现就业的人员。《就业服务与就业管理规定》进一步提出，公共就业服务机构应当制订专门的就业援助计划，对就业援助对象实施优先扶持和重点帮助。就业援助对象包括就业困难人员和零就业家庭。公共就业服务机构应当建立就业困难人员帮扶制度，落实各项就业扶持政策，提供有针对性的就业服务和公益性岗位援助。公共就业服务机构应当建立零就业家庭即时岗位援助制度，确保零就业家庭至少有一人实现就业。2013 年全国就业困难人员就业人数达到 180

万人，全年共帮助 5.3 万户零就业家庭实现每户至少一人就业。①

从调研看，面向就业困难人员的就业帮扶政策主要起到了解决失业和稳定就业的作用。如北京市对促进就业产生直接影响的就业政策有三个，一是鼓励城镇就业困难人员灵活就业的社会保险补贴政策，使灵活就业成为城镇困难人员的就业主渠道。2013 年灵活就业的城镇登记失业人员所占比例已达 80% 左右。二是鼓励用人单位招用的岗位补贴和社会保险补贴政策，帮助城乡就业困难群体实现了单位就业。2006—2013 年，享受单位招用政策的城乡就业困难人员近 9 万人，占同期实现单位就业登记失业人员和登记农村劳动力的 19%，占城乡就业困难人员总量的 29.3%。三是社区公益性就业组织"托底"安置专项补助政策，使公益性岗位成为安置特困群体的主要渠道和可靠载体。自 1999 年政策实行至 2013 年，社区公益性就业组织平均每年"托底"安置 0.3 万名城镇就业特困人员，年均安置率占城镇就业特困人员总数的 95% 以上，占同期城镇登记失业人员实现就业总数的 4.6%，占城镇就业困难人员实现就业总数的 6.9 %。另据北京市人社局的调查结果显示，截至 2013 年底，有 71% 的就业特困人员就业 3 年以上，还有 5.2%的人达到 10 年以上。②

2. 社会保障和就业财政支出的均等化水平不断提高

《就业促进法》规定，国家实行有利于促进就业的财政政策，加大资金投入，改善就业环境，扩大就业。县级以上人民政府应当根据就业状况和就业工作目标，在财政预算中安排就业专项资金用于促进就业工作。《关于就业专项资金使用管理及有关问题的通知》和《关于进一步加强就业专项资金管理有关问题的通知》进一步提出，就业专项资金用于职业介绍补贴、职业培训补贴（含劳动预备制培训生活费补贴）、职业技能鉴定补贴、社会保险补贴、公益性岗位补贴、就业见习补贴、特定就业政策补助、小额贷款担保基金和小额担保贷款贴息，以及扶

---

① 人力资源和社会保障部：《2013 年度人力资源和社会保障事业发展统计公报》，2014 年 5 月 28 日，人民网（http://politics.people.com.cn/n/2014/0528/c1001-25077562.html）。

② 北京市人力资源和社会保障局提供的调研材料，笔者进行了计算和整理。

持公共就业服务等。就业专项资金必须坚持专款专用的原则，严格按照规定的范围、标准和程序使用。2013 年，我国公共财政就业补助支出达到 822.56 亿元，较 2012 年的支出额增加了 86.03 亿元，占同年国内生产总值的比重为 0.14%。[①]

进一步测算我国公共财政就业支出促进公共就业服务均等化的情况可见，1998 年以来，公共就业服务的均等化水平不断提高。本章采用泰尔指数测算全国各省份公共就业服务的均等化水平。泰尔指数可衡量一组经济指标在不同时间、区域和层次范围内的差异。

泰尔指数的分解计算公式为：

$$L = \sum_{i=1}^{n} \sum_{j=1}^{n} \frac{n_{ij}}{N} \times \log\left(\frac{n_{ij}}{N} \middle/ \frac{P_{ij}}{P}\right)$$

其中，具体可以分解为两部分：一部分用来测度区域间（东部地区、中部地区与西部地区）的公共就业服务差异；另一部分用来测度区域内（东部地区内各省间、中部地区内各省间，及西部地区内各省间）的公共就业服务差异。其分解结果为：$L_{总体} = L_{区域间} + L_{区域内}$，其中：

区域间公共就业服务差异：

$$L_{区域间} = \sum_{j=1}^{n} \frac{n_i}{N} \times \log\left(\frac{n_i}{N} \middle/ \frac{P_i}{P}\right)$$

区域内公共就业服务差异：

$$L_{区域内} = \sum_{i=1}^{n} \sum_{j=1}^{n} \frac{n_i}{N} \frac{n_{ij}}{n_i} \times \log\left(\frac{n_{ij}}{N} \middle/ \frac{P_{ij}}{P_i}\right)$$

P_{ij} 表示第 i 区域第 j 省的公共就业服务财政支出，P_i 表示东部地区（或中部地区、西部地区）的公共就业服务财政支出，P 表示全国各省公共就业服务财政总支出。其中，2007—2012 年财政预算科目是"社会保障和就业"，2006 年及以前年份财政预算科目是"社会保障补助支出"。n_{ij} 表示第 i 区域第 j 省的人口数，n_i 表示东部地区（或中部地区、西部地区）的人口数，N 表示全国的人口数。数据来源是《中国财政年

---

① （1）《2013 年全国公共财政支出决算表》，2014 年 7 月 14 日，中央政府网（http://www.gov.cn/xinwen/2014-07/14/content_2717047.htm）。（2）《中国统计年鉴（2014）》。笔者进行了计算。

鉴（1999—2013）》，各省、自治区和直辖市的公共财政（一般）预算收支决算总表（决算数），及《中国统计年鉴（2014）》。泰尔指数的数值越小，说明各省公共就业服务的差异越小，即公共就业服务均等化水平越高。

从公共就业服务的泰尔指数变化趋势来看，如图2-1所示，总体泰尔指数除1999年和2003年出现异常波动以外，整体上呈不断下降趋势，2005年该项指数值为0.2214，到2012年已下降至0.0768，表明各省间公共财政就业支出的均衡水平正逐步提高。区域内的泰尔指数整体上也处于下降趋势，说明东部地区内各省间、中部地区内各省间，及西部地区内各省间公共就业服务的均等化程度有所升高。

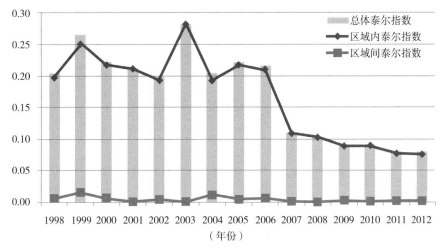

图2-1　全国各省间公共就业服务的泰尔指数变化趋势

说明：区域间指东部地区、中部地区和西部地区间；区域内指东部地区、中部地区和西部地区内的各省份间。

资料来源：根据《中国统计年鉴（2014）》和《中国财政统计年鉴（1999—2013）》的数据计算得到。

进一步分析总体泰尔指数变化的原因，发现区域内部各省间公共财政就业支出差异是全国各省间公共财政就业支出差异的主要来源，特别是东部地区内各省间差异最大，又是区域内各省间公共财政就业支出差异的主要来源。区域间泰尔指数变化幅度较小，而区域内泰尔指数呈显著下降趋势，如图2-2所示，东部地区内各省间泰尔指数降幅最为明显，但东部地区内各省间的公共就业服务均等化水平仍然不如中部地区和西部地区对应的情况。东部地区、中部地区和西部地区间的泰尔指数较低，2012年该项指标值仅为0.0019，意味着三大地带间公共就业服务的均等化程度较高。

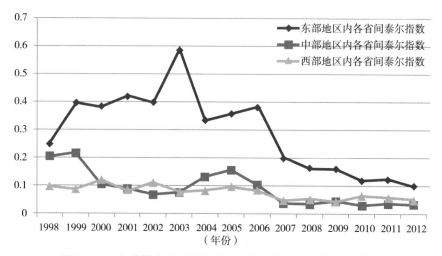

图2-2　三大地带内各省间公共就业服务的泰尔指数变化趋势

说明：东部地区各省份（11个）包括北京市、天津市、河北省、辽宁省、上海市、江苏省、浙江省、福建省、山东省、广东省和海南省。中部地区各省份（8个）包括山西省、吉林省、黑龙江省、安徽省、江西省、河南省、湖北省和湖南省。西部地区各省份（12个）包括内蒙古自治区、广西壮族自治区、重庆市、四川省、贵州省、青海省、云南省、西藏自治区、陕西省、甘肃省、宁夏回族自治区和新疆维吾尔自治区。

资料来源：根据《中国统计年鉴（2014）》和《中国财政统计年鉴（1999—2013）》的数据计算得到。

3. 运用多种手段鼓励其他主体提供就业岗位和服务

《就业促进法》规定，国家鼓励企业增加就业岗位，扶持失业人员和残疾人就业，对符合一定条件的企业、人员依法给予税收优惠。县级以上人民政府鼓励社会各方面依法开展就业服务活动。《促进就业规划》进一步提出，充分发挥市场机制在人力资源配置中的基础性作用，进一步强化政府在促进就业中的责任，广泛动员社会各方面力量，特别是注意充分发挥工会、共青团、妇联、残联等社会团体作用，调动企业履行社会责任、扩大和稳定就业的积极性，共同做好就业工作。目前，我国已经形成了政府为核心、多方主体参与的就业服务多中心供给格局。就业服务的供给主体不仅有省、市、区（县）、街道（乡镇）、社区（村）五级公共就业服务机构，还有用人单位、各类就业服务机构、社区（社会）公益性就业组织、工会、妇联和残联等。对于用人单位、各类就业服务机构和社区（社会）公益性就业组织提供就业服务的，政府还通过法律、财政税收、金融和行政等手段，给予行政上和经济上的支持。

财政税收手段是目前各级政府运用最广泛的政策工具，连同金融手段、法律手段和行政手段，形成了一整套面向公共部门、私人部门和非营利组织的扩大就业服务供给政策，并且在激励其他主体提供更多就业岗位和服务方面，发挥了重要的作用。以北京市为例。经过梳理当地现行就业政策，发现政府用于鼓励其他主体扩大就业服务供给的政策共计10类，除一项地方性法规——《北京市就业援助规定》作出明确规定外，其余9类中，有7类都属于财政税收政策，还有1类属于金融政策，1类属于行政规定。如表2-2所示，7类财政税收政策包括职业介绍补贴政策、职业培训补贴政策、岗位补贴和社会保险补贴政策、社区公益性就业组织安置就业困难人员专项补助政策、税收减免政策、行政事业性收费减免政策，及资金补贴政策；1类金融政策指小额担保贷款政策；1类行政规定指免费服务政策。

表2-2　　　　　北京市扩大就业服务供给的政策及对应的服务职能

政策类别	政策对象	就业服务职能	供给主体
1. 职业介绍补贴政策	职业中介机构	职业介绍、信息发布、职业指导、政策咨询	私人部门
2. 职业培训补贴政策	用人单位（本市行政区域内的国家机关、社会团体、企业、事业单位、个体工商户，下同）、职业技能培训机构、职业院校	职业技能培训、职业技能鉴定、创业培训	公共部门、私人部门、非营利组织
3. 岗位补贴和社会保险补贴政策	用人单位	专项就业服务、就业援助	公共部门、私人部门、非营利组织

政策类别	政策对象	就业服务职能	供给主体
4. 社区公益性就业组织安置就业困难人员专项补助政策	社区（社会）公益性就业组织	就业援助	公共部门
5. 税收减免政策	国家机关、各类所有制企业、事业单位、社会团体和民办非企业单位、个体经济组织	专项就业服务、就业援助、创业服务	公共部门、私人部门、非营利组织
6. 行政事业性收费减免政策	用人单位	职业介绍	公共部门、私人部门、非营利组织
7. 小额担保贷款政策	劳动密集型小型微型企业、科技型小型微型企业	专项就业服务	私人部门
8. 资金补贴政策	劳务派遣企业、企事业单位、集中安置残疾人就业单位、中小企业、孵化基地	专项就业服务	公共部门、私人部门、非营利组织
9. 免费服务政策	用人单位	职业介绍	公共部门、私人部门、非营利组织

资料来源：根据北京市现行就业政策文件内容归纳和整理得到。

直接扶持特定家庭的就业援助，与之相关的岗位补贴和社会保险补贴政策与税收减免政策，正是吸引社会各类用人单位招用城乡就业困难人员的主要原因。据北京市人社局 2013 年的调查结果显示，全部或部分考虑政策补贴因素的用人单位占补贴单位总数的 39%。对于城乡就业困难人员，用人单位提供的就业岗位增强了就业稳定性。据调查，城乡就业困难人员的劳动合同签订期限在三年以上至无固定期限的达到 52.3%，并且还有 88% 的用人单位愿意与其续签劳动合同。

二 就业政策存在的突出问题

尽管就业政策对促进就业起到了一定的积极效果，但是还不能高估政策的绩效，因为结合家庭发展的要求，就业政策还存在一些问题。

（一）城乡、区域分割并存，流动家庭难以及时获得帮扶

现行就业政策存在明显的"双重分割"现象，也即"城乡分割"与

"区域分割"并存。"城乡分割"表现为，当前农村劳动力特别是外来农村劳动力无法获得流入地全面的政策帮扶，只能享受鼓励单位招用、职业培训、职业介绍和小额担保贷款等少数就业扶持政策。"区域分割"表现为，市、区（县）及以下的就业扶持政策仍然有很多是以当地户籍作为享受待遇的必要条件，政策难以形成合力，本地与外地、城市与农村的劳动力不能获得平等的就业政策帮扶。政府的责任是保障所有公民享有某种基本的生活水平，因此，政策要为社会弱势群体以及有所需要者提供一些法定的额外援助，主要包括一系列失业和社会保障给付（Marshall，2002：35）。政府的举措不能遵循这些规范性原则，那么人们就不能公平地享有经济、社会和政治上的权利与自由，社会也不算是"文明社会"和"现代社会"（安东尼·哈尔、詹姆斯·梅志里，2006：5）。

以"零就业家庭"就业援助政策为例。现行就业政策将"零就业家庭"或其成员列为重点扶持对象的共有 8 类，即职业培训补贴政策、岗位补贴和社会保险补贴政策、社区公益性就业组织安置就业困难人员专项补助政策、税收减免政策、行政事业性收费减免政策、小额担保贷款政策、资金补贴政策和免费服务政策。其中，社区公益性就业组织安置就业困难人员专项补助政策是专门针对城乡就业困难群体中特别困难的人员（后文简称"就业特困人员"）制定的，起到"托底"安置的作用。

然而，要成为这类政策扶持的"家庭"，就必须经过家庭申报、社区（村）调查核实，及街道（乡镇）认定等过程，而按照国家相关政策的规定，可以申报的家庭只能是本地城镇户籍家庭。《就业促进法》规定，法定劳动年龄内的家庭人员均处于失业状况的城市居民家庭，可以向住所地街道、社区公共就业服务机构申请就业援助。街道、社区公共就业服务机构经确认属实的，应当为该家庭中至少一人提供适当的就业岗位。《就业服务与就业管理规定》进一步明确提出，零就业家庭是指法定劳动年龄内的家庭人员均处于失业状态的城市居民家庭。就业困难人员和零就业家庭可以向所在地街道、社区公共就业服务机构申请就业援助。对于申请认定为"零就业家庭"的程序，原劳动保障部《关于全面推进零就业家庭就业援助工作的通知》则指出，对于符合条件的家庭，可向户籍所在地的街道（乡镇）劳动保障工作机构申请零就业家庭登记认定。

根据国家卫计委（2014）的研究报告显示，进入 21 世纪以来，举家流动已经成为人口流动的显著特征，在流入地长期居留的现象非常普遍。2010 年流动人口动态监测数据显示，携家属（配偶、子女、父母）一同流动的占 66.4%。到 2012 年，在已婚流动人口中，夫妻一同流动的已占 89.8%。[①] 外来流动家庭不能在本地进行申报，导致大量的流动家庭被排除在就业政策扶持对象之外，公平发展难以实现。

（二）基本经费保障程度低，失业人员缺少高效政策扶持

我国现行资金规模最大且对促进就业产生直接影响的就业扶持政策有三个，即鼓励用人单位招用的岗位补贴和社会保险补贴政策（后文简称"单位招用政策"）、鼓励城镇就业困难人员灵活就业的社会保险补贴政策（后文简称"灵活就业政策"），及社区公益性就业组织"托底"安置专项补助政策（后文简称"托底安置政策"）。综合多地调研了解的情况看，上述政策实施中存在较严重的"供需错位"问题，受惠群体最满意、政策效果综合评价最高的是"单位招用政策"，但在实践中，该项政策却并未被及时、充分地落实、执行到位，就业困难人员实现单位就业的机会较少。

课题组在五个城市（南京市、扬州市、北京市、长沙市、重庆市）向当地人社部门工作人员发放"政策效果评估问卷"，设立 7 项指标考察当地就业扶持政策效果，以排名作为分值（分值越高越好），相加得出总分，代表前述三项扶持政策实施效果的次序。评估结果显示，五市就业扶持政策效果的排名顺序一致，由高到低依次是"单位招用政策""灵活就业政策"和"托底安置政策"。另一个一致的现象是，各地能享受到"单位招用政策"的就业困难人员的比例都未超过总人数

---

① 国家卫生计划生育委员会流动人口司：《中国流动人口发展报告 2013》，中国人口出版社 2013 年版，第 9 页。

的 20%，政策"供需缺口"较大。

实际上，执行就业政策对地方政府而言是有成本的，对应到每一项具体的政策，其执行成本也不一样。对比"单位招用政策"、"灵活就业政策"和"托底安置政策"的相关指标值，以北京市就业扶持政策评估结果为例，如表 2-3 所示，发现"单位招用政策"不但人均促进就业成本高，而且操作烦琐、过程复杂。一方面区县公共就业服务机构的工作人员要经常外出联系街道、乡镇，组织号召城镇失业人员、农村转移就业劳动力等参加再就业培训；另一方面还要联系、协调各类用人单位接收就业困难人员，做好各项补贴的申请和发放工作。可以说，"单位招用政策"的执行过程是"费时、费力、费财、费人手"。

表 2-3　　　　　　　　北京市主要就业扶持政策的效果对比

评估指标	扶持对象范围	促进就业数量	就业时间稳定性	人均促进就业成本	就业收入水平	政策执行过程	受惠群体满意程度	总计
单位招用	3	2	2	2	3	1	3	16
灵活就业	2	3	1	3	1	3	1	14
托底安置	1	1	3	1	2	2	2	12

说明：分值越高，代表政策效果越好。

现有财政政策已经对就业服务工作经费安排作出了明确规定，要求由同级财政在部门预算中统筹安排。《关于进一步加强就业专项资金管理有关问题的通知》要求，对已经纳入财政补助范围的公共就业服务机构，地方各级财政部门要按照事业单位财务规则，根据其享受财政补助编制内实有人数，并结合考虑其承担的免费公共就业服务工作量，安排人员经费、工作经费（含设备购置、修缮和大型公共就业服务活动等项目支出），由同级财政在部门预算中统筹安排。《关于进一步完善公共就业服务体系有关问题的通知》进一步规定，县级（含）以上公共就业服务机构和县级以下基层公共就业服务平台经费纳入同级财政预算。但是，由于市、区（县）经济发展水平和财政收入水平不同，对辖区各级公共就业服务机构的经费安排也就不同，造成政策执行落实情况各异。对于基本经费，区县财政预算安排不足的，公共就业服务机构特别是基层公共就业服务平台多数会侧重从事经费开支不大的项目，比如接收培训机构的上报材料、组织政府部门核定公益性岗位等，而一些投入大、服务周期长、专业性高的项目，就得不到足够的重视，比如职业指导工作。

虽然放松劳动力市场管制有利于繁荣经济、削减公共开支，但是这并不是"具有人性化面孔的调整"（Cornia et al.，2007）。政府的放松和退出只能应对短期的就业问题，但是长期的、嵌入在部门中、结构性的、深层次的障碍却并未被破解，这反而使原本就贫困和脆弱的群体变得更加贫困和脆弱了（Narayan and Ebbe，2007；Conway，2010）。随着失业人员构成的多样化，就业困难人员的结构也在发生改变，政策共同扶持的对象[①]较难与不同形式下差异化的就业状况准确对接，亟须职业指导的干预，对失业人员特别是就业困难人员提供专业、精细和深入的职业指导与跟踪服务，以提高他们的求职成功率和就业稳定性。然而，没有充足的工作经费作为保障，既掣肘就业政策的执行力度，又制约服务水平的提升，不利于失业家庭发展。

（三）扶持对象的定位偏向，就业困难人员不能对应得到支持

根据国内外的经验，针对不同的政策对象，组合不同的政策手段，就会形成导向不同的政策体系。从我国就业政策的发展历程看，解决失业问题始终被作为主要任务。进入 21 世纪以来，我国陆续以促进下岗失业人员再就业、促进城镇新增劳动力就业、促进农村劳动力转移就业、稳定就业扩大就业（金融危机时期）、加强职业培训、以创业带动就业等为目标，大力完善就业政策体系，扩大政策扶持对象范围，降低享受政策的"条件门槛"。目前，受惠于就业政策的失业群体广泛，既有"4050"年龄偏大人员、残疾人、享受"低保"待遇人员、"零就业家庭"成员、长期失业人员等城乡就业困难群体，也有高校毕业生、外地来京务工人员和国有企业富余职工等重点帮扶群体，还有退役士

---

① 就业政策共同扶持的对象主要有：失业一年以上人员、大龄人员、享受"低保"待遇人员、残疾人、"零就业家庭"成员、农村转移就业劳动力等。

兵、随军家属和刑释解教人员等特殊身份扶持群体。同时，为了保持
"失业转就业群体"的就业稳定性，就业政策进一步将自谋职业（自主
创业）、灵活就业、小型微型企业就业创业等人群列入扶持对象，连同
对国有企业富余人员、残疾人等的帮扶，以及对海外高层次人才、留
学人员等的支持，受惠于就业政策的就业群体基本构成。

　　然而，与受惠的失业群体相比，政策扶持的就业群体范围小，享
受政策的"条件门槛"高。以北京市就业政策为例。选取对就业质量
有直接影响的两类政策——职业培训补贴政策与岗位补贴和社会保险
补贴政策，归纳和整理当地两类政策的扶持对象，以"是否处于失业
状态"做分类，如表 2-4 所示，比较发现与"失业人员"相比，政策
扶持的"就业人员"被一系列的具体条件包括年龄、户籍、身份、职业、
从业时间、单位等，严格地局限在了一个较小的人群范围内，不能达
到扶持低质量就业人员稳定就业乃至增加就业能力、获得就业保障的
效果，不利于就业家庭发展。

表 2-4　　　　　　　　　现行就业政策扶持对象及配套提供的服务

政策类别	政策扶持对象类别[a]		就业服务职能
	失业人员	就业人员	
1. 职业培训补贴政策	本市城镇登记失业人员、农村转移就业劳动力、残疾人、合同期满大学生"村官"、外来农民工、高校毕业生、随军家属	企业职工、残疾人、员工制家政服务员、孵化基地内初创企业法定代表人或主要负责人、小型微型企业招用 6 个月内的本市高校毕业生	就业登记与失业登记、职业培训、创业培训、职业技能鉴定、专项就业服务
2. 岗位补贴和社会保险补贴政策	本市城镇登记失业人员（女满 35 周岁、男满 40 周岁以上）、残疾人、城市低保人员、"零就业家庭"人员、随军家属、登记失业一年以上人员、农村就业困难人员、北京生源高校毕业生、"纯农就业家庭"劳动力	本市自谋职业（自主创业）（女满 40 周岁，男满 50 周岁以上及在法定劳动年龄内的中、重度残疾人）和灵活就业（女满 40 周岁，男满 45 周岁以上及中、重度残疾人）的城镇登记失业人员、自谋职业（自主创业）和灵活就业的随军家属、残疾人、灵活就业的高校毕业生	就业登记与失业登记、就业援助、专项就业服务、创业服务

说明：a 按照政策扶持对象"是否处于工作状态"作分类。
资料来源：根据北京市现行就业政策文件内容归纳和整理得到。

　　下放"就业政策扶持对象的认定权"，及"化解阶段性失业增加压

力"的惯性思维，是造成就业政策不利于就业家庭发展的两大根源。

仍以职业培训补贴政策与岗位补贴和社会保险补贴政策为例，如表 2-5 所示，比较国家和北京市相关政策的扶持对象范围发现：第一，尽管《关于进一步加强就业专项资金管理有关问题的通知》已经对享受职业培训补贴的人员范围，及享受社会保险补贴的就业困难人员作出了规定，但对政策扶持对象的认定权却下放至省级政府。与此相对应，在北京市相关政策对扶持对象范围的规定中，基于国家规定范围之上，

表 2-5　　　　　　　国家与北京市两类就业政策扶持对象范围的比较

政策级别	职业培训补贴政策	岗位补贴和社会保险补贴政策
国家	享受职业培训补贴的人员范围包括：城镇登记失业人员、农村转移就业劳动者、毕业年度高校毕业生、城乡未继续升学的应届初高中毕业生（简称"四类人员"）。四类人员参加就业技能培训或创业培训，可向当地人力资源社会保障部门申请职业培训补贴，申请材料经人力资源社会保障部门审核后，财政部门按规定将补贴资金直接拨付给申请者本人	1. 对就业困难人员的社会保险补贴实行"先缴后补"的办法。就业困难人员是指由省级人民政府依据《中华人民共和国就业促进法》第五十二条确定的人员。2. 就业困难人员是指因身体状况、技能水平、家庭因素、失去土地等原因难以实现就业，以及连续失业一定时间仍未能实现就业的人员。就业困难人员的具体范围，由省、自治区、直辖市人民政府根据本行政区域的实际情况规定
北京市	1. 实施就业再就业扶持政策的对象范围主要是本市具有劳动能力和就业愿望的下列人员：（一）城镇登记失业人员；（二）农村劳动力；（三）未就业的大学毕业生；（四）初次进京的随军家属；（五）经市政府批准的国有企业关闭破产、调整搬迁需要安置的城镇职工；（六）经市政府批准的其他人员。2. 本规定所称就业困难人员，是指在法定劳动年龄内，有劳动能力和就业愿望，处于无业状态并难以实现就业的本市城乡劳动者，具体范围包括：（一）属于零就业家庭成员的；（二）享受城乡居民最低生活保障待遇的；（三）女满四十周岁以上、男满五十周岁以上的；（四）经残疾评定机构评定为残疾的；（五）连续失业一年以上的；（六）市人民政府规定的其他情形。本市绿化隔离、矿山关闭、资源枯竭或者受保护性限制等地区的农村劳动力，进行转移就业登记后，纳入本市就业困难人员范围	

说明：表中内容摘自对应政策文件的内容，其中，国家现行政策依据是：（1）《关于进一步加强就业专项资金管理有关问题的通知》（财社〔2011〕64号）；（2）《就业促进法》（中华人民共和国主席令第七十号）。北京市现行政策依据是：（1）《北京市就业再就业资金管理办法》（京财社〔2009〕703号）；（2）《北京市就业援助规定》（北京市人民代表大会常务委员会公告第21号）。

资料来源：根据北京市现行就业政策文件内容归纳和整理得到。

"当地户籍"被作为享受待遇的必要条件，再加上年龄、身份、职业等其他附加条件，最终使就业政策扶持对象出现偏移，国家政策难以一以贯之充分发挥效果，本地与外地、城市与农村的劳动力不能平等地获得就业政策的帮扶。

第二，作为扶持就业人员的两项政策，共同受到"化解阶段性失业增加压力"这一惯性思维的影响，未能准确"聚焦"低质量就业人员，阻碍政策效果的扩大。同正式形式就业的人员相比，灵活就业人员的就业质量偏低，主要表现为就业收入不固定和社会保险参保率低（王阳，2014：21）。职业培训补贴政策是提升就业能力的重要政策，却没有将"灵活就业人员"纳入扶持对象范围。岗位补贴和社会保险补贴政策明确将"灵活就业人员"纳入了扶持对象范围，但却仅限就业困难人员可以享受政策，没有覆盖各类灵活就业人员。对于扶持失业人员的政策，"就业困难人员"作为其中较难实现就业的人员，理应被重点扶持，而对于扶持就业人员的政策，"就业质量偏低的人员"理应被重点扶持，方能激发两类就业政策的积极效果。社会保险补贴政策作为扶持灵活就业人员的一项有益政策，却只帮扶当中的"就业困难人员"，不能广泛鼓励参保，提升就业质量。

社会政策是一种集体干预，直接影响民众获得充足收入和稳定生活的可能性（Subbarao，2007）。政府要关注那些最基本的问题，如就业来源、就业稳定性、收入的制度安排、决定民众福祉的过程和结构等，而不是按照自己的意愿去帮助特定的人群，剥夺另一部分人群增强维持生计能力的机会（Mkandawire，2009：1）。大量的就业人员缺少就业政策的扶持，预防失业、稳定就业乃至职业发展的需要得不到关注和满足，家庭发展受到了制约。

三　政策建议

党的十八届四中全会要求，加快保障和改善民生、推进社会治理体制创新法律制度建设，依法加强和规范公共服务，完善教育、就业、收入分配、社会保障等方面的法律法规。鉴于就业政策存在的一系列问题，建议以"权利公平、救助高效、受惠广泛"为目标，调整完善对应的就业政策文件的有关内容，同时加快落实已有政策文件的相关规定，建立健全配套的制度机制。

（一）按照实际居住地确定政策扶持的家庭对象，将流动家庭纳入政策受惠家庭范围

第一，修改《就业促进法》第五十六条规定的内容，一是将"确保城市有就业需求的家庭至少有一人实现就业"中的"城市"改为"城乡"。二是将"法定劳动年龄内的家庭人员均处于失业状况的城市居民家庭，可以向住所地街道、社区公共就业服务机构申请就业援助"中的"城市"改为"城乡"。同时，对应修改《就业服务与就业管理规定》第五章"就业援助"第四十条规定的内容，将"零就业家庭是指法定劳动年龄内的家庭人员均处于失业状态的城市居民家庭"中的"城市"改为"城乡"。

第二，修改《关于全面推进零就业家庭就业援助工作的通知》第二条"建立申报认定制度"规定的内容，一是将"零就业家庭是指城镇家庭中，所有法定劳动年龄内、具有劳动能力和就业愿望的家庭成员均处于失业状态，且无经营性、投资性收入的家庭"中的"城镇"改为"城乡"。二是将"符合上述条件的家庭，可按照自愿原则，向户籍所在地的街道（乡镇）劳动保障工作机构申请零就业家庭登记认定"中的"户籍所在地"改为"实际居住地"。同时，对应修改《就业服务与就业管理规定》第五章"就业援助"第四十一条规定的内容，将"就业困难人员和零就业家庭可以向所在地街道、社区公共就业服务机构申请就业援助"中的"所在地"改为"实际居住地"。

第三，尽快落实《国家新型城镇化规划（2014—2020年）》和《国务院关于进一步推进户籍制度改革的意见》的要求，建立居住证制度，并全面推行流动人口居住证制度，建立健全与居住年限等条件相挂钩的公共就业服务提供机制。将持居住证一定年限、缴纳社会保险费一定年限、购房、依法纳税、遵守计划生育政策等的持证人家庭，纳入促进"零就业家庭""纯农就业家庭"等劳动力就业动态服务制度的扶持对象范围。

第四，尽快落实《促进就业规划（2011—2015 年）》第三部分"主要任务和政策措施"中第（六）项"加强失业预防和调控"中第一条"建立失业统计制度和失业预警机制"的任务要求，完善城镇调查失业率统计。建议 2015 年建立大城市城镇调查失业率月度统计发布制度，到 2020 年形成统一的城镇调查失业率月度统计发布制度，及时、准确监测当前社会的就业和失业状况，掌握失业人员及失业家庭的信息，做好就业政策制定完善前的政策需求预估和预判工作。

（二）在省级就业专项资金中安排服务基本经费，为失业人员创造更多单位就业机会

第一，修改《关于进一步加强就业专项资金管理有关问题的通知》第四部分"资金申请及支付管理"中第（八）项"扶持公共就业服务"规定的内容，在原规定"县级以上财政可安排扶持公共就业服务资金，用于对下级公共就业服务机构加强其人力资源市场信息网络系统建设（具体包括计算机及网络硬件、软件购置以及开发应用支出）给予的补助"的基础上，将"公共就业服务基本经费"纳入扩大财政就业专项资金已有列支项目。

第二，增加《关于进一步完善公共就业服务体系有关问题的通知》第五部分"健全公共就业服务经费保障机制"中第（十二）项"加大对基层公共就业服务的扶持力度"规定的内容，在原规定"对县级公共就业服务机构和县级以下基层公共就业服务平台开展公共就业服务所需经费确有困难的，上级财政部门要给予适当补助，所需经费从就业专项资金中列支"之后，增加"省级财政对县级公共就业服务机构和县级以下基层公共就业服务平台能力建设给予适当补助"的内容，明确省级财政分担基层公共就业服务基本支出责任。

第三，尽快落实《国家新型城镇化规划（2014—2020 年）》和《国务院关于进一步推进户籍制度改革的意见》的要求，完善财政转移支付制度，建立财政转移支付同农业转移人口市民化挂钩机制。建议 2020年建立有利于均衡公共就业服务能力的中央和省级财政转移支付制度，明确省级政府加强公共就业服务体系建设方面的事权，健全公共就业服务经费保障机制。对由财政补助的公共就业服务机构，包括省、市、县三级公共就业服务机构，及县以下街道（乡镇）和社区（行政村）基层公共就业服务平台，根据享受财政补助编制内实有人数和承担的免费公共就业服务工作量，由省级就业专项资金支出人员经费和工作经费。核算公共就业服务工作量时，调整总人口的口径，以常住人口口径计算。

第四，尽快落实《人力资源和社会保障事业发展"十二五"规划纲要》第八章"加强基础能力建设，提升公共服务水平"中第三节"推进公共服务标准化建设"及第四节"加强系统队伍建设"的任务和政策措施要求。一是 2015 年编制出台统一的就业服务标准体系，对服务范围、内容、流程及开展服务所需的设施设备、人员配备、经费保障等形成统一的标准和质量监管体系。二是重点加强农村基层就业服务平台建设，及培育高素质、专业化的城乡基层服务机构工作人员队伍，到 2020 年形成城乡统一的公共就业服务体系。

（三）扩大就业服务财税金融政策扶持对象范围，支持就业人员实现更高质量的就业

第一，修改《就业促进法》第五十二条规定的内容，将原"就业困难人员是指因身体状况、技能水平、家庭因素、失去土地等原因难以实现就业，以及连续失业一定时间仍未能实现就业的人员"中的"未能实现就业的人员"改为"未能实现就业的常住人员"。同时，对应修改《就业服务与就业管理规定》第五章第四十条规定的内容，将"未能实现就业的人员"改为"未能实现就业的常住人员"。

第二，修改《就业服务与就业管理规定》第七章"就业与失业管理"第六十三条规定的内容，一是将"在法定劳动年龄内，有劳动能力，有就业要求，处于无业状态的城镇常住人员，可以到公共就业服务机构进行失业登记"中的"城镇常住人员"改为"城乡常住人口"。二是将"其中，没有就业经历的城镇户籍人员，在户籍所在地登记"中的"户籍所在地"改为"实际居住地"。三是删去"农村进城务工人员和其他非本地户籍人员在常住地稳定就业满 6 个月的，失业后可以在常住地登记"中的"稳定就业满 6 个月的"。

第三，修改《关于进一步加强就业专项资金管理有关问题的通知》第四部分"资金申请及支付管理"规定的内容，一是对"（二）职业培训补贴"部分，扩大"享受职业培训补贴的人员范围"，在原"城镇登记失业人员、农村转移就业劳动者、毕业年度高校毕业生、城乡未继续升学的应届初高中毕业生"的基础上，增加"灵活就业人员"。二是对"（四）社会保险补贴"部分，扩大享受社会保险补贴的灵活就业人员范围，在原"就业困难人员"的基础上，增加"外来农业转移人口"。

第四，尽快落实《国家新型城镇化规划（2014—2020 年）》和《国务院关于进一步推进户籍制度改革的意见》的要求，创新和完善人口服务和管理制度。建立以常住地为基础的就业失业管理制度，将省、市、区／县就业政策实施范围由户籍地调整为常住地。依托居住证，将持证人的信息如持证年限、社保缴费年限、依法纳税年限、遵守计划生育政策情况等，利用"积分制度"进行量化，依据权利和义务对等的原则，以"阶梯式赋权"的方式，将居住证人员逐步纳入就业政策扶持对象范围。运用职业介绍补贴、职业培训补贴、岗位补贴、社会保险补贴、社区公益性就业组织安置就业困难人员专项补助、税收减免、行政事业性收费减免、资金补贴、小额担保贷款等政策，帮扶含居住证人员在内的失业人员或特殊群体实现就业。

第五，尽快落实《促进就业规划（2011—2015 年）》第三部分"主要任务和政策措施"中第（三）项"统筹做好城乡、重点群体就业工作"中第一条"推进城乡和区域就业统筹协调发展"的任务要求，消除劳动者就业的城乡差别和就业歧视。将外来农业转移人口纳入就业服务财税和金融政策扶持对象范围，一是运用职业培训补贴、岗位补贴、社会保险补贴、税收减免、资金补贴、小额担保贷款等政策，帮扶不充分就业或低质量就业人员实现稳定就业或高质量就业；二是运用职业培训补贴、资金补贴、免费服务等政策，帮扶低文化知识人员提高就业能力，实现高素质就业。

参考文献

1. 石智雷：《对家庭发展能力的理论思考》，《中国人口报》2013年12月2日第3版。

2. 吴要武、蔡昉：《中国城镇劳动力市场政策：覆盖、瞄准与成效——以失业严重地区为例》，《中国劳动经济学》2009年第1期。

3. 上海工程技术大学课题组：《新形势下上海促进就业的机制研究》，《科学发展》2014年第2期。

4. 王兆萍：《工作价值观变化与我国劳动就业政策改革趋向》，《经济社会体制比较》2013年第3期。

5. 王阳：《我国就业质量变化的制度效应分析》，载余兴安主编《第一资源》，党建读物出版社2014年版。

6. ［美］尼尔·吉尔伯特、芮贝卡·范·沃黑斯：《激活失业者——工作导向型政策跨国比较研究》，中国劳动保障出版社2004年版。

7. 孟平原：《零就业家庭就业援助长效机制的建立与运行》，《中国就业》2010年第7期。

8. 胡雅倩、李俊：《"中国式福利依赖"与"工作福利"政策的完善》，载杨团、岳经纶《当代社会政策研究Ⅶ，第七届社会政策国际论坛论文集》，中国劳动社会保障出版社2012年版。

9. 刘伯红、张永英、李亚妮：《从工作与家庭的平衡看公共政策的改革与完善》，《中华女子学院学报》2010年第6期。

10. 宋健：《社会性别视角下的中国社会政策》，社会科学文献出版社2012年版。

11. 郭砾、赵云：《平衡工作与家庭：国际视角与中国政策》，《山西师大学报》（社会科学版）2013年第2期。

12. 马国贤：《公共政策分析与评估》，复旦大学出版社2012年版。

13. Marshall, T. H., *Citizenship and Social Class and Other Essays*, Cambridge

University Press, 2002.

14. Cornia, G., Jolly, R. and Stewart, F., *Adjustment with a Human Face*, Oxford: Clarendon Press, 2007.

15. Narayan, D. and Ebbe, K., *Design of Social Funds, Discussion Paper 375.*, Washington, DC: World Bank, 2007.

16. Conway, T., *Social Protection: New Directions for Donor Agencies*, London: DFID, 2010.

17. Subbarao, K., *Safety Net Programs and Poverty Reduction: Lessons From Cross Country Experience*, Washington, DC: World Bank, 2007.

18. Mkandawire, T., *Social Policy in a Development Context., Social Policy and Development Programme, Paper* No.7, Geneva: UNRISD, 2009.

19. [英] 安东尼·哈尔、詹姆斯·梅志里:《发展型社会政策》,罗敏等译,社会科学文献出版社 2006 年版。

20. 国家卫生和计划生育委员会:《中国家庭发展报告 2014》,中国人口出版社 2014 年版。

21. 国家卫生计划生育委员会流动人口司:《中国流动人口发展报告 2014》,中国人口出版社 2014 年版。

22. 卢汉龙、周海旺:《上海社会发展报告（2013）：提供公共服务水平》,社会科学文献出版社 2013 年版。

第三章

北京市实现更高质量就业水平评价及就业政策再完善[①]

就业历来是重要的民生议题。近年来，随着我国经济进入新常态，经济增速有所放缓，尽管就业形势总体稳定，但是受到各种宏观因素和政策的影响，就业稳而承压，问题和隐忧增加。一方面，失业人口的规模持续扩大，劳动力市场工作岗位的需求量有所上升；另一方面，受"以质换量"趋势的影响，劳动者工作贫困（Working poor）的现象进一步凸显[②]。

就业质量是劳动者与生产资料结合的状况，包括聘用条件、工资水平、工作环境和稳定性、社会保险、劳动关系等（王阳，2014）。2016 年 8 月《北京市"十三五"时期职工发展规划》提出，为职工提供就业质量提高、收入增长同步、劳动保护全面、保障形式多样、参与渠道畅通、发展平台广阔的职业环境，努力实现职工体面劳动、全面发展。在新时期、新形势和新要求下，对北京市就业质量水平变化进行客观衡量和评价，并对职工群体尤其是当中的就业困难人群的就业状况展开专门调研和剖析，是进一步完善北京市促进就业政策、做好新常态下北京市就业工作的有力支撑和必要保障。

---

① 本章内容曾收录在《北京健康城市建设研究报告（2017）》。
② 资料来源：《〈2016 世界就业与展望〉发布，关注就业者在职贫困》，2016 年 8 月 25 日，http://mt.sohu.com/20160825/n465896306.shtml。

一 北京市实现更高质量就业水平评价

更高质量就业指就业带给劳动者更平等的机会和权利、更稳定的岗位和保护、更安全的环境和条件、更体面的收入和保障，及更和谐的关系和氛围。为此，要评价就业质量水平，就至少从劳动力市场、就业稳定性、工作安全性、收入保障性和劳动关系和谐度等五个维度展开（曾湘泉，2012；R. Johri，2016）。同时，评价指标体系应力求全面、系统和综合，也就是通过编制一揽子的就业质量水平评价指标池，对北京市就业质量水平进行跨时期、多角度、立体式、动态化而又突出重点的整体性评估。

（一）北京市就业质量水平评价指标体系构建

甄选核心指标，依据如下四个基本原则：（1）特征明确，有代表性。从众多影响就业质量的因素中按照一定的准则选取影响程度最大的关键因素作为评价指标（莫荣，2014）。（2）维度完整，高适用性。选取的指标应具有普遍性、多层次性，保证总体指数能够尽量客观地反映就业质量（赖德胜等，2013）。（3）数据可得，度量可行。指标的获取、收集和整理要简便易行，数据可从官方的、公开的渠道获取（B. Tal.，2015）。（4）逻辑清楚，衡量有效。指标的划分在逻辑上保持一致，指标体系的合成能够客观、定量地反映就业质量的状态，避免指标交叉和重复（张丽宾，2014；Ramón P. C.，2016）。

北京市就业质量水平评价指标体系如表3-1所示，其中，评价维度即一级指标依照更高质量就业的概念设立五个，评价指标即二级指标进一步细分，共设立十个，具体包括城镇登记失业率、城镇新增就业弹性、单位从业人数比例、工会会员人数比例、产均工伤事件发生率、工伤事故死亡率、最低工资保护程度、社会保险保护程度、劳均劳动争议案件发生率，及劳动争议劳动者当事人数比例。表3-1同时给出了各二级指标的定义、计算方法和单位。

表 3–1 北京市就业质量水平评价指标体系

评价维度	评价指标（单位）	指标的定义和计算方法
1 劳动力市场	1.1 城镇登记失业率[b]（%）	城镇登记失业人员与城镇单位就业人员（扣除使用的农村劳动力、聘用的离退休人员、港澳台及外方人员）、城镇单位中的不在岗职工、城镇私营业主、个体户主、城镇私营企业和个体就业人员、城镇登记失业人员之和的比
	1.2 城镇新增就业弹性[a]	地区经济总量每变化 1 个百分点所对应的城镇新增就业数量变化的百分点。计算公式如下： $$\frac{（当期城镇新增就业人数 \div 上一期城镇就业人数）\times 100\%}{当期地区生产总值增长率}$$
2 就业稳定性	2.1 单位从业人数比例[a]（%）	城镇单位从业人员年末人数占当期城镇从业人员总数的比例。计算公式如下： $$\frac{城镇单位从业人员年末人数}{城镇从业人员总数}\times 100\%$$
	2.2 工会会员人数比例[a]（%）	当期工会会员人数占当期从业人员年末人数的比例。计算公式如下： $$\frac{当期工会会员人数}{从业人员年末人数}\times 100\%$$
3 工作安全性	3.1 产均工伤事件发生率[b]（件/1亿元）	一亿元地区生产总值的当期认定（视同）工伤事件发生率。计算公式如下： $$\frac{当期认定（视同）工伤事件数}{地区生产总值}$$
	3.2 工伤事故死亡率[b]（人/10万人）	工矿商贸十万就业人员生产安全事故的死亡率
4 收入保障性	4.1 最低工资保护程度[a]（%）	当期地区月最低工资标准占从业人员月平均工资的比例。计算公式如下： $$\frac{当期地区月最低工资标准}{从业人员年平均工资 /12}\times 100\%$$
	4.2 社会保险保护程度[a]（%）	城镇职工基本养老保险、基本医疗保险、失业保险、工伤保险和生育保险等五项社会保险覆盖率的算数平均数。单项社会保险覆盖率的计算公式如下： $$\frac{当期参加单项社会保险的在岗职工人数}{从业人员年末人数}\times 100\%$$

续表

评价维度	评价指标（单位）	指标的定义和计算方法
5 劳动关系和谐度	5.1 劳均劳动争议案件发生率[b]（件/人）	当期劳动争议案件受理数占从业人员年末人数的比例。计算公式如下： $$\frac{当期劳动争议案件受理数}{从业人员年末人数}$$
	5.2 劳动争议劳动者当事人数比例[b]（%）	当期受理的劳动争议案件劳动者当事人数占从业人员年末人数的比例。计算公式如下： $$\frac{当期受理案件的劳动者当事人数}{从业人员年末人数} \times 100\%$$

说明：上标a指正向指标；上标b指负向指标。

（二）北京市就业质量水平变化趋势分析

使用 2006—2015 年北京市样本数据，对十项具体指标进行描述性统计分析的数据如表 3-2 所示，全部数据来自历年的中国劳动统计年鉴、北京市统计年鉴、北京市国民经济和社会发展统计公报等公开出版物。

表 3-2　　　　　　　具体指标及北京市样本数据的描述性统计分析

评价指标（单位）/缩写表达	平均值	中位数	最大值	最小值	标准差	现状值（2015）
城镇登记失业率（%）/ur	1.502	1.39	1.98	1.21	0.27	1.39
城镇新增就业弹性/newempe	0.005	0.006	0.006	0.004	0.0009	0.006
单位从业人数比例（%）/unempr	93.13	93.29	94.91	90.98	1.54	94.91
工会会员人数比例（%）/unionmr	36.04	36.05	38.70	34.71	1.10	35.51
产均工伤事件发生率（件/1亿元）/pinjr	1.58	1.62	2.06	0.99	0.39	0.99
工伤事故死亡率（人/10万人）/injdr	1.31	1.19	2.4	0.43	0.60	0.43
最低工资保护程度（%）/minwr	17.94	17.99	19.14	16.51	0.79	18.25
社会保险保护程度（%）/sinrpr	72.45	72.17	91.69	47.17	16.42	91.69
劳均劳动争议案件发生率（件/人）/lldinr	0.005	0.006	0.007	0.002	0.002	0.006
劳动争议劳动者当事人数比例（%）/ldlar	0.005	0.006	0.007	0.002	0.002	0.006

说明：数据时间跨度为2006—2015年，全部基础数据来自国家和北京市的相关统计年鉴、统计公报等公开出版物。

就业质量水平指数是对就业质量评价指标体系中全部具体指标进行综合评价后，以年为单位，将各具体指标的分值加总，进而得到的总分值。该指数值反映北京市各年度就业质量整体水平及变动态势，并可进一步利用该指数同北京市地区生产总值指数的变化趋势进行比较分析。

首先，依据北京市就业质量水平评价指标体系拟合就业质量水平指数。立足2006—2015年北京市样本数据，十项具体指标的缩写表达如表3-2所示，使用Stata12进行计算和预测。

使用S_i表示就业质量水平指数，公式（3-1）如下：

$$S_i = \varphi_{ur} \times ur_i + \varphi_{newempe} \times newempe_i + \varphi_{unempr} \times unempr_i + \varphi_{unionmr} \times unionmr_i + \varphi_{pinjr} \times pinjr_i + \varphi_{injdr} \times injdr_i + \varphi_{minwr} \times minwr_i + \varphi_{sinrpr} \times sinrpr_i + \varphi_{lldinr} \times lldinr_i + \varphi_{ldlar} \times ldlar_i$$

$$（3-1）$$

其中，$i = 2006, 2007, \cdots, 2015$

其次，利用熵值法[①]确定北京市就业质量评价指标体系全部具体指标的权重。熵值法避免人为主观影响，使指标的赋权更为科学，尤其适用于分析制度变迁对客观环境、系统结构等带来的影响（陈明星等，2009）。就业质量水平的提升，暗含了制度调整进步对劳动者与生产资料结合状况的优化，符合方法使用的基本条件。基于此，使用完整、可得的数据样本，采用熵值法构建北京市就业质量评价指标体系。

第一步，将就业质量具体指标的量纲和数量级做正规化处理，获得横向的可比性和实用性。在正规化过程中，需要区分指标走向对就业质量整个系统的意义。当单个指标值越大，对就业质量提高越有利时，采用正向指标计算方法，如下面公式：

---

① 熵值法是确定评价指标体系中各指标权重的一种客观赋权法，是源于客观环境所提供的原始信息来决定指标权重的方法，又如"聚类分析法"。熵值法在社会系统应用时是指信息熵，其数学含义与物理学中的热力学熵等同，是指系统无序状态的一种度量。一般认为，信息熵值与系统结构的均衡程度成反比，熵值越大表明系统结构越混乱，携带的信息越少，因此熵值的大小也即各指标的变异程度，可以根据熵值计算各指标的权重。除客观赋权法，指标权重还可使用主观赋权法，是根据主观的重视程度决定各指标权重的方法，如"Delphi法""AHP法"。

$$\chi_{ij} = \frac{X_{ij} - \min\{X_j\}}{\max\{X_j\} - \min\{X_j\}}$$

当单个指标值越小，对就业质量提高越有利时，采用负向指标计算方法，公式如下：

$$\chi_{ij} = \frac{\max\{X_j\} - X_{ij}}{\max\{X_j\} - \min\{X_j\}}$$

其中，χ_{ij} 为正规化处理后的指标，$\max\{X_j\}$ 为所有年份的指标值中的最大值，$\min\{X_j\}$ 为所有年份的指标值中的最小值，i 为年份，j 为指标项。

第二步，计算第 i 年的第 j 项指标值所占的比重，使用 ω_{ij} 表示，其中 $\omega_{ij} = \dfrac{\chi_{ij}}{\sum_{i=1}^{m}\chi_{ij}}$，$m$ 为年数。

第三步，计算指标的信息熵值和信息熵冗余度。使用 e_j 表示信息熵值，计算公式为 $e_j = -\dfrac{1}{\ln m}\sum_{i=1}^{m}(\omega_{ij} \times \ln\omega_{ij})$，$0 \leq e_j \leq 1$，$m$ 为年数；信息熵冗余度用 d_j 表示，计算公式为 $d_j = 1 - e_j$。

第四步，根据信息熵冗余度计算具体指标的权重，$\varphi_j = \dfrac{d_j}{\sum_{i=1}^{n}d_j}$，$n$ 为评价指标体系全部具体指标的数量。

将计算结果代入就业质量水平指数的公式（3–1），形成如下公式（3–2）：

$S_i = 0.0822 \times ur_i + 0.0963 \times newempe_i + 0.1213 \times unempr_i + 0.1185 \times unionmr_i + 0.1390 \times pinjr_i + 0.0761 \times injdr_i + 0.0729 \times minwr_i + 0.0953 \times sinrpr_i + 0.0989 \times lldinr_i + 0.0995 \times ldlar_i$ （3–2）

其中，$i = 2006, 2007, \cdots, 2015$

最后，依据北京市就业质量评价指标体系，综合计算各年度就业质量水平指数。

第一步，计算第 i 年的第 j 项指标的分值。将第 j 项指标在第 i 年的正规化值 χ_{ij} 乘以其权重 φ_j，得到分值 $S_{ij} = \varphi_j\chi_{ij}$。

第二步，加总第 i 年全部具体指标的分值，得到第 i 年我国就业质量水平指数，计算公式为 $S_i = \sum_{j=1}^{n} S_{ij}$。计算结果如图 3-1 所示，由于对选取的指标作了正规化处理，就业质量水平指数的取值范围在 (0，1) 之间。

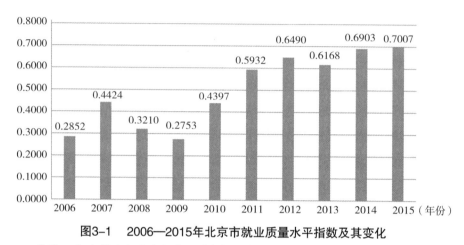

图3-1　2006—2015年北京市就业质量水平指数及其变化

说明：（1）横坐标设为年份，纵坐标设为就业质量水平指数值。（2）在选定期内，就业质量水平指数的高低仅表示一个相对水平，而非一个绝对量，也就是说，改变选定期，同一年份的就业质量水平指数会有所不同。

从图 3-1 可见，2006—2015 年北京市就业质量水平总体呈现"上升趋势的 W 形"变动轨迹，2006 年北京市就业质量水平只有 0.2852，在经历 2007 年的一个小高点（0.4424）以后，到 2009 年下降至历年的最低点 0.2753，随后快速、大幅攀升，尤其是在 2010 年和 2011 年，北京市就业质量水平的提升幅度十分显著，尽管到 2013 年又出现了小幅回落，降至 0.6168，但是从 2014 年开始再次进入上升区间，2015 年攀升至最高值 0.7007。进一步对比十项就业质量水平二级评价指标在 2015 年的分值情况，如图 3-2 所示，得分最高的前三项指标依次是产均工伤事件发生率（0.1390）、单位从业人数比例（0.1213）和社会保险保护程度（0.0953），而得分最低的是工会会员人数比例（0.0240）。可见，2015 年得益于工作安全性、就业稳定性和收入保障性的良好表现，北京市就业质量水平较高。

《北京市"十二五"时期职工发展规划》就提出，为职工提供就业有平等机会、收入有同步增长、工作有安全保护、保障有多元平台、参与有充分渠道、职业发展有支撑条件的职业环境。经过五年多来各部门和各单位的共同努力，北京市职工就业质量水平显著提升，尤其是在工作安全性和就业稳定性上取得了长足的进步，如图3-3所示，两个维度的评价指标综合得分最高。其次是劳动力市场和收入保障性的状况良好，两个维度的评价指标综合得分接近，且稳定处于中游水平；最后是劳动关系和谐度得分较低，是需要重视和下一步加强相关工作的领域。

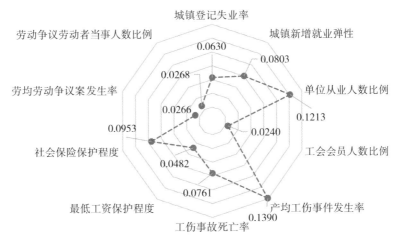

图3-2 2015年北京市就业质量水平十个二级评价指标值的比较
资料来源：本章计算得到的结果。

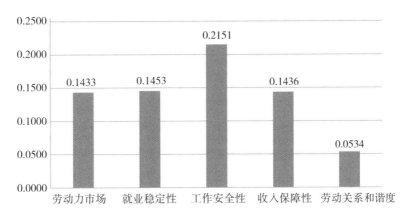

图3-3 2015年北京市就业质量水平五个一级评价维度综合得分的比较
资料来源：本章计算得到的结果。

为了更深入分析北京市就业质量水平变化与地区宏观经济形势变化的关系，以地区国内生产总值指数表示地区经济增长水平，比较北京市就业质量水平指数和北京市地区国内生产总值指数同期变化情况，如图3-4所示，发现2006—2008年两个指数值呈现相同的"先增后降"的变化趋势，2007年北京市就业质量水平指数为0.4424，是2006—2010年期间的最高值；同年，北京市地区国内生产总值指数为114.5，是2006—2015年十年间的最高值。然而，从2009年开始，两个指数值的变化趋势出现了明显的背离，北京市就业质量水平指数在2009年跌至最低点，而地区生产总值指数则小幅提升；2010年以后，北京市就业质量水平指数持续、快速提升，而地区生产总值指数则反转进入持续下降区间。2015年，两个指数分别达到各自的最高值（就业质量水平指数0.7007）和最低值（地区生产总值指数106.9）。由此可见，在北京市经济形势较好的时期，经济增长水平对就业质量水平有较好的预测作用，经济增长绩效好，则就业质量水平较高，反之亦然，经济增长绩效不好，则就业质量水平较低。但是，当经济进入新常态，经济增速放缓，经济增长动力不足，那么经济增长水平对就业质量水平并未表现出预测作用，就业质量水平依旧延续增长趋势，"福利刚性效应"明显。同时，受到一系列促进就业政策的扶持和刺激，就业质量的改善状况好于预期。

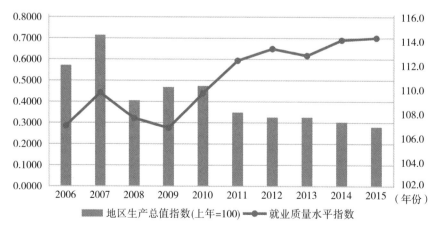

图3-4 北京市就业质量水平指数值与地区生产总值指数值变化趋势比较

说明：（1）横坐标设为年份，左侧纵坐标为就业质量水平指数值，右侧纵坐标为地区生产总值指数值。（2）数据来自本章计算得到的结果及国家统计局网站（http://www.stats.gov.cn/tjsj/）。

二 经济新常态下北京市就业的主要"质量"问题

近年来，随着北京市职工队伍结构及自身需求日趋多元化，权益受损现象依然有增无减。在经历结构调整的地区，不仅就业机会受到挑战、工资水平依然偏低，就业政策扶持困难群体效率也不高。就业领域的内忧外患，构成了促进地区就业的积极因素与消极因素的对冲和角力，各种矛盾和问题暴露出来。结合在西城、海淀、石景山、朝阳和门头沟等区的调研，综合分析发现有以下三个"质量"问题需引起重视：

（一）区域经济增长创造低端劳动力就业机会乏力

2016年是北京市实施全面深度转型、高端绿色发展战略的突破之年，着眼于构建"高精尖"经济结构，全力促进重大政策落地，培育壮大主导产业，促使服务业高端发展。经济结构调整与转型升级势头明显，岗位创造能力提高。然而，以信息传输、计算机服务和文化体育娱乐业为代表的首都文化娱乐休闲区相关领域提供的就业岗位主要是以年轻人为主，并且对从业者的知识技能水平要求较高，而与主导产业及其对应项目配套的周边商业圈，则基本是以个体经营为主，工作时间长、强度大，就业困难人员缺少就业优势。对于当地失业人员，尤其是近几年沉淀下来的就业困难人员，普遍是文化水平偏低、技能单一，难以在地区经济增长和结构调整所提供的岗位中竞争就业。

2016年前三季度，B区城镇新增就业人数9837人，比2014年同期增加767人，同比增长8.46%，但是就业困难人员的再就业形势依然严峻。据初步统计，在该区现有就业困难人员中，文化程度在大专及以上的仅占1/4，超过半数的人是高中或中专学历，还有近4%的人是小学及以下文化水平；在技术技能上，拥有国家职业资格证书的就业困难人员占比不到30%，其中主要是具有初级和中级资格人员，两类加总的占比接近70%。2016年前三季度，B区城镇失业人员再就业人数为4939人，与2014年同期相比，减少556人，降幅达10.12%；就业困难人员就业人数为3697人，与2014年同期相比，减少192人，降幅为4.94%。

就业困难人员的技能结构与区域经济增长带来的岗位技能结构存在明显错位，在新常态下，这种岗位供求矛盾进一步加剧并越发突出，就业困难人员实现就业的难度加大。

（二）工资水平仍然偏低，体面劳动尚需环境改善

就业困难群体是就业工作的主要服务对象，也是经济新常态下最易受到冲击的群体。目前，就业困难人员无论通过何种方式就业，工资收入水平都不高。据北京市2015年一项相关调查结果显示，享受补贴政策用人单位的月人均工资2484元、月人均缴纳社会保险1003元、月人均福利191元，只占2014年北京市职工月平均工资的56.9%。同时，社区公益性就业组织月人均工资只有2064元、月人均缴纳社会保险884元、月人均福利208元，只占全市职工月均工资的48.8%。从被招用就业困难人员的月工资分布看，有近80%的被单位招用人员的月工资介于2000—2400元之间，有超过17%的人的工资超过2400元，而被社会公益性组织托底安置人员则全部低于2400元，且有近60%的人的工资不足2000元（见表3-3）。此外，灵活就业人员的收入更低。由于主要从事传统社会服务业和存在就业间断现象，该类人员的收入难以保证和提高（罗燕，2013）。

表3-3　　　　　北京市被招用就业困难人员工资收入分布情况

工资收入区间	1720—2000元	2000—2400元	2400—2800元	2800—3200元	3200元以上	未填
用人单位招用	2.1%	79.3%	11.7%	3.8%	1.7%	1.4%
社会公益性组织招收	59.3%	40.7%	—	—	—	—

资料来源：北京市人力资源和社会保障局。

从C区的情况看，大多数就业困难人员的月工资收入低于全市社会月平均工资，而在三种就业方式中，单位就业人员的月工资收入最高，灵活就业人员的收入最低。该区D街道截至2015年9月底有681

名失业人员实现灵活就业，占登记失业人员就业数量的近90%，他们主要从事小时工，如照顾老人、接送小孩等，没有稳定的收入。与之相比，被用人单位招用人员的平均月收入则在2200—2500元之间，然而只有80名失业人员实现单位就业，仅占登记失业人员就业数量的10%。

随着地区经济下行压力加大，用人单位资金链紧张，进一步提高职工工资水平的动力不足；同时，受投资转移、项目延缓、企业外迁、关停和调整等因素的影响，部分单位用人意愿正在减弱，观望、维持甚至减员的态度比较普遍，扩大就业岗位资源的动力也不足。C区某国有钢铁企业预计在2016年底通过减员增效向社会排放近千名富余人员，其中还包括一部分年龄偏大的人员，这无疑加大了全区城镇登记失业率的调控难度。诸多问题交织叠加，既显著制约了就业困难人员就业质量的提升，又在一定程度上收窄了其实现在用人单位稳定就业的空间。

（三）就业政策促进就业困难人员就业的效率不高

目前，尽管北京市促进就业政策已经形成比较完整的体系，表现为以北京市促进就业政策体系为主体、以各区促进就业优惠政策为重要补充，但是由于各项政策的组合效应发挥不足，同时加上政策手段单一，管理方式滞后，导致北京市就业政策扶持各类劳动者，尤其是困难群体就业的效率不高。

首先，北京市及各区现行的就业政策（绝大多数还是北京市级就业政策）存在"三类分割"，制约政策合力的集聚和形成。一是城乡分割。当前北京市户籍的农村劳动力无法获得全面的政策帮扶，只能享受鼓励单位招用、职业培训、职业介绍和小额担保贷款等少数就业扶持政策。二是群体分割。就业困难群体、大学毕业生、复退转业军人、随军家属、残疾人、刑满释放和社区矫正人员等均有就业扶持政策，既各自独立又相互交叉，政策覆盖群体、享受范围和帮扶力度各不相同；同时，由于政策资金来源多样，监管体系缺乏共享机制，容易产生同类政策重复享受的问题。三是区域分割。一些区级的就业扶持政策仍以"具有本区户口"作为享受待遇的必要条件，在当今人户分离日趋增多，区域功能定位差异明显，促进就业的资金和岗位资源分布不均的情况下，既不利于调动全市力量，整合各地资源，也不方便城乡劳动者获得同等的就业帮扶。

其次，绝大部分政策是财税政策，采取直接补贴资金的方式，难免成为部分就业困难人员的逐利目标，容易产生资金风险，较难保证促进就业功效。而与市场机制相适应的就业服务、金融、财税、经济等政策在支持项目、覆盖范围和帮扶力度上相对不足，使经济增长带来的就业机会较难转化为促进稳定就业的有力支撑。据调查，一些区享受灵活就业社会补贴的人数虽然很多，但部分就业困难人员只是将其作为延续社会保险缴费的手段而并未真正就业。

最后，政策管理手段滞后，影响用人单位和个人享受政策的积极性。一方面，就业和社会保障相关信息的共享程度低，政策申请审批多依靠登记和证明材料，程序复杂，审批困难，周期较长，不少用人单位因为手续流程烦琐而不愿意申请。另一方面，多年以来延续下来的政策文件缺乏整体梳理，项目繁多，范围不一，有的先后矛盾，用人单位和就业困难人员都感到"了解难、掌握难、使用难"。某国有客运公司现有职工7000多名，其中属于就业困难人员的有400名，对于相关的岗位补贴和社会保险补贴，均需按人头每月提出申请，大大增加了企业人力资源管理的工作量。某私营餐饮企业现有员工120多名，累计招用就业困难人员20名，为符合申请岗位补贴和社会保险补贴的条件，公司办理了银行卡领取工资的手续，增加了人员管理的成本。按照现行政策规定，用人单位首次为所招用的补贴对象申请岗位补贴和社会保险补贴，应向注册或经营所在地区县人力社保局提交用人单位法定证明材料副本复印件、社会保险登记证及复印件、《用人单位享受岗位补贴和社会保险补贴申请表》、银行出具的含补贴对象申请期内的工资明细表及记账凭证复印件等十多项材料。即使是申请市人力社保局批准的享受期内的岗位补贴和社会保险补贴时，用人单位也必须要至少提交《用人单位享受岗位补贴和社会保险补贴申请表》、银行出具的含补贴对象申请期内的工资明细表及记账凭证复印件等五项材料。

三 进一步完善北京市就业政策的几点建议

在国内外经济环境依然错综复杂，地区经济发展基础尚需进一步巩固的背景下，北京市就业具有"总量矛盾不减，结构性矛盾加剧，失业原因分化，劳动力供给意愿下降"等特点。在全面深化经济体制改革，实施创新驱动发展战略，推进经济结构战略性调整，推动城乡发展一体化的发展背景下，做好"十三五"时期北京市的就业工作，应将"提升就业质量，改善就业环境，促进职工尤其是就业困难人员就业比较充分"作为重要的目标，加强经济增长与解决劳动力就业的联动机制建设，完善并落实好就业扶持政策，加强就业服务和管理，大力规范治理劳动用工行为，改善劳动条件，积极主动化解劳动关系双方的矛盾纠纷，努力消除新常态下就业的"质量"短板，在重点领域和薄弱环节大力改进工作、提升服务质量，促进职工体面劳动、全面发展。

（一）大力推动服务业发展，增加低端劳动力就业岗位

深入研究地区经济发展与扩大就业的渠道和办法，评估经济发展对增加就业岗位，特别是对解决低端劳动力就业问题的影响。提高服务业促进低端劳动力就业效应，运用积极的产业政策，支持批发零售、交通运输等传统服务业的发展。加强对区域就业形势的研判，通过信息系统建设和统计制度完善，开展重大政策和重大项目工程带动就业效果的监测和评估，跟踪重点就业群体，尤其是长期失业人员的就业意愿和就业问题。

（二）针对不同就业方式的特点，调整政策扶持对象范围

根据用人单位招用、自谋职业、灵活就业和社会公益性组织招用等实现就业的不同特点，调整对应政策的扶持对象。一是扩大单位招用和自谋职业政策的帮扶范围，重点解决青年失业问题。二是适当缩减灵活就业政策的帮扶范围，在确保年龄偏大、生活困难和身体残疾人员帮扶力度不减的前提下，引导年龄较小、竞争能力较强的人员选

择并实现正规就业。三是拓宽社会公益性组织岗位安置途径，开辟公益性岗位灵活就业渠道，提供社会保险补贴，着力解决城乡就业特困群体的就业问题。

（三）实现常住地就业失业管理，消除各级各类政策分割

顺应人口流动趋势，在推动以常住地为依托的就业失业管理制度的前提下，将市、区两级就业扶持政策实施范围逐步由户籍地调整为常住地。北京市应统一研究制定特殊支持政策，对充分利用促进就业资源有效解决其他地区就业困难的区县，给予一定的补助。不断扩大就业失业管理制度覆盖范围，将需要政策扶持的不同特殊群体纳入统一的管理体制，建立科学的就业困难认定标准，给予特殊群体有针对性的就业帮扶。

（四）加强各项就业政策的衔接与协调，提高政策整体效能

在根据地区经济社会形势发展需要，不断调整和完善促进就业政策的覆盖范围、帮扶对象、扶持手段和资金力度的同时，一是重点增加灵活就业政策与正规就业政策的衔接，鼓励城乡劳动者由非正规就业（灵活就业）向正规就业过渡；二是进一步强化政府"托底"安置政策与市场竞争就业政策的衔接，推动城乡劳动者由依靠政府"救济"向自主择业、就业转变，从而实现更高质量就业。

（五）加大就业项目建设投入，提升信息化服务能力

加强街道就业和社会保障服务设施项目建设，在完善职业介绍、职业指导、职业培训、创业指导、就业实习等公共就业服务内容的同时，尽快实现就业与社会保障信息系统互联互通。改善就业援助的服务条件，对就业困难人员特别是长期失业人员提供综合而精准的服务，有针对性地解决失业问题。同时，加强绩效考核，综合评定就业服务工作量和工作成果，并以此作为核发补贴资金的重要依据，促进服务质量提升。

参考文献

1.B. Tal., The European Employment Quality Index, http://research. cibcwm.pdf, 2015.

2. 陈明星、陆大道、张华:《中国城市化水平的综合测度及其动力因子分析》,《地理学报》2009 年第 4 期。

3. 赖德胜等:《我国就业质量状况研究》,《中国经济问题》2013 年第 9 期。

4. 罗燕:《体面劳动影响因素研究》,《学术研究》2013 年第 2 期。

5. Ramón P. C., More and Better Jobs: Indicators of Quality of Work, Working Paper, 2016.

6. R. Johri, Work Values and the Quality of Employment., Working Paper. http://www.dol.nz/pdfs.pdf, 2016.

7. 王阳:《我国就业质量水平评价研究——兼析实现更高质量就业的政策取向》,《经济体制改革》2014 年第 5 期。

8. 曾湘泉:《深化对就业质量问题的理论探讨和政策研究》,《中国劳动保障报》2012 年 12 月 22 日第 1 版。

9. 莫荣:《国外就业理论、实践和启示》,中国劳动社会保障出版社 2014 年版。

10. 张丽宾:《实现更高质量就业评价体系研究》,中国言实出版社 2014 年版。

第四章

宏观经济政策的就业效应研究

一 引言

自 2013 年中国经济进入"新常态"以来，中国的经济增长率从 2013 年的 7.7% 下降到 2015 年的 6.9%，所幸的是中国的就业形势保持相对稳定，2013 年到 2015 年期间中国城镇每年新增就业量约为 1300 万，城镇登记失业率维持在 4.1% 左右，并且 2015 年大城市调查失业率仅为 5.1%。因此，从目前的情况来看，中国的就业尚未受到经济增长速度放缓的影响。但是，中国经济增长速度放缓和经济增长结构的调整可能会对中国未来的就业产生不利的影响：第一，如果中国的经济增长率继续维持在中低水平，那么经济增长率下降对就业的负面影响将逐渐地显现出来；第二，中国经济增长的结构调整要求去产能和去库存，这将导致部分行业的生产萎缩和工作岗位的流失，从而增加了经济结构转型带来的结构性失业。只有稳定的就业市场才能为中国经济的转型升级赢得足够的时间，因此在中国经济增速和结构调整的过程中，中国政府应当采取适当的财政政策和货币政策稳定就业。

然而，关于财政政策和货币政策的有效性，长期以来在理论研究和政策实践中都存在严重的分歧。从 1936 年到 20 世纪 70 年代，凯恩斯主义（Keynes，1936）的政策主张占据了经济理论和政策实践的主导地位，但是 70 年代发达国家的滞胀使得财政政策的有效性受到了质疑，从而产生了新凯恩斯主义和货币主义（Friedman，1956），其中货币主义的政策主张从 80 年代到 2008 年在发达国家中得到了广泛的运用，特别是在 2008 年的金融危机以后，发达国家普遍采用了量化宽松的货币政策刺激就业与经济，但是很多研究发现量化宽松的货币政策对发达国家的就业与经济增长有不利的影响（Ravn 和 Simonelli，2007；Wu 和 Xia，2014）。总而言之，现有经济理论和发达国家的政策实践并没有对特定国家应当采取何种政策刺激就业和经济增长给出明确而清晰的结论，因此应当根据中国的数据深入研究财政政策、货币政策对中国就业的影响。

事实上，有大量的文献研究了财政政策、货币政策对中国就业的影响，然而这些文献的研究方法和研究结论存在较大的差异。从研究方法来看，已有文献采用的研究方法主要有宏观乘数法（卢亮，2005）、可计算的一般均衡模型（董万好和刘兰娟，2012）、协整模型（曾学文，2007）、面板随机效应模型（刘新和刘星，2010）、多元时间序列回归分析模型（易定红和白九梅，2009）、向量自回归模型（李伊涵，2011；王君斌和薛鹤翔，2010；许先普，2009），然而这些文献并没有深入地讨论哪种方法更加适合于研究财政政策、货币政策对就业的影响。从研究结论来看，有的文献发现财政政策对中国就业有较强的促进作用（卢亮，2005；董万好和刘兰娟，2012），也有的文献发现财政政策对中国就业的促进作用不显著（张宏亮、张广盈和张建涛，2005；刘新和刘星，2010），有的文献发现货币政策对中国的就业有积极的促进作用（李伊涵，2011；易定红和白九梅，2009），有的文献发现货币政策对中国就业的促进作用小于财政政策对中国就业的促进作用（曾学文，2007），还有的文献发现货币政策在短期内能够促进中国就业的增长，但长期来看对中国就业有不利的影响（王君斌和薛鹤翔，2010；许先普，2009），因此很难根据现有的研究结论评估财政政策、货币政策对中国就业的影响。总而言之，关于财政政策、货币政策对中国就业的影响，现有文献在研究方法、研究结论方面存在较大的差异，尚不清楚中国的财政政策和货币政策的就业效应的大小，迫切地需要采用新的数据和新的研究方法对中国财政政策、货币政策的就业效应进行深入的研究。

在这样的背景下，本书采用 1998 年到 2014 年的宏观季度数据和要素扩展的向量自回归模型（Bernanke、Boivin 和 Eliasz，2005）估计了财政政策、货币政策对中国就业的影响。与已有的研究相比，本书的创新主要归结为如下三点：第一，已有研究均采用年度样本数据，而本书采用样本量大、反应灵敏的宏观季度数据，从而提高了估计结果的可靠性和稳健性；第二，本书采用相同的数据和模型同时估计了财政政策、货币政策的就业效应，从而能够比较二者的就业效应的大小，进而能够提出更具针对性的政策建议；第三，本书采用的要素扩展的向量自回归模型能够把所有的宏观经济变量都纳入到向量自回归模型中，从而解决了向量自回归模型中存在的变量选择的随意性和遗漏变量的问题。因此，与已有研究相比，本书采用了新的数据和新的研究方法，更加准确地估计了财政政策、货币政策对中国就业的影响，从而能够对中国未来的宏观调控政策提供更有价值的参考。

二 文献综述

关于财政政策、货币政策对中国就业的影响，现有文献的研究结论存在严重分歧，甚至相互矛盾，究其原因是这些文献采用的研究方法和选取的变量各不相同。因此，首先应当对现有文献采用的研究方法进行评价，以选择恰当的研究方法研究财政政策、货币政策对中国就业的影响，然后再进一步地解决计量模型中变量选择的问题，从而能够得到更为准确和稳健的估计结果。因为财政政策、货币政策对就业的影响具有动态特征，这就决定了不宜采用宏观乘数法（卢亮，2005）、可计算的一般均衡模型（董万好和刘兰娟，2012）、多元时间序列回归分析模型（易定红和白九梅，2009）研究财政政策、货币政策对就业的静态影响，同时因为财政政策、货币政策对就业的影响具有短期性和时效性，这就决定了不宜采用协整模型（曾学文，2007）研究财政政策、货币政策对就业的长期影响。鉴于向量自回归模型能够捕捉变量之间的短期动态关系，因此向量自回归模型是研究财政政策、货币政策的就业效应的最恰当的方法，然而采用向量自回归模型主要面临变量选择和模型识别两个方面的困难。

第一，在变量的选择方面，向量自回归模型主要面临变量个数较

少和变量选择随意性较强的问题。因为向量自回归模型包含了所有内
生变量的滞后一定阶数的滞后变量，所以向量自回归模型包含的变量
个数不宜太多，否则会损失较多的自由度。一般而言，向量自回归模
型包含的变量个数不超过六个，比如 Blanchard 和 Watson（1986）采用
的向量自回归模型包含了四个变量，Sims（1986）采用的向量自回归模
型包含了六个变量，而 Leeper 等（1996）采用的向量自回归模型包含
了 18 个变量，这是目前发现的包含变量个数最多的向量自回归模型。
因为向量自回归模型包含的变量个数较少，所以就可能产生如下三个
方面的问题（Bernanke、Boivin 和 Eliasz，2005）：其一，关注的重要
变量可能未被纳入到向量自回归模型中，从而产生了遗漏变量的风险；
其二，在众多具有类似功能的宏观经济变量中，研究者只能根据自己
的标准选择一个典型的变量纳入到向量自回归模型中，这导致了向量
自回归模型的变量选取具有较强随意性；其三，不能研究已纳入到向
量自回归模型中的变量的外生冲击对其他未被纳入到向量自回归模型
中变量的影响，而这恰好有可能是关注的重点。因此，向量自回归模
型中包含的变量个数较少的这一特点，带来了遗漏变量的风险，增加
了变量选取的随意性，容易产生不同研究者因为选用的研究变量不同而
得出不同的研究结论的现象，这不利于对不同的研究结论进行比较研究。

第二，在向量自回归模型的识别方面，已有研究采用的识别方法
存在一定的偏误。从目前的研究现状来看，已有研究主要采用如下三
种识别方法：其一，短期零限制条件识别法（Sims，1986），在很多文
献中这种识别方法又被称为递归识别方法，该方法把结构型向量自回
归模型设为 $Ay_t = \sum_{i=1}^{p} A_i y_{t-i} + Bv_t$，其中 v_t 是结构性冲击，误差 $u_t = Bv_t$，
假定政策变量在短期内对其他经济变量不产生影响，那么系数矩阵 A
为下三角矩阵，系数矩阵 B 为对角矩阵，从而可以采用乔里斯基分解
的方法求解矩阵 A 和 B；其二，长期零限制条件识别方法（Blanchard
和 Perotti，2002），该方法把结构型向量自回归模型设为 $u_t = A^{-1}Bv_t = Cv_t$
的形式，然后根据残差 u_t 与结构性冲击 v_t 的长期关系，确定系数矩阵
C 中部分元素的具体值，从而识别出模型；其三，符号限制的识别方法

（Canova 和 Nicoló，2002；Uhlig，2005），该方法以经济理论预测的变量之间的相关关系为基础，设定识别外生政策冲击的条件，比如通过设定利率与货币供给之间存在负相关关系的方法可以识别出扩张性货币政策的外生冲击，进而估计出向量自回归模型。上述三种识别方法均为"部分"识别的方法，它们在设置识别条件的时候，只强调与研究目的相关的识别条件，而不考虑与研究目的不相关的识别条件，比如在短期零限制条件识别方法中，其识别条件是假定在短期内政策变量不影响其他宏观经济变量，但是如果政策变量在短期内影响了其他宏观经济变量，那么短期零限制条件识别方法就失效了。因此，在向量自回归模型中这三种识别方法的可靠性，取决于它们预先设定的假设条件是否正确，如果预先设定的假设条件不正确，那么据此估计出来的向量自回归模型就存在偏误。

上述分析表明，尽管向量自回归模型适合于研究变量之间的短期动态影响关系，但是向量自回归模型仍然面临变量选择的随意性、遗漏变量的风险、模型识别条件的可靠性等困难。为了克服这三个方面的困难，Bernanke、Boivin 和 Eliasz（2005）提出了要素扩展的向量自回归模型，该模型把经济系统中的变量分为内生向量 Y_t、不可观测的要素向量 F_t 和信息向量 X_t 三类，然后采用信息向量 X_t 和内生向量 Y_t 间接地估计出要素向量 F_t，进而估计出由向量（F'_t Y'_t）构成的向量自回归模型。要素扩展的向量自回归模型具有如下两个优点：其一，要素扩展的向量自回归模型可以把经济系统中所有能够观测到的变量都加入到信息向量 X_t 中，从而解决了向量自回归模型存在的变量选择的随意性和遗漏变量的问题；其二，要素扩展的向量自回归模型能够在一定程度上检验短期零限制条件识别方法的稳健性，这是因为在要素扩展的向量自回归模型中，要素向量 F_t 的选择具有多样性，如果选取不同的要素向量 F_t 得到了相同的估计结果，那么短期零限制条件的识别方法就是稳健的，反之亦然。Boivin、Giannoni 和 Mihov（2009）采用要素扩展的向量自回归模型研究了美国的货币政策对各行业价格指数的影响，Shibamoto（2007）采用该方法研究了日本的货币政策对就业、工资、收入等宏观经济变量的影响，Gupta、Jurgilas 和 Kabundi（2010）

采用该方法研究了南非的货币政策对住房价格的影响，沈悦、周奎省和李善燊（2011）采用该方法研究了中国的货币政策对住房价格的影响，肖强（2014）采用该方法研究了中国的货币政策对资本价格和分类消费价格指数的影响。当数据的样本期限较长的时候，要素扩展的向量自回归模型中各变量的系数可能会随时间的变化而变化，此时可以采用基于时变参数的要素扩展向量自回归模型（Korobilis 和 Gilmartin，2010；Korobilis，2013）。

综上所述，要素扩展的向量自回归模型能够充分地利用经济系统中所有变量的信息，从而克服了向量自回归模型存在的变量选择随意性和遗漏变量的问题，并且能够检验向量自回归模型中短期零限制条件识别方法的稳健性，因此采用该方法研究财政政策、货币政策的政策效应具有较大的优势。从已有的文献来看，有大量的文献采用要素扩展的向量自回归模型研究了货币政策的政策效应，但是很少有文献采用该方法研究财政政策的政策效应，鲜有文献采用该方法同时研究财政政策、货币政策对就业的影响。鉴于中国宏观经济数据的样本期限较短，本书拟采用要素扩展的向量自回归模型研究财政政策、货币政策对中国就业的影响，这将拓展要素扩展的向量自回归模型在中国的应用领域，进而可以为后续的相关领域的研究提供借鉴和参考，这正是本书的重要创新之一。

三　计量方法、模型与数据

（一）要素扩展的向量自回归模型简介

根据 Bernanke、Boivin 和 Eliasz（2005）提出的要素扩展的向量自回归模型，假定整个经济系统由内生向量 Y_t 和要素向量 F_t 构成，其中内生向量 Y_t 是可观测的 $n \times 1$ 维的向量，它具有与传统的向量自回归模型中内生变量完全相似的性质，而要素向量 F_t 是不可观测的 $m \times 1$ 维的向量，它对经济系统的运行有重要影响，并且它包含的信息不能由内生向量 Y_t 所替代。在这种情况下，整个经济系统的动态特征可由如

下的方程进行描述:

$$\begin{pmatrix} F_t \\ Y_t \end{pmatrix} = \varphi_L(d) \begin{pmatrix} F_{t-1} \\ Y_{t-1} \end{pmatrix} + \varepsilon_t \qquad (5-1)$$

其中,$\varphi_L(d)$ 是向量 Y_t 和 F_t 的 d 阶滞后向量的系数矩阵,ε_t 是误差项,其均值为 0,方差协方差矩阵为 Ω。从本质上讲,方程(5-1)是由向量(F_t',Y_t')构成的向量自回归模型,如果系数矩阵 $\varphi_L(d)$ 中连接向量 Y_t 与向量 F_{t-1} 的元素全部为 0,那么方程(5-1)就退化为由向量 Y_t 构成的向量自回归模型,如果系数矩阵 $\varphi_L(d)$ 中连接向量 Y_t 与向量 F_{t-1} 的元素不全为 0,那么方程(5-1)就是要素扩展的向量自回归模型。因为要素向量 F_t 是不可观测的,所以不能对方程(5-1)直接进行估计。假定在经济系统中还存在 $k \times 1$ 维的可观测的信息向量 X_t,并且信息向量 X_t 与内生向量 Y_t、要素向量 F_t 存在如下的相关关系:

$$X_t = \lambda^f F_t + \lambda^y Y_t + \xi^t \qquad (5-2)$$

其中,λ^f 是 $k \times m$ 维的系数矩阵,λ^y 是 $k \times n$ 维的系数矩阵,ξ^t 是 $k \times 1$ 维的误差项,其均值为 0,方差协方差矩阵为 Θ,并且假定方差协方差矩阵 Θ 为对角矩阵,或者仅有少数非对角元素不为 0 的矩阵。方程(5-2)表明,在给定内生向量 Y_t 的情况下,要素向量 F_t 可以由信息向量 X_t 间接进行测量。尽管方程(5-2)只包括了要素向量 F_t 和内生向量 Y_t 的 t 期值,但是由于信息向量 X_t 可以包含滞后任意期数的滞后项,因此方程(5-2)也能够反映变量之间的动态特征。目前有两种方法估计方程(5-1)和方程(5-2),第一种是分两步实现的主成分估计方法,第二种是一步实现的贝叶斯估计方法。本书采用一步实现的贝叶斯估计方法对方程(5-1)和方程(5-2)同时进行极大似然估计。

(二)变量选择及其说明

本书主要研究财政政策、货币政策对就业的影响,因此在要素扩展的向量自回归模型中应当包含影响就业的主要变量以及反映财政政策和货币政策的变量。假定 y_t 是企业 t 期的总产出,γ_t 是企业 t 期的生产技术,K_t 是企业 t 期的资本存量,E_t 是企业 t 期的就业量,ρ_t 是 t 期的产品价格,w_t 是 t 期劳动者的工资,r_t 是 t 期的利率,P_t 是 t 期除利率以外的其他政策变量，参考 Barro（1990）对生产函数的设定方式，把生产函数设为 $y_t = \gamma_t \rho_t E_t^{\theta} K_t^{\phi} P_t^{1-\theta-\phi}$，通过利润最大化条件，得到就业函数 $E_t = [(1-\theta)^{-\phi} \theta^{\phi} y_t \gamma_t^{-1} \rho_t w_t^{-\phi} r_t^{\phi} P_t^{\theta+\phi-1}]^{1/(\theta+\phi)}$。根据就业函数，发现影响就业的主要因素有总产出、产品价格、工资以及利率和其他政策变量。在本书中，政策变量的选取，有如下两点说明：第一，根据符号限制的识别方法，财政赤字比财政收入或财政支出更适合于测量财政政策（Canova 和 Pappa，2007），因而本书没有选取财政收入或者财政支出作为测量财政政策的变量，而是选取财政赤字作为测量财政政策的变量；第二，本书选取货币供给 M0、货币供给 M1、货币供给 M2、利率、存款准备金率作为测量货币政策的变量，但是存款准备金率的调整不够灵活，而且很少有文献研究存款准备金率对宏观经济的影响，因而本书把存款准备金率纳入到要素向量 F_t 中，但是并不单独研究存款准备金率对就业的影响。综上所述，本书一共选取了财政赤字、货币供给 M0、货币供给 M1、货币供给 M2、利率、存款准备金率、生产总值、就业、产品价格、工资等十个关键变量，分别用 FBD、M0、M1、M2、RAT、DRR、GDP、EMPU、CPI、WAG 表示。不仅如此，还对货币供给 M0、M1、M2 三个变量取了增长率，对 GDP、EMPU、WAG 三个变量取了对数，最终得到 FBD、M0G、M1G、M2G、RAT、DRR、lnGDP、CPI、lnEMPU、lnWAG 等十个关键变量。

本书一共估计了 20 个要素扩展的向量自回归模型，这些模型的主要差异是内生向量 Y_t 和要素向量 F_t 的构成不同，其中内生向量 Y_t 分别由 FBD、M0G、M1G、M2G、RAT 等五个政策变量构成，而要素向量 F_t 分别有如下四种组合情况：$F_{1,t}$，表示在财政政策与货币政策单独使用的情况下，政策调控目标为变量 lnGDP 和 CPI；$F_{2,t}$，表示在财政政策和货币政策搭配使用的情况下，政策调控目标为变量 lnGDP 和 CPI；$F_{3,t}$，表示在财政政策与货币政策单独使用的情况下，政策调控目标为变量 lnGDP、CPI、lnEMPU、lnWAG；$F_{4,t}$，表示在财政政策和货币政策搭配使用的情况下，政策调控目标为变量 lnGDP、CPI、lnEMPU、lnWAG。令变量 lnGDP 和 CPI 构成向量 GDPP，令变量 RAT 和 DRR 构成向量 RRR，令变量 lnEMPU 和 lnWAG 构成向量 EMW，那么本书估计的 20 个要素扩展的向量自回归模型的内生向量 Y_t 和要素向量 F_t 的构成情况,参见表 4–1。

表 4–1　　　要素扩展的向量自回归模型中内生向量 Y_t 和要素向量 F_t 的设定情况

向量类型 政策变量	Y_t	F_t			
		$F_{1,t}$	$F_{2,t}$	$F_{3,t}$	$F_{4,t}$
财政赤字 FBD	FBD	GDPP	$F_{1,t}$ MOG RRR	$F_{1,t}$ EMW	$F_{3,t}$ MOG RRR
货币增长率 MOG	M0G	GDPP M1G M2G RRR	$F_{1,t}$ FBD	$F_{1,t}$ EMW	$F_{3,t}$ FBD
货币增长率 M1G	M1G	GDPP MOG M2G RRR	$F_{1,t}$ FBD	$F_{1,t}$ EMW	$F_{3,t}$ FBD
货币增长率 M2G	M2G	GDPP MOG M1G RRR	$F_{1,t}$ FBD	$F_{1,t}$ EMW	$F_{3,t}$ FBD
利率 RAT	RAT	GDPP MOG M1G M2G DRR	$F_{1,t}$ FBD	$F_{1,t}$ EMW	$F_{3,t}$ FBD

注:(1)向量 GDPP 包含变量 lnGDP 和 CPI,向量 RRR 包含变量 RAT 和 DRR,向量 EMW 包含变量 lnEMPU、lnWAG;(2)在 $F_{2,t}$、$F_{3,t}$、$F_{4,t}$ 三列中出现的向量 $F_{1,t}$、$F_{3,t}$ 所包含的变量由同行的第 $F_{1,t}$、$F_{3,t}$ 列对应的变量构成。

(三)数据及其描述性统计

在本书中,内生向量 Y_t 和要素向量 F_t 一共包括了十个变量,而信息向量 X_t 一共包括了 108 个变量。根据 Bernanke、Boivin 和 Eliasz(2005)的方法,把信息向量 X_t 的变量分为两类:第一类为慢变化变量,这类变量在当期对要素变量的变化不发生反应,共 71 个,其中工资变量 2 个、就业变量 2 个,分行业的 GDP 增长率变量 10 个,分行业的 GDP 折算指数变量 13 个,消费变量 1 个、进口变量 1 个、出口变量 1 个,投资变量 11 个,财政收入变量 10 个,财政支出变量 1 个,存款和贷款利率变量 11 个,价格指数变量 8 个;第二类为快变化变量,这类变量在当期对要素变量的变化发生反应,共 37 个,其中宏观景气指数变量 14 个,货币供给量变量 4 个,银行间同业拆借成交量变量 7 个,银行间同业拆借利率变量 6 个,存款准备金利率变量 1 个,股票变量 2 个,汇率变量 3 个。因此,本书一共使用了 108 个变量,其中存款利率、贷款利率、存款准备金率的数据来源于中国人民银行的网站,股票数据来源于上证指数和深圳成指的收盘数据,其他变量的数据来源于 1998—2014 年的《中国统计月报》。限于篇幅限制，未能给出所有变量的定义、计算方法和描述性统计，仅报告了十个关键变量以及两个重要的信息变量——城镇国有单位就业的对数 lnEMPUGY、城镇集体单位就业的对数 lnEMPUJT——的定义、计算方法与描述性统计，参见表 4-2。

表 4-2　　主要变量的定义、计算方法与描述性统计（1998q1—2014q4，T=68）

变量名称	变量的定义	最小值	均值	最大值	标准差
FBD	财政赤字 [a]	−1963	925.4	4969	1419
M0G	货币供给 M0 的增长率	0.030	0.110	0.200	0.030
M1G	货币供给 M1 的增长率	0.030	0.150	0.320	0.060
M2G	货币供给 M2 的增长率	0.120	0.170	0.290	0.040
RAT	三个月期限的银行拆借利率	1.380	4.000	9.160	1.510
DRR	存款准备金率	6.000	12.13	21.50	5.870
lnGDP	国内生产总值的对数 [b]	11.16	11.42	11.74	0.210
CPI	消费价格指数	0.800	0.920	1.130	0.110
lnEMPU	城镇单位就业的对数 [c]	9.290	9.440	9.810	0.140
lnEMPUGY	城镇国有单位就业的对数 [c]	8.750	8.870	9.280	0.130
lnEMPUJT	城镇集体单位就业的对数 [c]	6.290	6.810	7.910	0.450
lnWAG	城镇单位从业人员平均工资的对数 [d]	8.440	9.490	10.31	0.550

注：（1）存款准备金率DRR的数据来源中国人民银行网站，其他变量的数据均来源于1998—2014年的《中国统计月报》；（2）本书采用三个月期限的银行拆借利率作为测量利率RAT的指标，这是因为银行的拆借利率比法定存款或贷款利率更能灵活、准确地反映市场资金的供求状况；（3）各变量的单位和计算方法简介如下：a：单位为亿元，计算方法是先用消费价格指数把财政支出和财政收入折算为2010年的可比价格，然后进行季节调整，最后计算财政支出与财政收入之差，b：单位亿元，计算方法是采用国内生产总值折算指数折算为2010年的可比价格再取对数；c：单位为万人；d：单位为元，计算方法是采用消费价格指数折算为2010年的可比价格再取对数。

四　实证研究结论

首先，采用 Dickey 和 Fuller（1979）、Perron 和 Phillips（1987）、Clemente、

Monta 和 Reyes（1998）、Vogelsang（1999）、Zivot 和 Andrews（2002） 等提出的单位根检验的方法对变量进行单位根检验，只要有一种检验方法表明某个变量不存在单位根，就把该变量视为平稳的变量。对于取对数值后仍然存在单位根的变量，为了避免取差分带来的信息损失，采用《中国统计月报》中提供的同比增长率代替该变量的对数差分值。值得注意的是，变量 lnGDP 和 lnEMPU 存在单位根，但是没有对这两个关键变量取差分，因为对这两个变量取差分之后得到的估计结果缺乏稳健性。事实上，本书采用 Gibbs 抽样的方法估计要素扩展的向量自回归模型，如果根据某次抽样计算出来的向量自回归模型的特征根大于 0.999，那么该次抽样会被自动地抛弃，因此只要抽样的次数足够大，个别变量存在单位根不会对模型的估计结果产生重要的影响。其次，对 118 个变量进行了标准化处理，即把这些变量标准化为均值等于 0、标准差等于 1 的变量。最后，采用 Doan（2011）提供的 RATS 程序估计要素扩展的向量自回归模型，在估计过程中各主要参数的取值情况如下：内生向量 Y_t 的滞后期数设定为 4 期，要素向量 X_t 的滞后期数设定为 3 期，脉冲反应图形的滞后期数设定为 12 期，Gibbs 抽样的次数设定为 5000 次，并且抛弃前面的 1000 次抽样。

限于篇幅的限制，没有汇报所有变量对各个政策变量的外生冲击的脉冲反应图，仅汇报了城镇单位就业的对数 lnEMPU、城镇国有单位就业的对数 lnEMPUGY、城镇集体单位就业的对数 lnEMPUJT、国内生产总值的对数 lnGDP 对各个政策变量的外生冲击的脉冲反应图，并且为了让脉冲反应图形更加美观，没有绘制脉冲反应图的置信区间。

（一）增加财政赤字 FBD 对就业与经济增长的影响

为了观测增加财政赤字对就业与经济增长的影响，绘制了 lnEMPU、lnEMPUGY、lnEMPUJT、lnGDP 四个变量对财政赤字 FBD 的外生冲击的脉冲反应图，参见图 4-1。图 4-1 的每个子图中都包含了四条曲线 $F_{1,t}$、$F_{2,t}$、$F_{3,t}$、$F_{4,t}$，每条曲线对应的政策含义如下：曲线 $F_{1,t}$ 表示，单独采用增加财政赤字的扩张性财政政策调控经济增长与通货膨胀；曲线 $F_{2,t}$ 表示，增加财政赤字的扩张性财政政策与扩张性货币政策搭配使用共同调控经济增长和通货膨胀；曲线 $F_{3,t}$ 表示，单独采用增加财政赤字的扩张性财政政策调控经济增长、通货膨胀、工资与就业；曲线 $F_{4,t}$ 表示，增加财政赤字的扩张性财政政策与扩张性货币政策搭配使用共同调控经济增长、通货膨胀、工资与就业。因此，曲线 $F_{1,t}$ 与 $F_{2,t}$ 以及曲线 $F_{3,t}$ 与 $F_{4,t}$ 的区别是增加财政赤字的扩张性财政政策是否与扩张性货币政策搭配使用，曲线 $F_{1,t}$ 与 $F_{3,t}$ 以及曲线 $F_{2,t}$ 与 $F_{4,t}$ 的区别是宏观调控政策的目标是否包含了工资和就业。

如图 4-1（a）所示，曲线 $F_{1,t}$、$F_{2,t}$、$F_{3,t}$、$F_{4,t}$ 在三个季度以内呈现快速上升的趋势，在三个季度以后呈现快速下降的趋势，并在五个季度以后衰减为零，这表明增加财政赤字对城镇单位就业有很强的促进作用，能够在短期内促进城镇单位就业的增加，稳定就业形势。不仅如此，曲线 $F_{1,t}$、$F_{2,t}$、$F_{3,t}$、$F_{4,t}$ 之间的间距非常小，这表明，不论是否把就业作为宏观调控目标，也不论是否与扩张性的货币政策搭配使用，增加财政赤字的扩张性财政政策对城镇单位就业均有较强的促进作用。根据脉冲反应图形的测算表明，财政赤字增加 1 个标准差，导致 lnEMPU 在 12 个季度以内累计增加 0.655 个标准差，这相当于财政赤字增加 10%，导致城镇单位就业增加 0.379%。

如图 4-1（b）所示，曲线 $F_{1,t}$、$F_{2,t}$、$F_{3,t}$、$F_{4,t}$ 呈现出随时间推移而逐步下降的趋势，并在五个季度以后下降为零，这表明，增加财政赤字能够迅速地促进国有单位就业的增长，不过这种促进作用随时间的推移而逐步下降。从曲线 $F_{1,t}$、$F_{2,t}$、$F_{3,t}$、$F_{4,t}$ 之间的间距来看，除了曲线 $F_{1,t}$ 与曲线 $F_{2,t}$、$F_{3,t}$、$F_{4,t}$ 之间的间距较大之外，曲线 $F_{2,t}$、$F_{3,t}$、$F_{4,t}$ 之间的间距较小，这说明，即使增加财政赤字的扩张性财政政策没有把就业作为宏观调控目标，增加财政赤字的扩张性财政政策也能够对城镇国有单位的就业产生较强的促进作用。根据脉冲反应图形的测算表明，财政赤字增加 1 个标准差，导致 lnEMPUGY 在五个季度以内累计增加 0.207 个标准差，这相当于财政赤字增加 10%，导致城镇国有单位就业增加 0.108%。

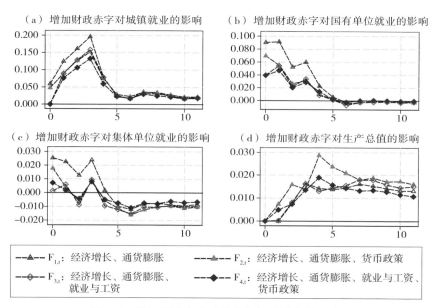

（a）增加财政赤字对城镇就业的影响　　（b）增加财政赤字对国有单位就业的影响

（c）增加财政赤字对集体单位就业的影响　　（d）增加财政赤字对生产总值的影响

—▲— $F_{1,t}$: 经济增长、通货膨胀　　—▲— $F_{2,t}$: 经济增长、通货膨胀、货币政策

—◇— $F_{3,t}$: 经济增长、通货膨胀、就业与工资　　—◆— $F_{4,t}$: 经济增长、通货膨胀、就业与工资、货币政策

图4-1　增加财政赤字对就业与经济增长的影响

注：本图是根据要素扩展的向量自回归模型得到的脉冲反应图，横轴是脉冲反应的时期，纵轴是脉冲反应的值，曲线$F_{1,t}$、$F_{2,t}$、$F_{3,t}$、$F_{4,t}$均由5000次Gibbs抽样模拟结果的中位数连接而成。

如图4-1（c）所示，曲线$F_{1,t}$、$F_{2,t}$、$F_{3,t}$、$F_{4,t}$呈现出波浪式下降的趋势，并且在四个季度以后基本下降为负数，这表明，增加财政赤字在短期内对城镇集体单位的就业有一定的促进作用，但是这种促进作用较小而且可持续性较差。根据脉冲反应图形的测算表明，财政赤字增加1个标准差，导致lnEMPUJT在五个季度以内累计增加0.0278个标准差，这相当于财政赤字增加10%，导致城镇集体单位就业提高0.049%，因此增加财政赤字对城镇集体单位就业的促进作用较小。

如图4-1（d）所示，曲线$F_{1,t}$、$F_{2,t}$、$F_{3,t}$、$F_{4,t}$之间的间距较小，并且在四个季度以内快速上升，在四个季度以后略有下降，这表明，不论是否把就业作为宏观调控目标，也不论是否与扩张性的货币政策搭配使用，增加财政赤字的扩张性财政政策对国内生产总值均有较强的促进作用。根据脉冲反应图形的测算表明，财政赤字增加1个标准差，导致lnGDP在12个季度以内累计增加0.155个标准差，这相当于财政赤字增加10%，导致国内生产总值提高0.131%。

综上所述，增加财政赤字的扩张性财政政策对城镇单位就业、城镇国有单位就业均有较强的促进作用，但是对城镇集体单位的就业的促进作用比较有限，不仅如此，增加财政赤字的扩张性财政政策对中国经济增长有较强的促进作用。

（二）提高货币供给 M0、M1、M2 的增长率对就业与经济增长的影响

为了观察提高货币供给增长率对就业与经济增长的影响，绘制了 lnEMPU、lnEMPUGY、lnEMPUJT、lnGDP 四个变量对货币供给 M0、M1、M2 的增长率的外生冲击的脉冲反应图，参见图 4-2、图 4-3 和图 4-4。在图 4-2、图 4-3、图 4-4 的各个子图中，曲线 $F_{1,t}$、$F_{2,t}$、$F_{3,t}$、$F_{4,t}$ 之间的间距非常小，这表明，提高货币供给 M0、M1、M2 的增长率对就业与经济增长的影响具有较强的稳健性，它不受是否把就业作为宏观调控目标的影响，也不受是否与扩张性的财政政策搭配使用的影响。

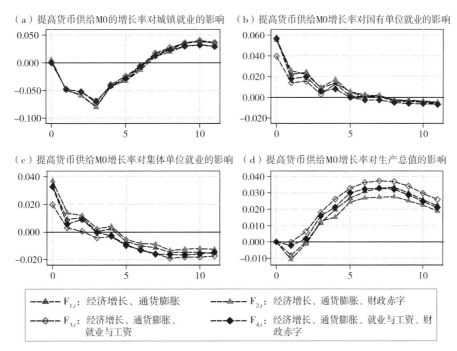

图4-2　提高货币供给M0的增长率对就业与经济增长的影响

注：本图是根据要素扩展的向量自回归模型得到的脉冲反应图，横轴是脉冲反应的时期，纵轴是脉冲反应的值，曲线 $F_{1,t}$、$F_{2,t}$、$F_{3,t}$、$F_{4,t}$ 均由5000次Gibbs抽样模拟结果的中位数连接而成。

如图 4-2（a）所示，提高货币供给 M0 的增长率对城镇单位就业的影响呈"V"形变化趋势：在六个季度以内对城镇单位就业有抑制作用，在六个季度以后对城镇单位就业有一定的促进作用。总体而言，提高货币供给 M0 的增长率对城镇单位就业的净效应为负，故而对城镇单位就业有不利的影响。如图 4-2（b）和图 4-2（c）所示，提高货币供给 M0 的增长率在五个季度以内对城镇国有和集体单位的就业有一定的促进作用，在五个季度以后对城镇国有和集体单位的就业有一定的抑制作用。根据脉冲反应图的测算表明，货币供给 M0 的增长率提高 1 个标准差，导致 lnEMPUGY 和 lnEMPUJT 在五个季度以内分别累计增加 0.1154 个和 0.0273 个标准差，这相当于货币供给 M0 的增长率提高 10%，导致城镇国有和集体单位就业分别增加 0.060% 和 0.049%。如图 4-2（d）所示，提高货币供给 M0 的增长率对国内生产总值的影响为正数而且呈倒"U"形的变化趋势。根据脉冲反应图的测算表明，货币供给 M0 的增长率提高 1 个标准差，导致 lnGDP 在 12 个季度以内累计增加 0.234 个标准差，这相当于货币供给 M0 的增长率提高 10%，导致国内生产总值提高 0.199%，因此提高货币供给 M0 的增长率对经济增长有较强的促进作用。

如图 4-3（a）、图 4-3（b）、图 4-3（c）所示，提高货币供给 M1 的增长率对城镇单位就业、城镇国有和集体单位就业的影响呈现出"V"形变化趋势，并且提高货币供给 M1 的增长率对城镇单位就业的影响基本为负数，对城镇国有和集体单位就业的影响在一个季度以内为正数，在一个季度以后始终为负数。以上事实表明，提高货币供给 M1 的增长率对城镇单位就业、城镇国有和集体单位就业主要表现出抑制作用。如图 4-3（d）所示，提高货币供给 M1 的增长率在两个季度以内对国内生产总值有一定的抑制作用，在两个季度以后对国内生产总值有较强的促进作用，而且这种促进作用随时期的推移不断上升，并在第六个季度达到最大值。脉冲反应图的测算表明，货币供给 M1 的增长率提高 1 个标准差，导致 lnGDP 在 12 个季度以内累计增加 0.108 个标准差，这相当于货币供给 M1 的增长率提高 10%，导致国内生产总值提高 0.091%，因此提高货币供给 M1 的增长率对经济增长也有较强的促进作用。

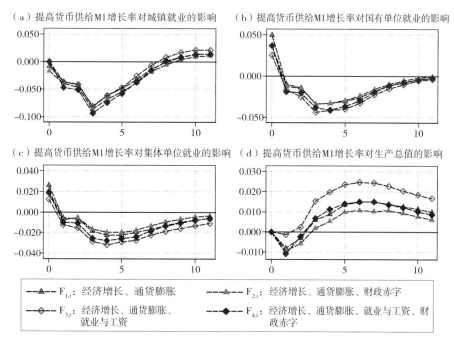

（a）提高货币供给M1增长率对城镇就业的影响　　（b）提高货币供给M1增长率对国有单位就业的影响

（c）提高货币供给M1增长率对集体单位就业的影响　　（d）提高货币供给M1增长率对生产总值的影响

—▲— $F_{1,t}$：经济增长、通货膨胀　　—▲— $F_{2,t}$：经济增长、通货膨胀、财政赤字

—◇— $F_{3,t}$：经济增长、通货膨胀、就业与工资　　—◆— $F_{4,t}$：经济增长、通货膨胀、就业与工资、财政赤字

图4-3　提高货币供给M1的增长率对就业与经济增长的影响

注：本图是根据要素扩展的向量自回归模型得到的脉冲反应图，横轴是脉冲反应的时期，纵轴是脉冲反应的值，曲线$F_{1,t}$、$F_{2,t}$、$F_{3,t}$、$F_{4,t}$均由5000次Gibbs抽样模拟结果的中位数连接而成。

如图4-4（a）、图4-4（b）、4-4（c）所示，提高货币供给M2的增长率对城镇单位就业、城镇国有和集体单位的就业的影响始终为负数，而且均呈现出"V"形变化趋势，这表明，提高货币供给M2的增长率对城镇单位就业、城镇国有和集体单位就业均有很强的抑制作用。如图4-4（d）所示，提高货币供给M2的增长率对国内生产总值的影响为正数而且呈倒"U"形的变化趋势。脉冲反应图的测算表明，货币供给M2的增长率提高1个标准差，导致lnGDP在12个季度以内累计增加0.337个标准差，这相当于货币供给M2的增长率提高10%，导致国内生产总值提高0.289%，因此提高货币供给M2的增长率对经济增长有很强的促进作用。

综上所述，提高货币供给M0、M1、M2的增长率对经济增长有很强的、持续的促进作用，然而它们对就业均表现出不同程度的抑制作用。具体而言，除了提高货币供给M0的增长率对城镇国有和集体单位的就业有一定的促进作用之外，提高货币供给 M0、M1、M2 的增长率对城镇单位就业、城镇国有和集体单位就业均有较强的抑制作用，这一点与已有研究的结论（李伊涵，2011；王君斌和薛鹤翔，2004；许先普，2009）均不一致。为什么增加货币供给 M0、M1、M2 会降低就业呢？这是因为，增加货币供给降低了企业融资的成本和难度，扩大了企业融资的规模，加速了企业采用资本替换劳动的过程，从而对就业产生了不利的影响。为什么增加货币供给 M0 对城镇国有和集体单位就业有一定的促进作用呢？这是因为，增加货币供给 M0 意味着增加了国有和集体企业的流动资金，而流动资金的增加主要用于购置原材料和劳动力，从而带动了就业的增长。为什么增加货币供给 M1、M2 对国有和集体单位就业有较强的抑制作用呢？这是因为，增加货币供给 M1、M2 意味着增加了国有和集体企业的中长期信贷规模，而中长期信贷规模的增加主要用于购置固定资本和技术革新，从而促使国有和集体企业采用资本和技术替换劳动力，进而对就业产生了不利影响。

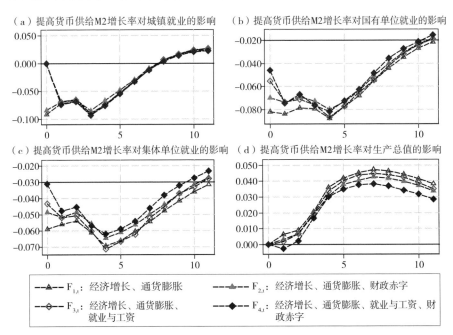

图4-4　提高货币供给M2的增长率对就业与经济增长的影响

注：本图是根据要素扩展的向量自回归模型得到的脉冲反应图，横轴是脉冲反应的时期，纵轴是脉冲反应的值，曲线 $F_{1,t}$、$F_{2,t}$、$F_{3,t}$、$F_{4,t}$ 均由5000次Gibbs抽样模拟结果的中位数连接而成。

（三）降低利率对就业与经济增长的影响

为了观察降低利率对就业与经济增长的影响，绘制了 lnEMPU、lnEMPUGY、lnEMPUJT、lnGDP 四个变量对降低利率的外生冲击的脉冲反应图，参见图4-5。如图4-5所示，每个子图中的曲线 $F_{1,t}$、$F_{2,t}$、$F_{3,t}$、$F_{4,t}$ 之间的间距非常小，这表明，降低利率对就业与经济增长的影响具有较强稳健性，它不受是否把就业作为宏观调控目标的影响，也不受是否与扩张性的财政政策搭配使用的影响。

如图4-5（a）、4-5（b）、4-5（c）所示，降低利率对城镇单位就业、城镇国有和集体单位就业的影响为绝对值较大的负数，而且大体呈"V"形变化趋势，这表明，降低利率对城镇单位就业、城镇国有和集体单位就业有很强抑制作用。这是因为，降低利率意味着降低了企业使用资金的成本，从而促使企业采用更加便宜的资本替换劳动，进而导致就业下降。

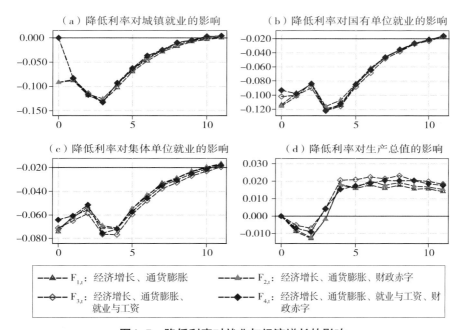

图4-5 降低利率对就业与经济增长的影响

注：本图是根据要素扩展的向量自回归模型得到的脉冲反应图，横轴是脉冲反应的时期，纵轴是脉冲反应的值，曲线 $F_{1,t}$、$F_{2,t}$、$F_{3,t}$、$F_{4,t}$ 均由5000次Gibbs抽样模拟结果的中位数连接而成。

如图 4-5（d）所示，降低利率对国内生产总值的影响在三个季度以内为绝对值较小的负数，在三个季度以后迅速上升为绝对值较大的正数，并且在第四个季度达到最高值，其后略有下降。根据脉冲反应图的测算表明，利率降低 1 个标准差，导致 lnGDP 在 12 个季度以内累计增加 0.130 个标准差，这相当于利率降低 10%，导致国内生产总值提高 0.109%，因此降低利率对经济增长有较强的促进作用。

五　结论与政策建议

为了克服传统的向量自回归模型在变量选择与模型识别方面存在的不足，本书以 118 个宏观经济变量的季度数据为基础，采用要素扩展的向量自回归模型估计了财政政策和货币政策对中国就业与经济增长的影响，主要发现以下结论：

第一，增加财政赤字 10%，导致城镇单位就业在 12 个季度以内累计提高 0.379%，但是提高货币供给 M0、M1、M2 的增长率以及降低利率的扩张性货币政策对城镇单位就业均有不同程度的负效应，特别是提高货币供给 M1、M2 的增长率以及降低利率的扩张性货币政策对城镇单位就业有非常强的负效应。因此，扩张性的财政政策对中国城镇单位就业有很强的促进作用，但是扩张性的货币政策对中国城镇单位就业有很强的抑制作用。

第二，增加财政赤字 10%，分别导致城镇国有和集体单位就业在五个季度以内累计提高 0.108% 和 0.049%，提高货币供给 M0 的增长率 10%，分别导致城镇国有和集体单位就业在五个季度以内累计提高 0.060% 和 0.049%，但是增加货币供给 M1、M2 的增长率以及降低利率的扩张性货币政策对城镇国有和集体单位的就业有很强的负效应。因此，扩张性的财政政策以及增加货币供给 M0 的扩张性货币政策对城镇国有和集体单位的就业有一定的促进作用，但是增加货币供给 M1、M2 以及降低利率的扩张性货币政策对城镇国有和集体单位的就业有很强的抑制作用。

第三，增加财政赤字 10%、提高货币供给 M0、M1、M2 的增长率

10%以及降低利率 10%，分别导致国内生产总值在 12 个季度以内累计提高 0.131%、0.199%、0.091%、0.289%、0.109%。因此，扩张性的财政政策和扩张性的货币政策对中国经济增长均有较强的促进作用。

总而言之，扩张性的财政政策和扩张性的货币政策均能有效地促进中国的经济增长，扩张性的财政政策还能有效地促进城镇单位、城镇国有和集体单位就业的增长，但是除了增加货币供给 M0 的扩张性货币政策对城镇国有和集体单位的就业有微弱的促进作用之外，扩张性的货币政策对城镇单位、城镇国有和集体单位的就业均有较强的抑制作用。因此，如果政府的目标是解决就业困难，那么应当主要采用扩张性的财政政策，如果政府的目标是促进经济增长，那么可以酌情采用扩张性的财政政策或者扩张性的货币政策，但是不应当单独采用扩张性的货币政策，因为单独采用扩张性的货币政策有利于经济增长而不利于就业增长，会导致"无就业的经济增长"，从而增加失业和扩大收入分配差距。

最后，需要指出的是，采用要素扩展的向量自回归模型估计出的财政政策和货币政策的就业效应，是它们的真实就业效应的最低边界（Doan，2011），因此扩张性货币政策对中国就业的负效应有可能会在其他研究方法中消失了。若真是如此，这对中国就业而言，将是一件值得庆幸的事情。

参考文献

1. 曾学文：《我国转型期财政和货币政策开发就业潜力的效果分析》，《财贸经济》2007 年第 2 期。

2. 董万好、刘兰娟：《财政科教支出对就业及产业结构调整的影响——基于 CGE 模拟分析》，《上海经济研究》2012 年第 2 期。

3. 李伊涵、陈利锋：《我国货币政策的社会就业效应》，《中国流通经济》2011 年第 12 期。

4. 刘新、刘星：《地方财政社会保障支出对就业的影响效应——基于一年的面板数据经验》，《经济研究与经济管理》2010 年第 10 期。

5. 卢亮：《1998—2002 年我国积极财政政策就业效应的实证分析》，《西北人口》2005 年第 1 期。

6. 沈悦、周奎省、李善燊：《基于 FAVAR 模型的货币政策的房价传导机制研究》，《当代经济科学》2011 年第 3 期。

7. 王君斌、薛鹤翔：《扩张型货币政策能刺激就业吗？——刚性工资模型下的劳动力市场动态分析》，《统计研究》2010 年第 6 期。

8. 肖强：《货币政策对 CPI 分类指标冲击的异质性效应》，《当代财经》2014 年第 9 期。

9. 肖强：《资产价格调控的货币政策工具选择——基于 MS- FAVAR 模型》，《中央财经大学学报》2014 年第 7 期。

10. 许先普：《货币政策与居民就业：基于带有内生劳动力供给的 Sidrauski 模型分析框架》，《经济前沿》2009 年第 5 期。

11. 易定红、白九梅：《中国利率波动性对失业影响的研究》，《经济理论与经济管理》2009 年第 3 期。

12. 张宏亮、张广盈、张建涛：《中国的财政政策对就业效应的协整分析》，《统计与信息论坛》2005 年第 5 期。

13. Barro, R., "Government Spending in a Simple Model of Endogenous Growth", *Journal of Political Economy*, Vol.98, No.5, 1990.

14. Bernanke, B.S., Boivin，J. and Eliasz, P., "Measuring the Effects of Monetary Policy: A Factor-augmented Vector Autoregressive (FAVAR) Approach", *The Quarterly Journal of Economics*, Vol.120, No.1, 2005.

15. Blanchard, O.J. and Perotti, R., "An Empirical Characterization of the Dynamic Effects of Changes in Government Spending and Taxes on Output", *Quarterly Journal of Economics*, Vol.117, No.4, 2002.

16. Blanchard, O.J. and Watson, M., "Are all Business Cycles Alike?", *NBER Working Paper*, No. 1392, 1986.

17. Boivin, J., Giannoni, M. and Mihov, I., "Sticky Prices and Monetary Policy: Evidence from Disaggregated US Data", *The American Economic*

Review, Vol.99, No.1, 2009.

18. Canova, F. and Nicoló, G. D., "Monetary Disturbances Matter for Business Fluctuations in the G-7", *Journal of Monetary Economics*, No.49, 2002.

19. Canova, F. and Pappa, E., "Price Differentials in Monetary Unions: The Role of Fiscal Shocks", *The Economic Journal*, Vol.117, No.520, 2007.

20. Clemente, J., Monta És, A. and Reyes, M., "Testing for a Unit Root in Variables with a Double Change in the Mean", *Economics Letters*, Vol.59, No.2, 1998.

21. Dickey, D.A. and Fuller, W.A., "Distribution of the Estimators for Autoregressive Time Series with a Unit Root", *Journal of The American Statistical Association*, Vol.74, No.366a, 1979.

22. Doan, T., RATS Programs to Replicate Bernanke, Boivin, Eliasz FAVAR Paper. Statistical Software Components, Boston College Department of Economics, 2011.

23. Friedman, M., *Studies In The Quantity Theory of Money*, Chicago: University of Chicago Press, 1956.

24. Gupta, R., Jurgilas, M. and Kabundi, A., "The Effect of Monetary Policy on Real House Price Growth in South Africa: A factor-augmented Vector Autoregression (FAVAR) Approach", *Economic Modelling*, Vol.27, No.1, 2010.

25. Keynes, J.M., The General Theory of Interest, Employment and Money, London: Macmillan, 1936.

26. Korobilis, D., "Assessing the Transmission of Monetary Policy Using Time-varying Parameter Dynamic Factor Models", *Oxford Bulletin of Economics and Statistics*, Vol.75, No.2, 2013.

27. Korobilis, D. and Gilmartin, M., The Dynamic Effects of U.S. Monetary Policy on State Unemployment. The Rimini Centre For Economic Analysis, Working Paper Series, 2010.

28. Leeper, E.M., Sims, C.A., Zha, T., Hall, R. E. and Bernanke, B.S, "What does Monetary Policy do?", *Brookings Papers on Economic Activity*, Vol.1996, No.2, 1996.

29. Perron, P. and Phillips, P.C., "Does GNP have a Unit Root?", *A Re-evaluation. Economics Letters*, Vol.23, No.2, 1987.

30. Ravn, M.O. and Simonelli, S., "Labor Market Dynamics and the Business Cycle: Structural Evidence for the United States", *The Scandinavian Journal of Economics*, Vol.109, No.4, 2007.

31. Shibamoto, M., "An Analysis of Monetary Policy Shocks in Japan: A Factor Augmented Vector Autoregressive Approach", *The Japanese Economic Review*, Vol.58, No.4, 2007.

32. Sims, C.A., "Are Forecasting Models Usable for Policy Analysis?", *Federal Reserve Bank of Minneapolis Quarterly Review*, Vol.10, No.1, 1986.

33. Uhlig, H., "What are the Effects of Monetary Policy? Results from an Agnostic Identification Procedure", *Journal of Monetary Economics*, Vol.52, No.2, 2005.

34. Vogelsang, T.J., "Two Simple Procedures for Testing for a Unit Root when there are Additive Outlier", *Journal of Time Series Analysis*, Vol.20, No.2, 1999.

35. Wu, J.C. and Xia, F.D., "Measuring the Macroeconomic Impact of Monetary Policy at the Zero Lower Bound", *NBER Working Paper*, No. 20117, 2014.

第五章

安全生产监管制度实施情况评估①

安全生产是在生产经营活动中，为避免造成人员伤害和财产损失的事故而采取相应的事故预防和控制措施，保证生产经营活动顺利进行的一系列活动。安全生产监管是以政府为主导，社会各方参与，对各行业、部门和领域企事业单位的安全生产活动进行监督与管制的一种特殊的管理活动。监管主体是有权实施监管的公共部门和非营利组织，其中以政府为主，而监管对象是企业等生产经营组织。作为一项社会性监管，安全生产监管的职责体现为保护劳动者的安全。②劳动力市场具有交易供给主体与客体一体化、交易主体双方不对等、市场交易的约束力弱、既有内部市场又有外部市场等特点，这就决定了安全生产监管的一个重要目标是保护劳动者权益，减少职工伤亡和劳动力损失（方浩，2013：10）。

新中国成立以后，我国安全生产监管体制初步建立。经过60多年的发展变化，安全生产监管体制逐渐成熟，政府监管职能实现转变，形成了以安全生产管理法、劳动法、职业病防治法等为核心的安全生产监督管理制度体系，以及"企业负责、行业管理、国家监察、群众监督、劳动者遵章守纪"的安全管理体制（王岩，2007）。我国安全生

---

① 本章的内容收录于王阳完成的《我国安全生产监管制度实施情况评估》，载《劳动经济评论》2016年第9卷第1辑。

② 经济性监管，是指为防止资源配置低效率和确保利用者公平利用，政府利用法律权限，通过许可和认可等方式，对企业的进入和退出、价格、服务数量和质量、投资、财务会计等有关行为加以监管。社会性监管，是以保障劳动者和消费者的安全、健康、卫生、环境保护和防止灾害等为目的，对物品和服务的质量以及提供它们的相关活动所制定的标准，并禁止、限制特定行为的监管（[日]植草益，1992：27）。

产监管制度在维护人民群众人身安全与健康、设备和实施免受损害、环境免遭破坏等方面发挥了重要的作用（黄群慧等，2009：24—25）。

然而，随着经济社会快速发展，劳动安全保护、职业伤害等事故问题多发频发，安全生产监管面临严峻的形势。经济增速下行期，随着各类重大项目和重大工程的加速推进，又使安全生产监管状况面临诸多不确定性，监管制度及监管工作的挑战性加强（王阳，2014：19）。劳动力市场的安全、健康发展需要有以诚信为主流价值观的市场文化为基础，更要有公平公正的法规和监督管理作为保障（吴江，2013：12）。我国现有安全生产监管制度机制已经不能适应安全生产严峻形势的要求，不健全、不完善的政策和制度使相应的监管工作凸显乏力和不足，更成为我国工业化进程中一项迫切要解决的"制度性短板"。

一 当前安全生产监管面临的严峻形势

尽管有关改革措施有利于加强安全生产监管体系建设，但是我国安全生产状况仍不容乐观，主要有以下三个表现：

（一）部分重点行业安全生产问题突出

近年来，工矿商贸领域中，煤矿、金属与非金属矿和建筑施工行业事故占大多数，工业系统安全生产事故总量处于高位。在工业系统中，钢铁、石化、化工、建材、民爆等工业安全生产重点行业也多次发生较大以上安全生产事故，安全生产压力依然突出。特别是两年未发生较大以上事故的民爆行业，上半年出现较大和特大事故各一起，在工业领域引起很大震动。1—8月，化工和危险品行业发生生产安全事故84起，死亡113人。此外，煤矿事故屡屡发生，安全生产形势仍较严峻。2011年，我国煤矿发生事故1201起，死亡1973人，[1]而2012年美国所有矿难的死亡人数为35人，其中，作为仅次于我国的全球第

---

[1] 《2011年全国煤矿安全生产情况》，国家安全监管总局网站（http://www.chinasafety.gov.cn/newpage/Contents/Channel_4181/2012/0114/167213/content_167213.htm）。

二大产煤国，美国煤矿事故死亡人数仅为 19 人。[①]

（二）重特大事故频发，安全生产压力增大

2013 年以来，重特大事故时有发生，1—8 月，全国发生重特大事故 37 起，死亡 652 人，其中特别重大事故 3 起，死亡 190 人。工矿商贸发生重特大事故 17 起，死亡 292 人，分别占全国总数的 45.9% 和 44.9%。重特大事故压力较大，尤其是保利民爆"5·20"爆炸事故、中储粮"5·31"火灾事故、中石油"6·2"火灾事故等严重伤亡及财产损失事故的集中爆发，造成了恶劣的社会影响，将安全生产工作推向了社会舆论的风口浪尖（如表 5-1 总结整理了 2013 年到 2014 年一季度重特大安全生产事故分布情况）。如何处理好经济发展与安全生产之间的矛盾，成为安全发展的重中之重，安全生产压力也随之增大。

表 5-1　　　　2013 年以来重特大安全生产事故分布情况　　　　（单位：起）

| | 2013 年 | | | | | | | | 2014 年 | |
| | 一季度 | | 二季度 | | 三季度 | | 四季度 | | 一季度 | |
序号	地区	起数	地区	起数	地区	起数	地区	起数	地区	起数
1	吉林	2[a]	吉林	3[a]	安徽	3	山东	4[a]	云南	2
2	贵州	3	山东	2[a]	江西	2	新疆	1	山西	1[a]
3	黑龙江	3	四川	1	四川	1	广东	1	浙江	1
4	云南	2	新疆	1	上海	1	北京	1	重庆	1
5	湖北	2	湖北	1	山东	1	广西	1	河北	1
6	甘肃	1	贵州	1	河南	1	重庆	1	河南	1
7	山东	1	江苏	1	云南	1	—	—	广东	1
8	河北	1	湖南	1	山西	1	—	—	四川	1
9	河南	1	—	—	陕西	1	—	—	吉林	1
10	福建	1	—	—	—	—	—	—	甘肃	1
11	四川	1	—	—	—	—	—	—	—	—

[①]　"From the Assistant Secretary's Desk-MSHA Releases 2012 Preliminary Fatality and Injury Data"，美国劳工部矿山安全与健康监察局网站，http://www.msha.gov/FromtheDesk/FromtheDesk482013.asp。

续表

序号	2013 年								2014 年	
	一季度		二季度		三季度		四季度		一季度	
	地区	起数	地区	起数	地区	起数	地区	起数	地区	起数
合计	—	18	—	11	—	12	—	9	—	11

注：a其中特别重大事故1起。

资料来源：国家安全生产监督管理总局网站，"全国重特大事故情况"，笔者进行了整理（http://www.chinasafety.gov.cn/newpage/aqfx/aqfx_ztdsgqk.htm）。

（三）劳动时间长、强度大，职业病危害严重

目前，我国劳动标准执行以及监管不到位，私营企业劳动者工资水平低，不少员工不得不以加班、兼职等方式延长工作时间，赚取更多收入。2013 年 9 月，全国城镇就业人员调查周平均工作时间为 46.6 小时，其中制造业、建筑业、批发和零售业、住宿和餐饮业等民营企业员工较多的行业周平均工作时间分别为 48.9 小时、49.7 小时、50.5 小时、51.4 小时，分别高出全行业周平均工作时间 4.9%、6.7%、8.4%、10.3%。同期金融业与电力、热力、燃气及水生产和供应业的周平均时间都为 43.5 小时，比平均值低 6.7%。[1] 从人群来看，部分劳动者工作时间更长。根据国家人口和计划生育委员会的调查，流动人口的工作时间普遍较长，平均每周工作 54.6 小时。[2]

在超时工作的同时，劳动者还要在较差的劳动条件下工作。根据中华全国总工会组织的一项问卷调查，36.5% 的新生代农民工面临高温、低温作业问题，41.3% 的新生代农民工的工作环境中存在噪声污染，36% 的新生代农民工的工作环境存在容易伤及肢体的机械故障隐患，存在粉尘污染问题的有 34.7%。[3] 但是，用人单位并未按照国家职

[1] 《中国劳动统计年鉴》（2014）。
[2] 《中国流动人口发展报告 2014》。
[3] 《2010 年企业新生代农民工状况调查及对策建议》，2011 年 2 月 21 日，中华全国总工会新闻（http://www.china.com.cn/gonghui/2011-02/21/content_21965468.htm）。

业安全卫生标准采取积极的防护措施。以工作环境存在粉尘污染的新生代农民工为例，用人单位为其采取防护措施的仅占 27.2%。19.8% 的新生代农民工表示用人单位从未向其发放过劳动保护用品，19.4% 的新生代农民工反映其劳动保护用品不能足量或及时发放，20.7% 的新生代农民工表示未接受过用人单位组织的安全生产培训。国家安全监管总局从 2012 年 5 月开始在天津市、黑龙江省、江苏省、广东省开展工矿商贸企业职业卫生统计试点工作，根据上报数据得出的结论，试点地区职业卫生形势严峻，工矿商贸企业工作场所职业病危害较为严重，部分行业企业粉尘、噪声等职业病危害因素接触率较高。①

二　安全生产监管制度实施中的主要问题

随着重大项目和重大工程的加速推进，企业生产经营日渐活跃，给安全生产工作带来的压力增大。但就目前安全生产监管制度实施情况看，存在以下几个突出的问题：

（一）安全生产监管法规政策不完善

第一，法律法规的统一性问题。目前，我国安全生产方面有《安全生产法》和《职业病防治法》两部法律，但还没有综合性的法律。在现有法律体制下，职业病防治的监管权限和资源被分散在不同机构，造成总体监管权限不高、监管资源不足。此外，劳动力市场立法有全国性立法、地方性法规和部门规章。但其中有些内容存在不统一的问题，一旦发生安全生产事故，给后续的追责和赔偿工作带来不便。如劳动合同的违约金设立条件、竞业限制的范围、经济补偿金的标准等各有不同；在现行的《人才市场管理规定》《就业服务与就业管理规定》《劳动保障监察条例》之间存在不统一和不协调的现象。

第二，工伤保险在安全生产中的保障和制约作用未得到充分发挥。

---

① 国家安全生产监管总局办公厅：《关于工矿商贸企业职业卫生统计试点工作情况的通报》，国家安全生产监管总局网站（http://www.chinasafety.gov.cn/newpage/Contents/Channel_5946/2012/1213/203149/content_203149.htm）。

当前，工伤保险已成为安全生产工作的三大支柱（即安全立法、安全监察和工伤保险）之一，2013 年我国修订了最新的《工伤保险条例》，期望运用浮动费率和奖惩机制经济杠杆，约束企业的生产行为。安全生产责任险有别于其他保险，具有很强的外部性特征，它在为被保险人提供风险保障和经济补偿的同时，切实维护了受害者的利益，使公民在人身受到伤害或经济利益受到侵害时获得经济补偿，对于社会的安定起到了积极的作用，另外，责任保险还能够有效地推动社会安全状况的改善（王岩，2007：16）。因此，可以认为责任保险具有较强的经济补偿与社会管理功能。但目前我国安全生产责任险多集中在高危行业，亟待向安全生产重点领域扩展，增加强制手段，强化对企业主体责任的要求，减轻对从业人员的保险责任要求，加大保险费率浮动与上年度安全生产状况挂钩力度等。

第三，法律法规本身的可操作性问题。目前，一些劳动力市场监管法规原则性较强，但对判断标准、实施过程、执法方法、法律责任等内容缺乏具体的、可操作的规范或配套规定。比如，对维护农民工合法的劳动权益、防止就业歧视、同工同酬等方面主要是原则性规定，而对于如何判断侵权、用人单位应该承担什么责任等缺乏具体内容和判断标准，使监管工作难以有效实施。

（二）安全生产监管执法主体不明确

安全生产的执法与管理还未严格分开，与职业安全生产相关的监管职能由四个部门承担，职能分解后却缺少制度上的统筹协调。1998 年以前劳动监察工作由劳动部统一监督管理。1998 年国务院机构改革后，新组建的劳动和社会保障部（后组建人力资源和社会保障部）分解了劳动监察的职能：将原劳动部安全生产综合管理、职业安全监察、矿山安全监察的职能交由国家经贸委承担（后成立国家安全生产管理总局）；将职业卫生监察（包括矿山卫生监察）的职能交由卫生部承担；将锅炉压力容器监察职能，交由国家质量技术监察局承担。这次机构和职能调整，加强了对上述工作的管理。根据《国务院关于机构设置的通知》，人力资源和社会保障部、国家工商行政管理总局、国家安全生产监督管理总局、卫生部、商务部、环境保护部等部门都有相关的人力资源市场监管的立法和执法职能。

然而，从国外特别是发达国家的经验来看，除了强化国家行政管理机构的执法职能之外，还非常重视发挥行业协会、社团组织、雇主、雇员代表等各方的作用，政府致力于与这些组织的合作，努力形成"国家监督、社会各方协助、雇主自律、雇员守法"的多方合作的管理机制（如表5-2归纳了部分工业发达国家的安全生产管理组织）。在决策制定上，很多国家都设有国家级的安全卫生咨询委员会，成员由国家管理部门代表、安全卫生专家、雇主代表、雇员代表和一般市民组成，并专门对国家安全卫生政策、法律的制定、修改及废止提出意见。安全生产监管的方式是通过立法进行间接监管、劳动监察和宏观信息监测三种，确保了实现国家职业安全卫生管理职能。

表5-2   部分工业发达国家的安全生产管理组织

国家	决策组织	监察组织	服务组织
美国	职业安全卫生管理局（OSHA）	职业安全卫生管理局（OSHA） 各州政府的监管机构 企业安全卫生委员会	国家职业安全卫生研究所 全美安全评议会 美国产业卫生专家评议会 美国产业卫生协会 美国安全技术者协会
加拿大	人力资源开发部劳工局	人力资源开发部劳工局 各州政府的监管机构 企业安全卫生委员会	加拿大职业安全卫生中心 劳动灾害防治协会 Robert-Sauve 劳动安全卫生研究所
英国	安全卫生委员会（HSC）	安全卫生执行局（HSE） 地方政府的监管机构 企业安全卫生委员会	安全卫生研究院 英国职业安全卫生协会 英国安全卫生评议会 英国皇家劳动灾害防止协会
德国	联邦劳动保护局	联邦及各州劳动保护局 行业协会 企业安全卫生委员会	联邦劳动安全卫生研究所 联邦劳动安全卫生协会 劳动基准委员会
法国	劳动与社会保障部下属的安全预防局、安全预防与处理局	劳动监察处 企业安全卫生·劳动条件委员会	国家安全研究所 国家技术委员会 国民及地方的健康保险基金

续表

国家	决策组织	监察组织	服务组织
日本	厚生劳动省劳动基准局安全卫生部	劳动基准监督署 企业劳动卫生委员会	劳动安全卫生综合研究所 劳动科学研究所 中央劳动灾害防止协会 劳动者健康福利机构 中央职业能力协会 产业医科大学
韩国	劳动部产业安全卫生局	产业安全卫生监督局 企业安全卫生委员会	韩国产业安全卫生公团 韩国劳动研究院 职业安全卫生研究院 主要行业的安全协会
澳大利亚	国家职业安全卫生委员会	联邦政府就业与工作场所安全局 各州职业安全卫生局	澳大利亚安全评议会 产业灾害防止基金 澳大利亚职业卫生协会

资料来源：根据国际安全中心有关资料整理，本表只列出了主要机构。

英国的两个国家级组织是安全卫生委员会（HSC）、安全卫生执行局（HSE）。安全卫生委员会的职能是设计安全卫生制度、新法律及新标准提案，调查研究，提供信息，危险物品管制。安全卫生执行局则是受安全卫生委员会领导的、执行监察职能的组织。安全卫生委员会的组成人员由负责就业的国务大臣经过与雇主组织、雇员组织、地方政府以及其他相关机构协商之后任命。安全卫生委员会由10人组成，分别代表雇主组织、雇员组织、地方政府和其他相关机构。[1]美国的安全卫生咨询委员会成员包括监管机构代表、经营者代表、劳动者代表、专家、一般市民，并且由一般市民代表担任委员长。咨询委员会对劳工部部长拟制定、修改或废止法律等事项进行讨论，提出意见，有权否决部长的决定。美国制定、修改或废止法律时，规定要举行听证会，以听取民意。法国设有预防职业危险高级审议会，帮助劳动部制定安全卫生政策、预算和预防劳动危险标准。该审议会由政府部门代表、

---

[1] HSC: The health and safety system in Great Britain. http://www.hse.gov.uk/pubns/ohsingb.pdf. 2014/07/23.

劳动者、雇主代表、一般市民等组成。[①] 行业协会在安全卫生管理中起着很大的作用，是德国的特点。德国有 102 个行业协会，其中 35 个为工业行业协会。行业协会的一个重要职能就是根据《劳动保护法》制定《实施细则》以及劳动保护的规定，如《预防事故规定》等。这些《细则》和《规定》经过劳动部门批准，成为企业必须遵守的规章（科学技术部专题研究组，2006：58）。日本的行业协会也负责依法制定防止劳动灾害条例。这些条例虽然不是法律，但都是根据法律，结合行业具体情况制定的，对指导企业具体实施安全卫生管理细则有着重要意义，起着帮助企业守法的效果。

由于我国原劳动监察的职能分解为几个部门分别管理，也就形成了法律制度上的分别监督管理，难免衍生出监管盲区、监管不力和相互推诿的现象。例如，《劳动保障监察条例》确立的监察范围就局限于劳动和社会保障部的职责范围。劳动安全卫生的监察，由卫生部门、安全生产监督管理部门、特种设备安全监督管理部门分别按照《职业病防治法》《安全生产法》《特种设备安全监察条例》进行监察（郭捷，2007：8）。上述制度在企业的实施中有些是难以分解、互相交错的，以至于形成有些环节上的职责交叉。目前，随着新型行业和职业不断兴起，潜在危害劳动者身心健康的职业危险逐渐显现，监管体制分割的现实使监管面临更多的新课题。

（三）安全生产监管机构缺乏独立性

首先，监管机构的设立就缺少立法保障，这必然带来执法上的难题。监管作为一种行政权力，必须要有法律的授权。在国外，政府监管机构设立是建立在"立法先行"基础上的。而我国经济体制和行政体制改革是在法制不健全的条件下开始的，很多监管机构是根据国务院的"三定方案"设立的。从严格意义上，根据立法法和《行政法规制定程序条例》，"三定方案"不算是行政立法，只是国务院办公厅的

---

① 国际安全卫生中心：《法国的预防劳动灾害体制》，http://www.jniosh.go.jp/icpro/jicoshold/japanese/country.france/ministry/prevention.html。

内部文件（马英娟，2007：231—232）。这样在监管机构的设定和执法上就存在一些问题。一是其授权的效力不足，监管机构的监管权威受到影响；二是"三定方案"的拟定缺乏立法机关和公众参与，不符合立法程序规范和透明度的要求；三是由于机构与立法分离，监管机构的可问责性往往难以落实；四是随意性强，监管职责会随着"三定方案"的调整而在不同机构间改变；五是由于"三定方案"对监管责权规定不严格，会使监管机构之间存在对有关规定的不同理解，从而导致争权或推卸责任的现象。

此外，各监管职能部门下的监管机构各自行事，监管合力也较难发挥。以人社部门的劳动监察机构为例。劳动监察是制止和纠正企业生产行为的重要环节。目前，人力资源和社会保障部承担着统筹拟定人力资源管理和社会保障政策，健全公共就业服务体系，完善劳动收入分配制度，组织实施劳动监察等职能（华建敏，2008：71）。人力资源行政主管部门既负责宏观调控政策的制定，又承担市场监管的职能，是具有典型的政监合一特征的组织模式。在这种体制下，即使是在部门内部单独设立的监管机构，但由于受到科层官僚体制的制约，也难免会使监管的独立性受到影响。可能由于过多地考虑宏观层面或考虑地方利益，从而影响微观市场监管的客观和公正；监管机构的人事任免和经费来源直接受控于本部门行政领导和行政预算，在面临市场快速变化或突发事件时，监管工作难以作出快速反应。

（四）安全生产行政监察力量十分薄弱

与发达国家相比，我国安全生产监察力量薄弱，一是专职安全监察人员数目配备率低；二是国家的安全监察管理的经费投入较少。如美国 2002 年职业安全健康监察局经费预算总额为 4.26 亿美元，矿山安全健康监察局为 2.46 亿美元，合计 6.72 亿美元。我国政府在这方面的经费预算无法与之相比，如同年我国煤矿安全监察局的经费预算仅是美国的 1/60，而煤矿数量却是美国的 300 倍左右（罗云、黄毅，2005：123—125）。同时，我国职业安全监察人员存在素质不高、法制观念不强的问题，在执法过程中存在执法不严、执法不规范及执法水平低的问题。

安全生产行政监察力量不足的问题在基层表现得尤其突出。目前，从国家到省、市、县安全监管机构人员编制是从上到下呈倒"金字塔"形的。特别是乡镇这一级大部分没有安监机构，少数有机构的乡镇，监管人员又没有执法权，责权不统一，一线监管责任难以到位（杨拴昌，2014：112—117）。以山西省吕梁市为例，在全市现有安全监管队伍中，专司执法的监督人员不足100人。面对全市1700多家生产经营单位和众多的行业，若以目前全部监管人员计，平均每人监管17家生产经营单位。按平均每2人每天检查1家企业计算，一个多月才能跑遍所有的企业。由于监管力量的有限和监管任务繁重之间的矛盾突出，致使在隐患的发现上存在盲区（张志刚、王四赖，2007：4—5）。

此外，我国安全生产监察还缺乏有效的技术保障手段，安全生产信息体系、人才队伍培训体系、事故预警体系、应急救援体系等不健全，安全检测检验、安全评估和鉴定、安全标识和安全防护用品管理等尚未在全国各行业普遍、有效推行。这些安全生产监察技术保障条件的限制，使安全生产监察工作的质量、规模和程度等都处于较低水平。

（五）安全监管的社会制约机制尚未形成

有效的社会制约机制是决定安全水平高低的重要条件之一，也是政府监管能够有效运转的基础条件。社会制约机制是多方面因素监管能够有效运转的基础条件（朱常有，2012：17）。社会制约机制是由多方面因素构成的。工业发达国家中安全生产工作做不好的企业将面临多方面的制裁与制约：法律方面，有清晰、明确严格的安全界限，越限必惩、违法必究；行政方面，政府部门的行政检查，建立安全准入制度和审核机制，违规不允；舆论方面，增加透明度和社会监督，促进政府和企业重视安全生产；企业信誉方面，如果安全信誉不良，投资者和客户信心动摇，股值下降；银行方面，如果银行认为安全管理有问题或发生事故，资信水平降低，增加贷款难度；保险方面，法律规定事故率高的企业保险费率高，迫使事故企业交付更高的保险费；工会方面，强调员工权益，要求改善劳动条件和安全水平；事故伤亡者及其家属方面，可能诉之法庭和要求高额赔偿。在这种社会综合制约机制中，如果一个企业的安全水平低，所面临的风险或受到的损失将非常大，形成"事故成本高"社会机制和环境，迫使企业重视安全生产（黄群慧等，2009：154；李晓燕、岳经纶，2014：111—114）。

相比之下，在我国，企业内外部制约机制都不够健全和有力，"事故成本"较低，存在"死得起，事故发生得起"的社会环境。在这种社会环境条件下，政府依法监管面临不小的阻力。

三　进一步完善安全生产监管制度的建议

劳动力市场的健康发展需要以公平公正的法规和市场监管作为保障。目前，我国安全生产监管执法主体尚不明确，法律法规不完善，监察的力量十分薄弱，监管职能尚未理顺，除政府部门的行政监管外，缺少行业组织、工会、商会等社团组织的社会监管。为此，我国应以维护市场秩序，保护劳动者安全健康权益，保障市场稳定运行为目标，推动形成法规完善、保障有力、机制健全、多方参与的安全生产监管体制。

（一）修订相关法律法规及制定配套政策措施

首先，在现有的法规框架下，加快配套专项法规和实施细则的制定。将职业病防治和安全生产纳入同一个管理体系，整合它们的管理权限和管理资源。作为管理的法律依据，要形成一个综合性的安全生产法律，统合现有的新《安全生产法》[①]和《职业病防治法》。

同时，充实配套的实施条例，制定安全生产监管完备的法律体系，包括新《安全生产法》实施细则或条例，对新《安全生产法》所有条款给出明确、具体的说明。在此基础上对新《安全生产法》的重要条款制定实施规则，进一步给出详细具体的标准、办法，特别是要从劳

①　2014年9月1日，全国人民代表大会常务委员会关于修改《中华人民共和国安全生产法》的决定（主席令第十三号）发布，至此，新《安全生产法》出台。

动保护的角度对机械设备、化学物品、危险物品等作出规定。并且制定通俗易懂的行动指南，供生产经营单位及劳动者执法时参考。完善法律体系是一个长期的过程，短期内不可能实现所有目标，但应该尽快制定新《安全生产法》的实施细则。

此外，尽快修订并完善《劳动保障监察条例》。2008 年机构改革后，需要根据统一劳动力市场监管的要求，将设立监管机构纳入法制化框架，赋予监管机构合法地位和监管职权。按照发达国家的普遍做法，对劳动监察实行国家管理，主要任务是保护劳动者的健康与卫生，保证适当的劳动条件，监督劳动法律的执行等。明确规定通过劳动监察对用人单位实施监督，加强劳动监察部门和相应的劳动监察员配备，负责对雇主单位执行劳动法相关内容（如最低工资、标准工时、工资支付等）情况的监察。在执法过程中，监察人员有权进入企业调阅各种档案资料，有权进行罚款，有权宣布停止设备运行甚至宣布停工等。

（二）加强政府监管职能部门间的统筹协调

目前，在不改变当前机构设置的情况下，加强劳动力市场的统一管理。一是积极促进通过法定程序，明确人力资源主管部门的统一协调劳动力市场监管的职能，建立综合协调机制。二是对确实需要多部门管理和共同执法的监管职能，通过法定程序合理界定各监管机构间的职能分工，进一步理顺各部门的相关监管职能。另外，对于劳动者职业安全和健康的监管，建议借鉴美国、英国、日本等国家的制度模式，有关监管向着职业安全一体化方向发展，由人社部门或卫生部门统一监管职能。比如，日本劳动安全卫生由劳动行政部门管理；美国由劳工部负责制定职业安全卫生法规和标准并执行，其中涉及卫生部分由卫生部配合。

（三）建立相对独立的安全生产监管执法机构

当前，逐步建立与传统行政机关有区别的、独立的监管机构是国际的发展趋势。考虑到我国转轨时期，市场竞争性不足，且缺乏有效的制衡机制，照搬国外设立完全独立的监管机构的做法也不现实。为此，建议建立隶属于行政主管部门的相对独立的劳动力市场监管机构（由人力资源市场司与劳动监察局合并构成），内设的监管机构要独立于监管对象组织者，如公共服务机构组织管理者要与公共服务机构的监管者分离。研究设立特殊的机制确保监管机构能够独立行使职权，而不受行政上不当干预，保证监管机构在人事任免和经费来源上的独立性。此外，成立隶属于国务院的劳动力市场监管统筹协调机构，统一规划和统筹安排各部委劳动力市场监管职能，协调各部门的监管工作。该机构要在组织构架、人事安排和经费预算上独立于其他的部委。

（四）大力发展安全生产的社会监督机制

在市场经济中，无论市场调节还是政府监管都存在局限性，劳动力市场监管需要政府监管与社会监管作为配合、补充。社会监管主体既包括行业自律组织、雇主组织、工会、商会等社团组织，也包括社会组织、社区、新闻媒体、公民个人等。社会监管虽然没有政府监管的法定性、权威性和强制性，但其群体众多、分布广泛，能够及时和真实地反映现实问题，具有弥补市场和政府失灵的优势。

目前，我国的社会监督机制发展滞后，应着力培育和完善社会监管机制。进一步转变政府职能，下放政府对行业标准制定、从业人员专业资格认定、服务评价等行业管理方面的权力，为行业自律组织的发展创造更多的条件，促进行业自律机制的形成。同时，建立和完善公众监督的制度环境，疏通社会监督的沟通渠道，建立公众监督的信息平台，完善社会监督程序，建立长效、有序的公众监督机制。

（五）加强对安全生产行政监管机构的监督制度建设

权力制衡是民主政治的法治原则，权力要受到必要约束和制衡。因此，在强调监管机构独立执法的同时，还要求加强对监管机构的再监管。监管机构的可问责性是保证监管公正、有效的基本条件。建立人力资源市场监管机构的再监管机制，首先，要在有关法规中明确规定市场监管机构的可问责制度，制定可问责的指标。其次，要健全劳动力市场监管的程序，使政府监管行为能够严格按照法制化的程序规范进行。最后，要进一步完善权力机关、各级政府和法院对劳动力市场监管机构行为的制衡机制。人民代表大会及其常务委员会通过人事任免、预算审查、立法否决等事先对监管机构实行监督和制约；监管机构应接受国务院的统一领导；监管机构的行政行为应接受司法审查，被监管对象不服可向法院提起行政诉讼。

参考文献

1. 方浩：《劳动力市场就业保护制度研究：基于权利视角的分析》，博士学位论文，浙江大学，2013 年。

2. [日] 植草益：《微观规制经济学》，中国发展出版社 1992 年版。

3. 王岩：《变革中的中国劳动和社会保障管理体制》，《社会保障研究》2007 年第 1 期。

4. 黄群慧、郭朝先、刘湘丽：《中国工业化进程与安全生产》，中国财政经济出版社 2009 年版。

5. 王阳：《我国就业质量水平评价研究——兼析实现更高质量就业的政策取向》，《经济体制改革》2014 年第 5 期。

6. 吴江：《中国人力资源发展报告（2013）》，社会科学文献出版社 2013 年版。

7. 科学技术部专题研究组：《国际安全生产发展报告》，科学技术文献出版社 2006 年版。

8. 郭捷：《论劳动者职业安全权及其法律保护》，《法学家》2007 年第 2 期。

9. 马英娟：《政府监管机构研究》，北京大学出版社 2007 年版。

10. 华建敏：《组建人力资源和社会保障部》，《人力资源管理》2008 年第 5 期。

11. 罗云、黄毅：《中国安全生产发展战略——论安全生产保障五要素》，化学工业出版社 2005 年版。

12. 杨拴昌：《2013—2014 年中国工业安全生产蓝皮书》，人民出版社2014 年版。

13. 张志刚、王四赖：《安全监管工作面临的矛盾和对策》，载国家安全生产监督管理总局编《调查研究》2007 年第 5 期。

14. 朱常有：《对中国改进职业安全健康监察的建议》，《劳动保护》2012 年第 12 期。

15. 李晓燕、岳经纶：《珠三角中小企业职业安全健康监管体系研究——基于 ILO–OSH 框架的分析》，《公共行政评论》2014 年第 1 期。

第六章

基于行业、企业的结构性就业矛盾分析及政策建议

一 就业总体呈稳定态势

近一段时期以来，就业保持总体稳定的态势。2013—2016 年，城镇新增就业连续 4 年保持在 1300 万人以上，城镇登记失业率稳定在 4.0%—4.1% 之间；31 个大城市城镇调查失业率基本稳定在 5.1% 左右。2016 年，全国城镇新增就业 1314 万人，城镇失业人员再就业 554 万人，城镇困难人员就业 169 万人，均超额完成年初设定的目标任务；城镇登记失业率为 4.02%，下降 0.03 个百分点，低于目标值 0.48 个百分点；31 个大城市城镇调查失业率在波动中呈现下行趋势，尤其是在四季度改善较为明显，降至近三年来的最低水平，同时全国城镇调查失业率也维持在较低水平。2017 年以来，就业总体稳定态势继续延续，1—2 月城镇新增就业 188 万人，比 2016 年同期增加 16 万人；31 个大城市城镇调查失业率基本上在 5% 左右。

二 就业的结构性矛盾不断显现

（一）行业就业稳定性不够，就业风险有所加大

1. 传统行业就业岗位流失，新型服务业就业扩张不稳

从不同行业用工情况看，受预期不稳、去产能推进、"机器换人"等因素的影响，传统行业包括电子设备制造、煤炭、化工、钢铁、金属制品、纺织服装、零售、住宿餐饮等行业用工需求减少，呈现区域

扩散态势。2014 年始，工业投资和增加值持续低迷，显示工业经济趋于收缩，吸纳就业能力下降。从制造业增加值的同比增速来看，2014年 12 月前增速均保持在 9.5% 以上，2015 年以来大幅下滑，2016 年增速仅有 6.8%。2015 年，部分生产制造类企业释放就业压力，采用机器替代人工，机器人使用量年均增速超过 30%。

2016 年第四季度，人力资源市场需求人数同比下降 4%，环比下降9.6%，东、中、西部市场招聘岗位数连续四个季度环比减少。从行业需求的同比降幅看，如图 6-1 所示，交通运输仓储和邮政业、住宿和餐饮业、批发和零售业、房地产业、居民服务和其他服务业、租赁和商务服务业、制造业等行业的用人需求减少较大。

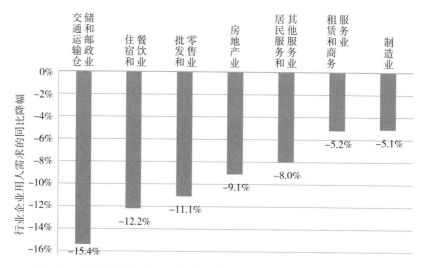

图6-1 2016年第四季度人力资源市场行业企业用人需求的同比降幅

资料来源：中国人力资源市场信息监测中心：《2016年第四季度部分城市公共就业服务机构市场供求状况分析》，2017年1月11日，中国就业网。

2.产业转型升级过程中，以制造业、采矿业为代表的传统产业衰退所带来的劳动力需求冲击持续发力，并与人工成本不断上升因素叠加，对就业产生的后果已经超出预期

不仅传统行业企业用工需求萎缩，许多制造业企业纷纷裁员，采矿企业用工需求持续减少，批发零售、住宿餐饮、居民服务等生活服务业的用工需求也受到连带影响出现下降。2015 年以来，制造业采购

经理指数（PMI）中的从业人员指数持续低于50%的枯荣线，2017年2月为49.7%，虽比1月回升0.5个百分点，但仍表明制造业企业岗位总体处于流失状态。与此相同，2017年2月，中国非制造业商务活动指数中的从业人员指数也只有49.7%，比1月下降0.1个百分点。其中，服务业从业人员指数为48.4%，比1月下降0.2个百分点，表明服务业企业从业人员数量在减少，就业扩张动能出现衰减。据人力资源市场一线观察显示，2017年第一季度，有招工计划的企业同比下降8.5个百分点，无招工计划的企业同比上升3.2个百分点。

与此同时，部分与互联网相关的新型服务业和新业态的用工需求也有所回落。这些新兴行业和新业态在经历了"井喷式"发展之后进入到平缓期，从粗放式发展阶段转入规范、调整和优化阶段，尤其是电子商务、快递物流及其关联领域、移动出行等吸纳就业量大的行业，其增加就业的动力将逐步趋缓。2016年，信息传输、计算机服务和软件业招聘岗位数同比增速逐季回落，由一季度的37.3%降至四季度的2.0%；交通运输、仓储和邮政业由增转降，由一季度的同比增长19.3%，转为四季度的同比下降15%。

3. 房地产业用工需求萎缩

2016年下半年，房地产市场发展有所回暖，但是就业吸纳未达预期。为缓解房地产市场过热，不少城市房地产限购政策密集出台，商品住宅成交量不断下降。受此影响，房地产领域的就业吸纳能力持续下降。2016年第四季度部分城市公共就业服务机构市场供求状况显示，房地产业用工需求同比下降9.1%。同时，城市间的用工需求分化比较严重。智联招聘数据显示，2016年四季度，三线、二线和新一线城市房地产行业用工需求同比分别增长61%、55%和45%，一线城市仅增长12%。随着2017年房地产调控市场的不断加码，房地产业用工需求更加萎缩。

（二）企业经营状况不佳、用工需求不足直接加剧了就业矛盾

改革开放以来，就业企业结构不断发生变化。总体趋势是，国有企业吸纳的就业人数不断下降，个体、私营企业吸纳的就业人数不断

上升。从企业规模结构看，大型企业吸纳的就业人数不断下降，中小企业吸纳就业人数不断提升。目前，我国中小企业占全国企业总数的95%左右，吸纳就业人数占城镇就业人口的80%左右。近两年来，随着移动互联网、APP、移动支付等新技术、新应用的出现，共享经济迅速发展，汽车共享、住宿共享等新经济形态不断涌现，催生了大量就业机会，也使得就业结构发生转变。大批新形态企业吸纳了大量的就业人员。2016年上半年，根据58同城网大数据，教育、娱乐、医疗保健行业用工需求同比分别增长57.1%、40.2%、13.6%。

企业经营状况与就业情况直接相关，经营状况较好的企业，就业情况也较好。目前最需重视的是，由于各种原因带来的一些企业经营状况不佳，引发的就业风险问题。

1. 部分产能过剩行业的大中型企业陷入转型困难时期

目前以发生活费等方式暂时"稳住"部分人员，如果这些企业的经营状况进一步恶化，则集中释放隐性失业人员的现象很有可能发生。从全国各地区情况看，河北、山西、东北以及西南等去产能重点地区受影响职工规模较大。其中，河北省到2017年底受影响职工约54.7万人，其中钢铁行业42.6万人、水泥行业6.5万人、平板玻璃行业5.6万人；山东和山西两省到2020年受影响职工分别约为19.3万人和13.8万人；东北三省到2020年受影响职工合计约为18.5万人。在部分资源型城市和产业相对单一的地区，特别是钢城、煤城由于产业单一、就业渠道狭窄，就业安置难度更大。

总体来看，国家安置过剩产能行业企业职工及降低企业成本、支持经济困难地区和重点群体就业等一系列政策取得了一定成效。去产能行业企业中，普遍存在工人轮岗、收入下降等情况。据山西省阳泉市的调研，该市资源濒临枯竭，经济转型困难，涉煤行业关停释放劳动力不断增加。2016年三季度，全市城镇非私营单位从业人员总数下降了2.09%，在岗职工工资总额下降了1.78%，在岗职工平均工资下降2.15%。其中，煤炭行业减员降薪的问题更加严重，行业从业人员总数下降了6.74%，在岗职工工资总额下降了9.57%，在岗职工平均工资下降了7.4%。

2. 受到宏观大形势的影响

部分小微企业经济效益下滑，利润下降，订单减少，开工不足，这就导致职工工作和加班时间减少。据国家统计局近期对全国 3.9 万户规模以下工业企业抽样调查，工业小型微型企业经营状况好或很好的比例仅为 1/5 左右。其中，微型企业经营状况好或很好的比例仅为 18% 左右。企业普遍反映，目前出现了"订单荒"，尤其是广东、浙江、重庆等地制造业出口企业，订单普遍减少 20%—30%。

从企业用工角度，用工持续流失、招工需求趋弱在不断显现。据人力资源和社会保障部失业保险司的失业动态监测数据显示，2016 年监测企业岗位仍然持续流失。2013 年至 2016 年，除了 2013 年有 5 个月和 2014 年有 1 个月没有出现岗位流失的现象，其余月份均出现了岗位流失的现象。这说明近两年来，我国企业岗位持续流失。相关调查也显示，不少企业的招工需求也趋弱。人社部对宁夏的调研显示，一些企业如西北轴承、宁夏钢铁、大河机床等公司出现了经济性裁员。另外，当地除钢铁、煤炭外，化工、电力、有色、建筑等行业效益持续下滑，稳岗压力增大。一些地区的调查显示，随着原有的劳动密集型产业逐步向资本密集型和技术密集型产业转型，或者开始向周边国家转移，在不断导致新增就业岗位缩减。如，山东魏桥纺织进行设备更新改造，万锭需求职工数量由原来的 100 人降至 40 人，用工量同比减少 2000 人。江苏盐城国际妇女时装有限公司将生产订单转移到印度尼西亚，致使工厂削减了 2000 个工作岗位。这些情况表明，我国企业用工处于持续收缩的状态，并且呈现区域扩散的态势。显然，这与我国经济下行、内需不足、产能过剩等多重压力的影响是分不开的。

三 相关的政策建议

针对当前行业、企业结构变动对就业的影响及就业的结构性特征，提出以下工作建议：

（一）适应经济发展新常态，实现经济增长和就业增长的良性互动

产业政策要兼顾产业优化升级和带动就业扩大两个效果，注重从提升就业结构的角度来研究产业发展政策，促进经济增长的模式由经济增长带动就业向就业与经济增长协调发展的方向转变。要大力发展知识密集型和资本密集型服务行业。在宏观上，制定知识发展的长期战略，以及一些国家层面的发展纲要和规划，大力促进知识经济的发展。在微观上，鼓励新技术、新产品、新业态、新商业模式的产生。要着力发掘经济新业态带来的就业增长点，努力使得新业态、新产业的增长与就业增长相互促进。

（二）营造良好环境，努力化解结构性就业风险的扩大

要大力支持服务业领域的创新和创业。要强化政府的责任，提高就业创业服务效能；同时，积极调动社会各方面的资源，加强就业创业服务力量，激发劳动者个体的能动性，最大限度拓宽就业领域和就业渠道。就业服务方面，适应经济社会变化的新趋势，不断改进创新就业服务方式。要出台综合性扶持政策，改善传统行业企业经营状况。如针对这些行业企业的信贷支持力度，在机构准入、资本补充、不良贷款容忍度、贷款收费等方面，实施具体的差别化监管和激励政策。对于行业从业人员，按照有关规定要求，加强技能提升和素质提升专项培训的力度。针对一些行业性就业风险和去产能可能带来的失业下岗问题等，着力考虑建立企业用工和裁员监测体系、再就业培训体系等。要进一步做好困难地区、困难行业的就业预期和研判，提早制定出资金支持等相关政策。

参考文献

1. 袁志刚：《失业经济学》，格致出版社、上海人民出版社 2014 年版。
2. 李扬、张晓晶：《"新常态"：经济发展的逻辑与前景》，《经济研究》

2015 年第 5 期。

3. 蔡昉：《中国经济发展的人口视角》，中国社会科学出版社 2013 年版。

4. 方福前、孙永君：《奥肯定律在我国的适用性检验》，《经济学动态》2010 年第 12 期。

5. 任栋、李萍、孙亚超：《中国失业率水平的适度调控目标区间研究——基于面板门限模型的实证分析》，《经济学家》2014 年第 2 期。

6. 李国民、饶晓辉：《我国产出波动与失业率变化之间的趋势性与非对称性研究》，《当代财经》2013 年第 8 期。

7. 程明望、潘烜：《就业风险对农村剩余劳动力转移的影响——模型与实证》，《公共管理学报》2010 年第 3 期。

8. 陆绍凯：《风险可评估性对风险感知的影响——基于在校大学生就业风险的实证研究》，《管理评论》2011 年第 12 期。

9. 谌新民：《农村剩余劳动力外出就业风险：预警与公共政策选择》，人民出版社 2012 年版。

10. [美] 保罗·萨缪尔森（Samuelson, P. A.），威廉·诺德豪斯（Nordhaus, W. D.）：《萨缪尔森谈失业与通货膨胀》，萧琛主译，商务印书馆 2011 年版。

11. 辛宇：《失地农民就业风险状况调研分析——以济南市西郊被征地村落群为例》，《农业经济》2014 年第 9 期

12. 韩雪、张广胜：《就业风险、社会资本与进城务工人员的部门选择》，《当代财经》2015 年第 3 期。

13. [意] 法比奥·卡纳瓦：《应用宏观经济研究方法》，上海财经大学出版社 2009 年版。

14. 刘金全、金春雨、郑挺国：《中国菲利普斯曲线的动态性与通货膨胀率预期的轨迹：基于状态空间区制转移模型的研究》，《世界经济》2006 年第 6 期。

15. 曾湘泉、李丽林：《我国劳动力市场中的就业政策支持》，《中国人民大学学报》2003 年第 1 期。

16. 冯文权：《经济预测与决策技术》，武汉大学出版社 2013 年版。

17. 刘燕斌：《中国劳动保障发展报告（2015）》，社会科学文献出版社2015年版。

18. 蔡昉、张车伟：《中国人口与劳动问题报告 No.16——"十二五"回顾与"十三五"展望》，社会科学文献出版社2015年版。

19. 中国人民大学经济研究所：《中国宏观经济报告 . 2013—2014：大改革与大转型中的中国宏观经济》，北京大学出版社2014年版。

20. 牟俊霖、王阳：《财政政策、货币政策的就业效应研究——基于要素扩展的向量自回归模型的估计》，《宏观经济研究》2017年第3期。

第七章

北京市就业服务领域政策实施情况调查研究

一　问题的提出和调查方案的设计

就业服务政策是政府制定的，用于调节就业活动中出现的服务与被服务关系，指导公共部门行为的准则，包括一系列的法律法规及政府条例、计划、项目、制度、措施和办法。就业服务政策具有限制和引导政策对象行为、财富再分配与资源重新配置，以及指示和规范公共部门工作等功能，直接影响了就业服务的质量和水平。政府制定就业服务政策，其依据的核心原则有两个，一是有利于维护社会公共利益。政府是人民福祉的受托人，要通过管理各项具体的公共事务来向人民提供就业服务，体现福祉（马国贤、任晓辉，2012：15）。二是有利于提高就业服务效率。政府要在既定的财政资金约束下，向人民提供更多、更有效的就业服务（石国亮、张超和徐子梁，2011：7）。家庭是社会的细胞和基本单位，是社会生活的微观组织形式。家庭照顾和保护其成员，是个人福祉的重要来源。2011年，胡锦涛同志在主持中共中央政治局第二十八次集体学习时要求，建立健全家庭发展政策，切实促进家庭和谐幸福。《国家人口发展"十二五"规划》提出，加大对孤儿监护人家庭、老年人家庭、残疾人家庭、留守家庭、流动家庭、受灾家庭和其他特殊困难家庭的扶持力度。完善就业服务政策，促进家庭发展，使各类家庭特别是劳动者家庭能得到更多更好的扶持和服务，这既是就业服务政策维护社会公共利益的切实体现，又是通过规制设计提高就业服务效率的现实要求。

已有的研究文献在"就业服务政策规定"和"就业服务政策制定实

施"两方面，都作了比较广泛而细致的研究，特别是基于就业困难家庭现实需求的分析，以及对当前政策安排问题的分析，都具有一定的深度和参考价值。然而，已有的研究文献还缺少将"家庭发展"作为政策绩效的标准，融入到对就业服务政策效果的评估当中，通过调整完善政策，以促使其更好地"增加家庭利益"和"提高家庭福利"。因此，本项研究报告将填补这一空白，以"家庭发展"作为就业服务政策绩效的衡量标准，解决"就业服务政策促进家庭发展低效和失效"的问题，加强就业服务政策对家庭的关心和扶持，扩大向各类家庭提供福利和服务，从而提高家庭发展能力。

"可持续发展"是20世纪80年代提出来的概念，其原意是指，要在"不损害未来一代需要的前提下，满足当前一代人的需求"。[①]"可持续发展"注重各系统之间及系统内部各阶层之间的协调统一，"发展"既要讲究经济效率，又要追求社会公平，以达到全面发展。可持续发展具有丰富的内涵，被全球普遍认可的概念有共同发展、协调发展、公平发展、高效发展和多维发展等。[②]本项课题研究报告以可持续发展为评估视角，考察和评价就业服务政策促进家庭发展的情况，并就相关问题对就业服务政策提出几点调整完善的建议。

北京市劳动法制建设起步较早，2000年涉及就业服务的政策体系初步形成，在全国各省份中位居首位。社会发展所课题组以北京市就业服务政策为研究对象，采取个体深度访谈、小组讨论和资料分析等方法，以家庭可持续发展为视角，对政策的实施效果做一评估。具体而言，以家庭发展中的不足作为政策效果不佳的表现，以此深入了解

---

① 1987年，世界环境与发展委员会在《我们共同的未来》报告中首次阐述了"可持续发展"的概念，其由三大支柱组成，旨在以平衡的方式，实现经济发展、社会发展和环境保护。具体而言，可持续发展就是指经济、社会、资源和环境保护协调发展，既要达到发展经济的目的，又要保护好人类赖以生存的大气、淡水、海洋、土地和森林等自然资源和环境，使子孙后代能够永续发展和安居乐业。可持续发展的核心是发展，但要求在保持资源和环境永续利用的前提下实现经济和社会的发展。资料来源：《可持续发展》，2002年8月21日，新华网（http://news.xinhuanet.com/ziliao/2002-08/21/content_533048.htm）。

② 《可持续发展理论》，MBA智库百科，http://wiki.mbalib.com/wiki/%E5%8F%AF%E6%8C%81%E7%BB%AD%E5%8F%91%E5%B1%95。

和剖析北京市就业服务政策安排存在的问题，进而以有利于家庭可持续发展为目标，就完善当地就业服务政策提出几点建议。

调研的设计如下：课题组联系了与北京市就业服务政策相关的三类参与者，并分别进行结构化的深度访谈或组织小组讨论。三类参与者包括：第一，政策的目标群体，或直接受到政策影响的群体——城镇"零就业家庭"（4户），灵活就业人员（2人），享受城镇低保待遇人员（2人），登记失业人员（2人），外来流动人口（4人，其中农业户口者2人）；第二，对政策制定和实施影响较大的群体——就业政策专家（2人）；第三，政策制定和实施的参与者——人力社保局、劳动服务管理中心和人才服务中心的工作人员（3人），街道办事处和社区居委会的工作人员（2人）。调研报告中涉及的数据信息和政策规定，一部分来自访谈记录和未公开发表的工作报告，另一部分来自期刊、书籍、报纸等公开出版物，及通过互联网络等公共渠道收集到的统计公报、政务信息和媒体通讯等，后者的出处将在文中做必要的说明。

二 北京市就业服务政策的主要做法和积极经验

北京市1998年先后颁布了《北京市人才市场管理条例》和《北京市劳动力市场管理条例》两个涉及就业服务的地方性法规，2000年又出台《北京市职业介绍管理规定》，明确提出就业服务包括职业介绍、招聘用人指导、招聘代理、跨地区劳务输出和输入、政策咨询、职业指导、职业培训、失业登记、职业供求和培训信息发布，及职业技能鉴定十个职能。2009年《北京市人民政府办公厅关于做好2009年普通高等学校毕业生就业工作的通知》、2011年《北京市人民政府办公厅转发市人力社保局关于营造创新创业环境　推进创业带动就业工作指导意见的通知》和2012年《北京市就业援助规定》的陆续出台，又进一步增加了专项就业服务、创业培训、创业服务和就业援助四个职能。至此，北京市地方用于调节就业服务与被服务关系，指导公共就业服务机构行为的一系列政策，形成了相对完整和系统的就业服务政策体系。

目前，北京市已将城乡特定家庭纳入政策扶持对象范围，安排就业再就业资金，加强就业援助；同时，明确区、县级政府的政策执行责任，规范基层平台服务标准，此外，综合使用法律、财税和金融等手段，鼓励多方主体增加服务供给，提高服务质量。

（一）将特定家庭作为一类群体纳入政策扶持对象的范围

零就业家庭是指城镇家庭中，所有法定劳动年龄内、具有劳动能力和就业愿望的家庭成员均处于失业状态，且无经营性、投资性收入的家庭。[①]2006 年《中共中央关于构建社会主义和谐社会若干重大问题的决定》要求，扩大再就业政策扶持范围，健全再就业援助制度，着力帮助零就业家庭和就业困难人员就业。2007 年原劳动保障部《关于全面推进零就业家庭就业援助工作的通知》（劳社部发〔2007〕24 号）要求，各地要积极探索建立动态援助的长效机制，做到零就业家庭"产生一户，援助一户，消除一户，稳定一户"。同年，北京市原劳动和社会保障局《关于促进"零就业家庭"劳动力就业的通知》提出，各区县要将"零就业家庭"劳动力列为重点帮扶对象，通过加强就业服务、加大政策扶持力度、实施动态跟踪服务等措施，尽快促进"零就业家庭"至少 1 人实现就业。并且，该政策还指出，"零就业家庭"不仅是城镇的非农业户籍家庭，还包括农村的农业户籍家庭，只要后者中的家庭成员未从事一产经营项目，进行了转移就业登记，且无一人在二、三产业就业。[②]2010 年《北京市"纯农就业家庭"转移就业援助工

---

① 引自《关于全面推进零就业家庭就业援助工作的通知》（劳社部发〔2007〕24 号）。

② 根据《关于促进"零就业家庭"劳动力就业的通知》（京劳社就发〔2007〕53 号）中"关于零就业家庭的概念"的说明，城镇"零就业家庭"是指本市非农业户籍家庭中，在法定劳动年龄内（在校学生、现役军人、内退人员、办理提前退休人员除外）有劳动能力的家庭成员，进行了失业登记，且无一人就业的家庭。农村"零就业家庭"是指本市农业户籍家庭中，男 16—59 周岁，女 16—49 周岁，有劳动能力的家庭成员，既未从事一产（农、林、牧、渔）经营项目，又进行了转移就业登记，且无一人在二、三产业就业的家庭。

作意见》出台，又将"纯农就业家庭"纳入重点援助对象的范围。[①] 该政策提出，要建立"纯农就业家庭"的登记管理制度，向认定的"纯农就业家庭"提供转移就业援助，同时，建立转移就业援助跟踪调查机制，了解服务的情况、满意度和实际就业状况等。

除了直接将特定家庭列为特殊扶持对象以外，一些家庭成员也是政策重点帮扶的群体，如随迁配偶、随军家属等。2009年《北京市鼓励海外高层次人才来京创业和工作暂行办法》明确提出，随迁配偶愿意在本市就业的，由用人单位妥善安排工作；暂时无法安排的，用人单位可参照本单位人员平均工资水平，以适当方式为其发放生活补贴。2010年北京市人力社保局《关于进一步做好驻京部队随军家属就业安置工作的通知》要求，全市事业单位每年拿出一定数量的岗位定向招聘随军家属，公益性岗位优先安置无工作的随军家属，将初次进京落户的随军家属纳入促进就业政策范围，比照就业困难人员享受各项促进就业的政策。

（二）安排专项资金，明确执行落实责任，规范服务标准

2008年《就业促进法》（中华人民共和国主席令第七十号）规定，县级以上人民政府建立健全公共就业服务体系，对就业困难人员实施就业援助，公共就业服务经费纳入同级财政预算。2009年《北京市就业再就业资金管理办法》（以下简称《管理办法》）提出，建立市级就业再就业资金，包括财政预算安排的就业专项资金和失业保险基金预算安排的促进就业资金；建立区、县就业专项资金，纳入区县财政预算。就业援助涉及多项就业促进政策，包括职业介绍补贴政策、职业

---

① 《关于印发〈北京市"纯农就业家庭"转移就业援助工作意见〉的通知》（京人社就发〔2010〕97号）对"纯农就业家庭"的概念作了如下解释：本意见所称"纯农就业家庭"是指本市农业户籍家庭中，在法定劳动年龄内（在校学生、家务劳动者除外）且有劳动能力的成员（以下简称"家庭劳动力"），在上年度无一人在二三产业转移就业累计达到三个月的家庭。家庭劳动力有从事下列活动的，不列入"纯农就业家庭"范围：（一）经营从事含餐饮、住宿、娱乐、旅游等项目的观光农业的；（二）经营从事农、林、牧、渔产品深加工制造的；（三）收购农畜产品、肉、禽、蛋及水产品并进行批发、零售的；（四）从事市、区县、乡镇政府或村级组织出资的公共管理、公共服务工作的；（五）其他不列入"纯农"范围的生产经营活动。

培训补贴政策、岗位补贴和社会保险补贴政策、税费减免政策、小额担保贷款政策、社区（社会）公益性就业组织"托底"安置就业特困人员补助政策、资金补贴政策，及免费服务政策等。对于上述政策所需资金的保障，《管理办法》明确提出，由就业再就业资金列支①，同时还规定，市、区（县）财政预算安排的就业专项资金可用于扶持公共就业服务，资金的列支范围包括公共就业服务机构为各类就业困难人员开展的就业援助，及为失业人员开展的各项公共就业服务支出等。②扶持公共就业服务资金必须单独安排、单独核算、单独管理，不得与其他就业专项资金相互调剂使用。

人力资源和社会保障基层公共服务平台是直接面向群众提供就业服务的基层单位，由街道、乡镇社会保障事务所和社区、行政村劳动保障工作（服务）站组成。2012年《北京市就业援助规定》提出，各级人民政府设立的公共就业服务机构应当建立和完善就业援助工作制度。市和区、县人力资源和社会保障行政部门具体负责本行政区域内就业援助工作的组织实施和检查。乡镇人民政府、街道办事处应当落实国家和本市有关就业援助的政策和措施，组织开展基层就业援助服务工作。本市就业困难人员可以到住所地街道、乡镇公共就业服务机构进行失业登记或者转移就业登记，申请就业困难人员认定。街道、乡镇公共就业服务机构应当对辖区内的就业困难人员进行登记，建立专门台账，实行就业困难人员认定、退出动态管理制度和援助责任制

---

① 《北京市就业再就业资金管理办法》规定：就业再就业资金的列支范围：（一）市、区（县）财政预算安排的就业专项资金，主要用于：职业介绍补贴、职业培训补贴、社会保险补贴、社区公益性就业组织专项补贴、岗位补贴、职业技能鉴定补贴、小额贷款担保基金、小额担保贷款贴息、劳动密集型企业贷款贴息、呆账损失补偿资金和经办银行一次性手续费、高技能人才公共实训经费补助、扶持公共就业服务、就业绩效考核奖励及报经市、区（县）政府批准的其他支出。（二）失业保险基金预算安排的促进就业资金，主要用于：职业介绍补贴、职业培训补贴、社会保险补贴、社区公益性就业组织专项补贴、岗位补贴、职业技能鉴定补贴、预防失业补贴、营业税等额补助、高技能人才公共实训经费补助以及经市政府批准的其他项目支出。

② 《北京市就业再就业资金管理办法》规定：扶持公共就业服务资金用于加强人力资源市场信息网络建设支出，公共就业服务机构为各类就业困难人员开展的就业援助以及为失业人员开展的各项公共就业服务支出。

度。目前，北京市各街道、乡镇都已成立了社保所，98%以上的社区和行政村组建了就业服务组织。社保所为全额拨款事业单位，所需经费列入同级财政预算。截至2013年底，全市有社保所329个，工作人员4548名，负责失业人员动态管理和就业服务、退休人员社会化管理服务等工作，为约1200万名失业人员、社会化管理退休人员、城乡低保人员等提供服务。

建立健全工作机制，颁布实施服务标准，推动服务管理规范化、标准化。2004年北京市原劳动保障局《关于加强全市街道（乡镇）劳动保障工作行风建设的意见》提出，从规范服务内容，明确服务标准，优化服务流程，提高办事效率和服务质量入手，将基层劳动保障平台工作纳入年度行风考核中。2006年《北京市街道、乡镇社会保障事务所评估工作方案》指出，社保所服务大厅、基本办公设备、服务设施要达到规定标准。2008年《关于进一步规范全市社保所劳动保障业务工作台账的通知》要求，统一社保所的工作制度及各项业务工作台账。目前，北京市社保所99%达到合格标准，其中，五星级社保所144个，四星级社保所118个。

（三）运用多种手段，鼓励并引导多方主体扩大服务供给

北京市就业服务的供给主体，不仅有市、区（县）、街道（乡镇）、社区（村）四级公共就业服务机构，还有用人单位、各类就业服务机构、社区（社会）公益性就业组织、工会、妇联和残联等。对于用人单位、各类就业服务机构和社区（社会）公益性就业组织提供就业服务的，政府通过法律、财政税收、金融和行政等手段，给予了行政上和经济上的支持。《北京市就业援助规定》明确提出，公共就业服务机构应当优先为提供岗位空缺信息的用人单位提供服务。免费为就业困难人员提供职业介绍、职业指导等服务的职业中介机构，按照国家和本市有关规定享受职业介绍补贴。免费为就业困难人员提供职业技能培训、创业培训、技能鉴定的职业技能培训机构、职业技能鉴定机构，按照国家和本市有关规定享受培训补贴、鉴定补贴。用人单位招用就业困难人员的，按照国家和本市有关规定享受营业税、企业所得税等税费减

免，贷款贴息，养老、医疗、失业等社会保险补贴和岗位补贴。[①]

　　财政税收手段是政府运用最广泛的政策工具，连同金融手段、法律手段和行政手段，形成了一系列的面向公共部门、私人部门和非营利组织的扩大就业服务供给政策。从北京市的例子看，如表 7-1 所示，政府用于鼓励其他主体扩大就业服务供给的政策共计 9 类（不包括一项地方性法规——《北京市就业援助规定》），其中，有 7 类都属于财政税收政策，另外有 1 类属于金融政策，1 类属于行政规定。[②]多种政策手段的组合使用，促使了各类主体积极参与和增加服务供给，特别是直接扶持特定家庭的就业援助，与之相关的岗位补贴和社会保险补贴政策和税收减免政策，正是吸引社会各类用人单位招用城乡就业困难人员的主要原因。据北京市人社局 2013 年的调查结果显示，2006—2012 年，累计有 4810 家用人单位享受岗位补贴政策，有 3560 家用人单位享受社会保险补贴政策，其中，全部或部分考虑政策补贴因素的用人单位占补贴单位总数的 39%。对于城乡就业困难人员而言，用人单位提供的就业岗位增强了其就业稳定性。据调查结果显示，城乡就业困难人员的劳动合同签订期限在三年以上至无固定期限的达到 52.3%，并且还有 88% 的用人单位愿意与其续签劳动合同。

表 7-1　　　北京市扩大就业服务供给的政策及对应的服务职能

政策类别	政策对象	就业服务职能	供给主体
1. 职业介绍补贴政策	职业中介机构	职业介绍、信息发布、职业指导、政策咨询	私人部门
2. 职业培训补贴政策	用人单位（本市行政区域内的国家机关、社会团体、企业、事业单位、个体工商户，下同）、职业技能培训机构、职业院校	职业技能培训、职业技能鉴定、创业培训	公共部门、私人部门、非营利组织

续表

政策类别	政策对象	就业服务职能	供给主体
3.岗位补贴和社会保险补贴政策	用人单位	专项就业服务、就业援助	公共部门、私人部门、非营利组织
4.社区公益性就业组织安置就业困难人员专项补助政策	社区（社会）公益性就业组织	就业援助	公共部门
5.税收减免政策	国家机关、各类所有制企业、事业单位、社会团体和民办非企业单位、个体经济组织	专项就业服务、就业援助、创业服务	公共部门、私人部门、非营利组织
6.行政事业性收费减免政策	用人单位	职业介绍	公共部门、私人部门、非营利组织
7.小额担保贷款政策	劳动密集型小型微型企业、科技型小型微型企业	专项就业服务	私人部门
8.资金补贴政策	劳务派遣企业、企事业单位、集中安置残疾人就业单位、中小企业、孵化基地	专项就业服务	公共部门、私人部门、非营利组织
9.免费服务政策	用人单位	职业介绍	公共部门、私人部门、非营利组织

资料来源：根据北京市现行就业服务政策规定整理得到。

三　就业服务领域相关政策的突出问题及不利影响

从有利于家庭的角度看，北京市就业服务政策的经验有三个，一是直接将某类家庭列为重点扶持对象，二是安排资金，落实执行责任，规范服务标准，三是运用多种手段扩大服务供给。上述做法为家庭发展提供了重要的政策支持。然而，当前还不能高估北京市就业服务政策的积极效果。因为从可持续发展的视角审视，家庭发展过程中也存在着一些不足之处。究其原因，就业服务政策安排上的问题主要有以下三个：

（一）政策扶持对象主要是本地户籍人员及家庭，缺乏一定的公平性

尽管"零就业家庭"和"纯农就业家庭"可以享受北京市多项就业服务政策，但是要成为这两类政策扶持的"家庭"，就必须经过家庭申报、社区（村）调查核实，及街道（乡镇）认定等过程，而按照国家和北京市相关政策的规定，可以申报的家庭只能是本地户籍家庭。以"零就业家庭"就业援助政策为例，北京市现行就业服务政策明确将"零就业家庭"或其成员列为重点扶持对象的共有 8 类，即职业培训补贴政策、岗位补贴和社会保险补贴政策、社区公益性就业组织安置就业困难人员专项补助政策、税收减免政策、行政事业性收费减免政策、小额担保贷款政策、资金补贴政策和免费服务政策。其中，社区公益性就业组织安置就业困难人员专项补助政策是专门针对城乡就业困难群体中特别困难的人员①（后文简称"就业特困人员"）制定的，起到"托底"安置的作用。社区公益性就业组织与招收的就业特困人员"签合同、发工资、上保险"，安排其就近就地从事社区公益性管理服务工作，用工正规稳定。据北京市人社局 2013 年的调查结果显示，被安置的就业特困人员每人每月可获得 1260—1820 元不等的工资收入和平均 162 元的福利待遇，每月缴纳 689 元的社会保险费，既能缓解一定的生活压力，也解决了养老、医疗、工伤、失业等后顾之忧。

然而，家庭要申请认定为"零就业家庭"，就需要符合一系列的条件，尤其是本地户籍的条件。原劳动保障部《关于全面推进零就业家庭就业援助工作的通知》（劳社部发〔2007〕24 号）要求，对于符合条件的家庭，可向户籍所在地的街道（乡镇）劳动保障工作机构申请零就业家庭登记认定。北京市原劳动保障局《关于促进"零就业家庭"劳动力就业的通知》提出，城镇"零就业家庭"是指本市非农业户籍

---

① 根据《北京市社区公益性就业组织安置就业特困人员专项补贴管理办法》第四条：就业特困人员是指本市城镇登记失业人员中，因年龄偏大、家庭困难、身体残疾等原因，经再就业援助仍未实现就业的下列人员：（一）女 40 岁及以上、男 50 岁及以上；女 35 岁及以上、男 40 岁及以上且失业一年以上，符合享受本市城镇居民最低生活保障待遇的人员；（二）符合享受本市城镇居民最低生活保障待遇的残疾人员；（三）"零就业家庭"人员。

家庭中，在法定劳动年龄内有劳动能力的家庭成员，进行了失业登记，且无一人就业的家庭。农村"零就业家庭"是指本市农业户籍家庭中，男 16—59 周岁，女 16—49 周岁，有劳动能力的家庭成员，既未从事一产经营项目，又进行了转移就业登记，且无一人在二、三产业就业的家庭。"零就业家庭"劳动力凭《再就业优惠证》^①（或《北京市农村劳动力转移就业证》）享受就业服务及促进就业优惠政策。"我国就业服务政策带有明显的'区域分割'特点，"就业政策专家 D 如是说，"本地就业服务政策就以本地的户籍人口为扶持对象，只解决本地人口的就业服务问题……这种将当地户籍作为享受政策的必要条件的做法，对外地人是一种制度性歧视，造成'底线'不平等。"

外来流动家庭不能在本地进行申报，导致大量的流动家庭被排除在就业服务政策扶持对象之外，家庭公平发展难以实现。

（二）管理制度要求区县财政负担工作经费，政策落实服务落地受到影响

执行就业服务政策对地方政府而言是有成本的。就业服务政策涉及法律、财政税收、金融、公共管制和行政上的诸多规定，不仅类别多，各类别下的现行政策也多，不仅关联的业务部门和单位多，直接或间接受影响的群体也多，不仅行政事务多，需要直接提供的服务也多。这就要求地方公共就业服务机构、主要是基层服务平台，在执行和落实政策过程中做大量具体的工作，人员和工作上的经费必须有充足的保障。为此，《北京市就业再就业资金管理办法》指出，对纳入财政补助的公共就业服务机构，市、区（县）财政部门要根据其享受财政补助编制内实有人数，并结合考虑其承担的免费公共就业服务工作

---

① 根据 2011 年《北京市就业失业登记管理暂行办法》和《北京市〈就业失业登记证〉管理暂行办法》的要求，对办理就业登记、失业登记的人员，发放《就业失业登记证》，停止发放《再就业优惠证》；对已持有《求职证》的城镇登记失业人员和持有《再就业优惠证》正在享受就业扶持政策的人员，到户籍所在地街道（乡镇）社会保障事务所办理换证手续。

量，由同级财政在部门预算中统筹安排基本经费和项目经费。①

　　然而，由于区县经济发展水平和财政收入水平不同，对辖区各级公共就业服务机构的经费安排也就不同，造成政策执行落实情况各异。对于基本经费，区县财政预算安排不足的，公共就业服务机构特别是基层公共就业服务平台多数会侧重从事经费开支不大的项目，比如接收培训机构的上报材料、组织政府部门核定公益性岗位等，而一些投入大、服务周期长、专业性高的项目，就得不到足够的重视，比如职业指导工作。据笔者访谈了解到的情况，目前，在北京市经济发展水平偏低的郊区县，如大兴、房山、门头沟、密云、延庆等，职业指导开展的情况相对不理想。一方面，职业介绍、职业指导业务被大量其他的业务挤占，相当一部分职业指导人员身兼数职，除了职业介绍、职业指导业务还从事档案管理、保险业务等；另一方面，工资待遇偏低，加上岗位调整、人员流动等情况，无职业资格证书人员从事职业指导工作的现象普遍，影响了各类群体对职业指导服务的认可度。如图7-1所示，据北京市职业介绍服务中心的一项调查结果显示，截至2012年底，在前述五个郊区县，无职业资格人员占当地职业指导人员总数的比重都大大高于全市的平均水平（33%），其中，门头沟的该项指标值最高，达74%。无职业资格人员已经成为除房山区外其余四个郊区县职业指导人员队伍的主体。

　　在失业人员特别是就业困难人员看来，重新就业不仅是为了解决生计问题，还是为了维护家庭尊严。如灵活就业人员Q说道："即使是现在这样（不是一天8小时的'上班族'），我也尽量让自己保持在工作的状态，没有什么的，就觉得自己有事情做，有工作，生活也积极点，

---

　　① 根据《关于进一步完善公共就业服务体系有关问题的通知》（人社部发〔2012〕103号）的规定，县级（含）以上公共就业服务机构和县级以下基层公共就业服务平台经费纳入同级财政预算。公共就业服务机构开展公共就业服务经费包括基本支出和项目支出。基本支出是公共就业服务机构为保障正常运转、完成日常工作任务而发生的人员经费和公用经费支出。项目支出是指公共就业服务机构为了完成特定工作任务和事业发展目标，在基本支出之外所发生的经费支出。项目支出包括：大型专项就业服务活动、失业人员和就业困难人员管理服务、就业信息服务与统计监测、跨地区劳务协作、创业服务、档案管理服务、就业服务场所租赁维护修缮、设备购置、信息系统建设运行维护等。

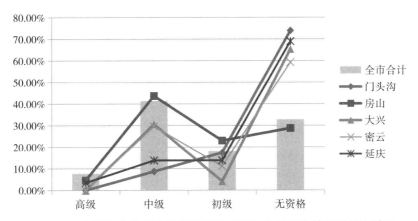

图7-1　五个区县公共就业服务机构职业指导人员职业等级的分布情况

资料来源：北京市职业介绍服务中心，2013：12，笔者进行了整理和计算。

我的孩子出去也抬得起头……和别人理论的时候也能大声点，有份工作真的有种尊严在。"另外，工作也拓展了失业人员的人际交往网络，增加了发展机会。如"零就业家庭户"W说道："我工作后认识了很多朋友，以前的和现在的，都有联系，主要是现在身体不好，只能在单位做些后勤服务……认识比较多的人，机会也会多些，比如前段时间单位一个同事还介绍了一些零工给我，做送餐服务啦什么的。"

但同时，政策扶持对象的就业状况呈现出"不连贯性"，"4050"人员、"零就业家庭"成员、享受"低保"待遇人员、残疾人及失业一年以上人员等，成了进出劳动力市场的边缘群体，最终制约他们的自立发展。如"零就业家庭户"A说道："我去值过班，值了两个月，人家就不要我了，说要50岁以下的"；再如享受城镇低保待遇人员Y说道："我去年3月办的低保，8月停了，12月又重新开始，主要是看周边超市、洗衣店啊缺不缺人手，有时候能找到活干，招到年轻人了就不需要你了，所以就这样断断续续地工作。"在访谈中，街道办事处的工作人员L和社区居委会的工作人员Z也分别谈道，就业困难人员仅靠个人能力实现就业的效果甚微，政策缺乏配套措施是问题的根源，如Z所言，"政府的政策是好的，无论是单位招用、灵活就业、自主创业还是托底安置，都给了就业困难人员一个机会，但是没有教给他们把握这个机会的能力，那当然只能是治标不治本了"。

一系列就业服务政策（主要是财税和金融政策）能够帮助失业人员重新就业，只要他们个人提出申请，因而政策宣传工作十分重要，这就耗费地方公共就业服务机构大量人力、物力和财力。[①]同时，随着失业人员构成的多样化，就业困难人员的结构也在发生改变，政策共同扶持的对象[②]较难与不同形式下差异化的就业状况准确对接，急需职业指导的干预，对失业人员特别是就业困难人员提供专业、精细和深入的职业指导与跟踪服务，以提高他们的求职成功率和就业稳定性。然而，没有充足的工作经费作为保障，既掣肘就业服务政策的执行力度，又制约服务水平的提升，不利于失业家庭高效发展。

（三）现行就业政策以失业治理为主要任务，在防失业、促就业上的作用不突出

根据国内外的经验，就业服务政策可以取得三个积极效果，一是预防和解决失业问题，二是维护和保持就业稳定，三是促进和提升职业价值（王阳，2014）。针对不同的政策对象，组合不同的政策手段，就能形成导向不同的政策体系。具体剖析北京市的个案，发现解决失业问题一直是当地就业服务政策的主要任务。1995年北京市实施再就业工程，首次制定并实施就业促进政策，围绕实现就业的目标，以就业服务活动为规范重点的制度和政策相继出台。1996年《北京市劳动局关于转发东城区劳动局〈关于加强就业服务体系整体功能运作的实施意见〉的通知》指出，进一步实施"再就业工程"，充分发挥就业服务体系的整体功能，以职业介绍为龙头，就业服务体系各部分形成一体，增强实施再就业的综合服务功能。此后，北京市又陆续以促进下

---

① 在访谈中，北京市劳动服务管理中心的工作人员列出了几类"费时、费力、费人手"的工作：区县公共就业服务机构的工作人员经常要外出联系街道、乡镇，组织号召城镇失业人员、农村转移就业劳动力等参加再就业培训；推动社区公益性就业组织开发公益性岗位；联系、协调各类用人单位接收就业困难人员等。

② 根据附件2，就业服务政策共同扶持的对象主要有：失业一年以上人员、大龄人员、享受"低保"待遇人员、残疾人、"零就业家庭"成员、农村转移就业劳动力等。

岗失业人员再就业[①]、促进城镇新增劳动力就业[②]、促进农村劳动力转移就业[③]、稳定就业扩大就业（金融危机时期）[④]、加强职业培训[⑤]、以创业带动就业[⑥]等为目标，大力完善就业服务政策体系，扩大政策扶持对象范围，降低享受政策的"条件门槛"。目前，受惠于北京市就业服务政策的失业群体广泛，如表7–2所示，既有"4050"年龄偏大人员、残疾人、享受"低保"待遇人员、"零就业家庭"成员、长期失业人员等城乡就业困难群体，也有高校毕业生、外地来京务工人员和国有企业富余职工等重点帮扶群体，还有退役士兵、随军家属和刑释解教人员等特殊身份扶持群体。

表 7–2 　　　　　　　北京市现行就业服务政策扶持对象及配套提供的服务

政策类别	政策扶持对象类别[a]		就业服务职能
	失业人员	就业人员	
1. 职业介绍补贴政策	本市城镇登记失业人员、有转移就业要求的农村劳动力、来京农民工	—	就业登记与失业登记、职业介绍、政策咨询、信息发布、职业指导

---

① 政策依据：《中共北京市委、北京市人民政府关于贯彻落实中共中央国务院关于进一步做好下岗失业人员再就业工作文件的通知》（京发〔2002〕18号）。

② 政策依据：《北京市人民政府贯彻落实国务院关于进一步加强就业再就业工作文件的通知》（京政发〔2006〕4号）。城镇新增劳动力指高校毕业生、复员转业退役军人等。

③ 政策依据：《关于印发〈北京市农村劳动力转移就业管理办法〉的通知》（京劳社就发〔2006〕86号）。

④ 政策依据：《北京市人民政府〈关于实施稳定就业扩大就业六项措施的通知〉》（京政发〔2009〕6号）。

⑤ 政策依据：《北京市人民政府关于进一步加强职业培训工作的意见》（京政发〔2011〕33号）。

⑥ 政策依据：《北京市人民政府办公厅转发市人力社保局关于营造创新创业环境　推进创业带动就业工作指导意见的通知》（京政办发〔2011〕66号）。

政策类别	政策扶持对象类别 [a]		就业服务职能
	失业人员	就业人员	
2. 职业培训补贴政策	本市城镇登记失业人员、农村转移就业劳动力、残疾人、合同期满大学生"村官"、外来农民工、高校毕业生、随军家属	企业职工、残疾人、员工制家政服务员、孵化基地内初创企业法定代表人或主要负责人、小型微型企业招用6个月内的本市高校毕业生	就业登记与失业登记、职业培训、创业培训、职业技能鉴定、专项就业服务
3. 岗位补贴和社会保险补贴政策	本市城镇登记失业人员（女满35周岁、男满40周岁以上）、残疾人、城市低保人员、"零就业家庭"人员、随军家属、登记失业一年以上人员、农村就业困难人员 [b]、北京生源高校毕业生、"纯农就业家庭"劳动力	本市自谋职业（自主创业）（女满40周岁，男满50周岁以上及在法定劳动年龄内的中、重度残疾人）和灵活就业（女满40周岁，男满45周岁以上及中、重度残疾人）的城镇登记失业人员、自谋职业（自主创业）和灵活就业的随军家属、残疾人、灵活就业的高校毕业生	就业登记与失业登记、就业援助、专项就业服务、创业服务
4. 社区公益性就业组织安置就业困难人员专项补助政策	城乡"4050"人员、残疾人、享受"低保"待遇人员、"零就业家庭"人员、"纯农就业家庭"人员、登记失业一年以上人员等 [c]	—	就业登记与失业登记、就业援助
5. 税收减免政策	残疾人、随军家属、登记失业人员、高校毕业生、退役士兵	国有企业富余人员、残疾人、自谋职业（自主创业）的随军家属、留学人员、登记失业人员、高校毕业生和退役士兵、创办小型微型企业的高校毕业生	就业登记与失业登记、专项就业服务、就业援助、创业服务
6. 行政事业性收费减免政策	高校毕业生、城镇登记失业人员、国有企业需要安置的城镇职工、随军家属、本市农村劳动力、退役士兵	—	就业登记与失业登记、专项就业服务、创业服务
7. 小额担保贷款政策	本市登记失业人员、高校毕业生、退役士兵、农村转移劳动力、合同期满大学生"村官"、农村妇女	自谋职业（自主创业）的随军家属、留学人员、农村妇女、登记失业人员、高校毕业生、退役军人、农村转移劳动力、合同期满大学生"村官"、就业困难人员 [d]和刑释解教人员、开办"网店"的高校毕业生	就业登记与失业登记、专项就业服务、创业服务

续表

政策类别	政策扶持对象类别[a]		就业服务职能
	失业人员	就业人员	
8.资金补贴政策	登记失业人员、农村转移劳动力、就业困难人员、北京生源高校毕业生、退役士兵、残疾人	劳务派遣企业招用的登记失业人员、自谋职业（自主创业）的登记失业人员、残疾人、创业和受聘的海外高层次人才、创业的留学人员、县以下基层单位就业和服义务兵役的高校毕业生	就业登记与失业登记、专项就业服务、创业服务、职业培训、创业培训、职业技能鉴定
9.免费服务政策	登记失业人员、随军家属、有转移就业愿望的农村劳动力、来京的农民工、本市退役士兵、北京生源高校毕业生、残疾人	残疾人	就业登记与失业登记、信息发布、职业介绍、职业指导、政策法规咨询、职业培训、创业培训、职业技能鉴定、创业服务、专项就业服务
10.开业管制政策	—	自谋职业（自主创业）的登记失业人员、国有企业需要安置的城镇职工、高校毕业生、返乡农民工、退役军人、留学人员	创业服务、专项就业服务

说明：a.按照政策扶持对象"是否处于工作状态"作分类。

b.根据《鼓励用人单位招用农村就业困难人员的岗位补贴和社会保险补贴办法》第三条的规定，农村就业困难人员是指持有《北京市农村劳动力转移就业证》且属于下列情况之一的人员：（一）女40周岁以上、男50周岁以上的农村劳动力；（二）有劳动能力的残疾农村劳动力；（三）享受最低生活保障待遇的农村劳动力；（四）"零就业家庭"中的农村劳动力；（五）因绿化隔离地区建设导致无业的农村劳动力；（六）因地区资源枯竭导致无业的农村劳动力；（七）因矿山关闭或受到保护性限制导致无业的农村劳动力。

c.根据《北京市社会公益性就业组织管理试行办法》第十六条的规定，登记失业人员、登记农村劳动力中经一个月以上日常和重点援助，推荐就业5次以上仍未实现就业或转移就业且无拒绝公共就业服务记录的女满四十周岁以上和男满五十周岁以上人员、残疾人员、享受"低保"待遇人员、"零就业家庭"人员、"纯农就业家庭"人员、登记失业一年以上人员等，被社会公益性就业组织招用，在经市人力资源和社会保障局认定的公益性岗位实现就业的，统称为安置人员。

d.根据《关于加强小额担保贷款财政贴息资金管理的通知》第一部分第二条的规定，财政贴息资金支持对象"就业困难人员"一般指大龄、身有残疾、享受最低生活保障、连续失业一年以上，以及因失去土地等原因难以实现就业的人员。

资料来源：根据北京市现行就业服务政策规定整理得到。

为保持"失业转就业群体"的就业稳定性，北京市就业服务政策进一步将自谋职业（自主创业）、灵活就业、小型微型企业就业创业等人群列入扶持对象，连同对国有企业富余人员、残疾人等的帮扶，以及对海外高层次人才、留学人员等的支持，受惠于北京市就业服务政策的就业群体基本构成，与受惠的失业群体相比，政策扶持对象的范围小，享受政策的"条件门槛"高。"北京市职业培训补贴政策已经向员工制家政服务员开放了，这就意味着它不再是一个跟户籍挂钩的政策了，"就业政策专家 D 如此评价，"但是，由于'员工制'家政服务员这个群体本身就数量特别少，还处于人社部门推动发展的阶段，所以能享受这一政策的外来务工人员范围是很窄的。"对于"政策门槛高"的问题，就业政策专家 L 也举了一个例子，"北京市灵活就业人员社会保险补贴政策要求参保者必须是'本市户籍人口'"，据其近期的调研发现，"在北京市从事家政服务业的保姆、月嫂、钟点工等人员，大部分都是外地人，很多人是农民工……这些人属于灵活就业人员，虽然收入高，但是不能在北京市以灵活就业人员的身份参加养老保险……就业质量比较差，人员流动性大"。

大量的就业人员缺少就业服务政策的扶持，预防失业、稳定就业乃至职业发展的需要得不到关注和满足，制约了他们的发展，造成就业家庭不能共同发展。

四　完善就业服务政策的几点建议

通过社会调查和资料分析，发现北京市就业服务政策安排不利于家庭实现公平、高效和共同发展，其原因在于，政策扶持的家庭对象是本地户籍家庭、执行所需的工作经费由区县财政负担，以及当前的主要任务是解决失业问题。

2008 年《就业促进法》已经对就业服务政策制定和完善提出了明确的要求。《就业促进法》指出，各级人民政府创造公平就业的环境，制定政策并采取措施对就业困难人员给予扶持和援助。县级以上地方人民政府采取多种就业形式，确保城市有就业需求的家庭至少有一人实现就业。地方各级人民政府加强基层就业援助服务工作，对就业困难人员提供有针对性的就业服务和公益性岗位援助。县级以上人民政府设立公共就业服务机构，公共就业服务机构应当不断提高服务的质量和效率。国家实行有利于促进就业的财政政策，改善就业环境。国家实行有利于促进就业的金融政策，加大对中小企业的信贷支持，对自主创业人员在一定期限内给予小额信贷等扶持。因此，以有利于家庭可持续发展为目标，对就业服务政策提出三点建议，以提升政策绩效。

（一）按照实际居住地确定政策扶持的家庭对象，扩大受惠群体范围

建立居住证制度，将持居住证一定年限、缴纳社会保险费一定年限、购房、依法纳税、遵守计划生育政策等的持证人家庭，纳入促进"零就业家庭""纯农就业家庭"等劳动力就业动态服务制度的扶持对象范围。调整"零就业家庭"和"纯农就业家庭"申报认定制度，将向"户籍所在地"的街道（乡镇）劳动保障工作机构申请登记认定，改为向"实际居住地"的街道（乡镇）劳动保障工作机构申请登记认定。

建立调查失业率月度发布制度，及时、准确掌握失业人员及其家庭的信息，分清政策重点扶持对象。完善就业服务政策制定的需求方信息采集机制，建立动态的实有人口信息数据库，将公安、人社、计生、民政、住建等部门的人口数据库对接，实现政府部门间实有人口信息的互联共享。

（二）在市级就业专项资金中安排服务基本经费，改善政策实施效果

在市级财政预算安排的就业专项资金列支范围中，增加"公共就业服务基本经费"，或者扩大已有列支项目"扶持公共就业服务"的使用范围，将"公共就业服务基本经费"纳入。对由财政补助的公共就业服务机构，根据享受财政补助编制内实有人数和承担的免费公共就业服务工作量，由市级就业专项资金支出人员经费和工作经费。核算公共就业服务工作量时，调整总人口的口径，以常住人口口径计算。

规范职业指导活动，加强从业人员培养。针对服务对象，规定服务

流程和内容，明确服务方法和手段；建设标准的服务场地和服务设施，有条件的地区，安排独立的职业指导室。招募有心理学、社会学等专业背景人员担任职业指导员；安排区县公共就业服务机构骨干到基层服务平台开展培训和经验交流；组织进行职业资格培训和在岗培训。

（三）扩大财税和金融政策支持对象范围，提高政策促进就业的效率

建立以常住地为基础的就业服务管理制度，将市、区、县就业服务政策实施范围由户籍地调整为常住地。扩大就业失业管理制度覆盖范围，将各类社会群体一并纳入统一的就业服务管理体制。依托居住证，将持证人的信息如持证年限、社保缴费年限、依法纳税年限、遵守计划生育政策情况等，利用"积分制度"进行量化，依据权利和义务对等的原则，以"阶梯式赋权"的方式，将居住证人员逐步纳入就业服务财税和金融政策扶持对象范围。

组合财税和金融多种手段，运用职业介绍补贴、职业培训补贴、岗位补贴、社会保险补贴、社区公益性就业组织安置就业困难人员专项补助、税收减免、行政事业性收费减免、资金补贴、小额担保贷款等政策，帮扶含居住证人员在内的失业人员或特殊群体实现就业；运用职业培训补贴、岗位补贴、社会保险补贴、税收减免、资金补贴、小额担保贷款等政策，帮扶不充分就业或低质量就业人员实现稳定就业或高质量就业；运用职业培训补贴、资金补贴、免费服务等政策，帮扶低文化知识人员提高就业能力，实现高素质就业，以更好地达到促进就业的功效。

参考文献

1. 马国贤、任晓辉：《公共政策分析与评估》，复旦大学出版社2012年版。

2. 石国亮、张超、徐子梁：《国外公共服务理论与实践》，中国言实出版社2011年版。

3. 吴帆、李建民：《家庭发展能力建设的政策路径分析》，《人口研究》2012 年第 4 期。

4. 李晶、孟繁元：《完善政府就业援助职能的建议》，《辽宁经济》2010 年第 1 期。

5. 卢汉龙、周海旺：《上海社会发展报告（2013）：提升公共服务水平》，社会科学文献出版社 2013 年版。

6. 彭大松：《农村劳动力流动对家庭福利的影响》，《南京人口管理干部学院学报》2012 年第 2 期。

7. 王阳：《居住证制度地方实施现状研究——对上海、成都、郑州三市的考察与思考》，《人口研究》2014 年第 3 期。

8. 库少雄，［美］Hobart A. Burch：《社会福利政策分析与选择》，华中科技大学出版社 2006 年版。

9. 钱文荣、张黎莉：《农民工的工作—家庭关系及其对工作满意度的影响——基于家庭式迁移至杭州、宁波、温州三地农民工的实证研究》，《中国农村经济》2009 年第 5 期。

第八章

国内外就业质量水平评价的研究综述

党的十八大报告提出，"推动实现更高质量的就业"。这是继党的十六大报告提出"千方百计扩大就业"，党的十七大报告提出"实施扩大就业战略"之后，我国关于就业理念和实践不断深化的结果，是推动新的发展的战略抉择，影响深远。就业是民生之本。实施更加积极的就业政策，推动实现更高质量的就业，既是国民追求幸福生活的共同愿望，也是当前实现就业优先战略和实现包容性增长的内在要求。因此，在党的十八大报告的指导下，注重就业质量是当前及未来就业实践和理论研究的核心主题。

一 就业质量提出的理论背景

在传统的劳动经济理论中，对就业的关注只限于就业数量方面。如均衡就业数量是劳动力市场中劳动供给和劳动需求相等后暂时稳定的状态；充分就业是失业率处于自然失业率时的就业数量（曾湘泉、张成刚，2012）。在这种传统理论背景的理解下，就会盲目追求就业数量，忽略就业岗位上的工时长短、报酬多少、劳动环境等因素，用普遍比较低廉的劳动力成本实现充分就业。这难免会对社会造成极大风险，导致低生产率下的"充分就业"和社会福利的重大缺失（国福丽，2009）。同时，传统的劳动统计指标集中于就业和失业，这样简单的二分法无法反映就业质量对于就业者有利的就业特征。因此，从理论上讲，对就业质量的研究就是对传统经济理论中充分就业及"就业—失业"二分法的反思（翁仁木，2016）。

二　就业质量概念的界定

（一）国外研究文献的综述

就业质量涵盖的内容较多。事实上，关于就业质量的讨论早在19世纪末期就已经开始，此后的相关研究陆续跟进，形成了就业质量的微观、中观和宏观三层释义。微观方面，就业质量（employment quality）的内涵体现在就业者的工作效率、就业者与职位的匹配程度、薪酬激励等方面（Bergemann, A. & A. Mertens，2014）。中观方面，就业质量主要涵盖劳动力市场的运行状况、资源配置效率，包括劳动力供求状况、公共就业服务质量（Bratberg, E. et al.，2010）。宏观层面的就业质量最早来源于1995年国际劳工组织（ILO）提出的核心劳工标准，之后该组织在1999年提出了体面劳动（decent work）的概念，其含义是劳动者在自由、平等、保证安全和个人尊严的前提下，获得体面、高效的工作机会。体面劳动包括四个维度，即就业促进、劳动权益和劳动标准、社会保护、社会对话，并强调"就业是劳动者个人谋求发展，为子孙和家庭带来幸福，走向美好生活的一个意境和途径（ILO，1999）"。这一概念涵盖了就业数量与就业质量两方面的内容，但从狭义上来说，主要反映的是就业质量的状况，因此作为就业质量的定义被广泛引用。

除了体面劳动，还有两个概念需要一并论述。第一，工作质量（Quality of work）。欧盟委员会一直致力于推广"工作质量"的概念，工作质量的提升作为社会政策议程的指导原则，认为工作质量是一个包含工作特点和广泛劳动市场在内的多维度概念，所谓工作质量即良好的工作，不仅意味着关注和考虑有薪就业的存在，而且关注有薪就业的特点（Johri, R.，2005）。工作质量是一个相对的、多维的概念。在广义上，它涉及以下几方面：（1）与就业相联系的客观特征：工作本身的具体特征和工作场所的具体特征；（2）就业岗位上人的特点：由就业者带给工作的特征；（3）就业岗位上人的特点和工作要求的匹配；

（4）就业者对上述特征的主观评价（工作满意度）。因此，工作质量既包含单项工作的特点，也包含更广泛的工作环境的特点。

第二，高质量就业（High-quality employment）。就业质量是一个多维的、综合性的概念。而且，相对于"体面劳动"这一带有褒义色彩的目标来说，就业质量是一个更倾向于中性化的概念表述。根据就业质量的水平高低，可以将就业分为高质量就业和低质量就业。Fredrick（2007）首次定义了高质量就业，指个人在其认为具有挑战性和满意感的工作的综合环境中获得谋生所需工资的能力。收入并非高质量就业的唯一衡量标准。就业质量具有阶梯性的双向流动性，即低质量就业的劳动者可能向高质量就业转移，同样地，高质量就业的劳动者也可能向低质量就业转移，这反映了劳动力市场优胜劣汰的竞争法则，也反映了劳动力市场安全性和流动性的融合。

相对于体面劳动，就业质量是个中性词（Beatson, M., 2007）。国际劳工组织的"体面劳动"在含义上与高质量就业更为接近，因为在广义上体面劳动涵盖了就业的数量和质量两个方面，而狭义上体面劳动就是指就业质量，即高质量的就业。

此外，就业质量是涉及多种经济因素的综合概念。从劳动者的角度看，就业质量包括所有与劳动者个人相关的要素，如劳动报酬、工作时间、工作环境、社会保障等。从国家、地区或行业的角度看，就业质量包括工作效率、劳动贡献等概念，可以用就业率、劳动生产率等表示。所以从其包括的内容看，就业质量应该涵盖就业的全部信息，如劳动质量、工作质量、员工工作生活质量、好工作和差工作等（The Quality Employment Indicators Project of the Canadian Policy Research Networks，2010）。从其代表的劳动力就业状态角度考虑，就业质量是指一种不仅充分就业而且高质量工作的状态，更强调经济发展、就业和社会政策之间的经济关系（Tangian, A., 2007）。从其基本特征考虑，就业质量应该是满足普遍接受的就业需求条件的特征组合（Bescond, D. et al., 2016）。也有研究认为，就业质量是一个多维度的概念，其讨论的主要问题可以从工作特征和劳动力市场两个方面进行分类（Ministers, H., 2006），所以就业质量可以看成同时满足企业和个人双方需求的工作机制（Anker，2015）。

（二）国内研究文献的综述

在国内，政府还未对就业质量进行概念界定及测量。研究集中在学术界。作为一个涵盖宏微观经济范畴的概念，就业质量必然受到一国的文化、历史和特殊国情的影响。因此，加强体面劳动和就业质量的本土化研究至关重要。

从目前国内研究进展看，大多通过对就业质量涵盖的内容进行阐述，进而给出就业质量的定义。从早期的计划经济体制下就业质量所具有的特征出发，杨宜勇（2000）重点研究了就业机会问题，其结果显示在计划经济体制下，行政级别、政治面貌和工龄等因素会影响就业质量，而教育水平不会对就业质量产生显著影响。而在市场经济体制下，教育水平是就业质量的重要影响因素，原因是劳动者主要依据自身所能提供的劳动边际生产率来获取收入及各项相关待遇，而人力资本正是劳动边际生产率的一个重要影响因素。李军峰（2003）认为，就业质量是反映就业机会的可得性、工作稳定性、工作场所的尊严和安全、机会平等、收入、个人发展等有关方面满意程度的综合概念。

刘素华（2005）认为，就业质量是反映整个就业过程中劳动者与生产资料结合并取得报酬或收入的具体状况之优劣程度的综合性范畴。通常，人们在微观和宏观两个层面上使用这一概念。从个体劳动者的角度看，就业质量包括了一切与劳动者个人工作状况相关的要素，如劳动者的工资报酬、工作时间、工作环境、社会保障等均应包含其中。而当谈到某个范围如国家、地区或行业的就业质量时，指的就是该范围内劳动者整体的工作状况的优劣程度，是从宏观意义上使用这一概念，它一般用反映该范围内劳动者工作状况的各要素的统计数据，如社会保险参保率、劳动合同签约率、平均工资等来表示。

杨河清和李佳（2007）则针对大学生群体，从评价就业质量的角度出发，建立了一个完整的指标体系，选取工作条件、劳动关系、社会保障三个维度描述就业质量，这也是对就业质量所涵盖内容的一种界定，具有一定的代表性。还有的研究从就业环境、生产效率、就业对经济生活的贡献度、职业社会地位、工资水平、社会保障、发展空间等角度来描述就业质量。由此，可以看出，在市场经济环境中考察就业质量，必须综合劳动力市场的相关信息，尤其是和劳动者个人选择工作有密切联系的要素，比如劳动报酬、工作稳定性、个人满意度等。

秦建国（2011）认为，就业质量是一个衡量劳动者在就业过程中的就业状况、各方面满意程度的综合概念，很难给它一个概括性的定义，一切影响就业的因素都会制约就业质量的提升。从微观角度审视，就业质量包括劳动者就业机会的可获得性，也就是从数量上看的就业率；就业岗位的特点，如工作收入、工作地点、工作时间、工作环境等；就业的主观满意程度，如工作的稳定性、专业的对口性、劳动关系的和谐性、发展前景和社会保障的完整性等。从宏观层次上探析，就业质量在很大程度上受到政府、社会和经济发展状况的制约。

信长星（2012）在总结国家新时期就业工作及其政策的基础上，提出更高质量就业的含义，即充分的就业机会、公平的就业环境、良好的就业能力、合理的就业结构、和谐的劳动关系等。

赖德胜和石丹淅（2013）认为，就业质量是个综合概念，包括多种因素。譬如，从劳动者角度看，就业质量包括了所有与劳动者个人相关的要素，如劳动报酬、工作时间、工作环境、社会保障等；从国家、地区或行业角度看，就业质量包括工作效率、劳动贡献等，有时也可以用就业率、劳动生产率等表示；从劳动者的就业状态角度看，劳动者就业可细分为工资雇佣（wage employment）、自我雇佣（Self-employment）和失业（unemployment）三种状态。唐美玲（2013）认为，就业质量从个体层面来看，是对个体就业状况的综合评价，既包括客观的就业状况指标，也包括个体的主观感受和心理状态等指标。劳动科学研究所课题组（2013）认为，就业质量应该是一个主客观相结合、宏微观相结合的概念。从微观层面上讲，就业质量是指就业者的主观感受和评价、就业者就业状况的客观表现。从宏观层面上讲，它体现为一个国家或地区劳动力市场的运行情况和资源配置效率。

朱火云等（2014）将就业质量定义为，从就业环境与人力资本的匹配程度到劳动者进入工作岗位后所能获得的就业保护水平以及社会为防范失业风险所提供的服务水平的逐渐递进的完整体系。

张凯（2015）将就业质量概念定义为，劳动者的基本需要在劳动过程中能够得到满足的程度。苏丽锋（2015）的研究显示，计划经济时期，人们在单位组织中的权力大小对资源的获取有直接影响，从而影响其就业质量，如行政级别、政治面貌和工龄等因素与人们在单位组织中的权力具有显著的相关关系，教育水平则对权力乃至资源的获得没有显著的影响。因此，当前在市场经济环境下研究就业质量必须考虑劳动者的人力资本水平。

从国内学者对就业质量概念的界定中可以看出，就业质量是一个主客观相结合、涵盖宏微观的范畴，同时，劳动者的收入报酬是就业质量的核心内容。

三　就业质量指标的选取

（一）国外研究文献的综述

目前，国际社会的不同组织从不同的角度考量，提出了体面劳动、工作质量、就业质量等指标体系。如表 8-1 所示，权利、就业、社会保障以及社会对话是体面工作的主要战略目标，所以设计时也主要从这几个角度考虑构建指标体系，比较有代表性的指标设计，如盖（Ghai，2013）的设计完全按照上述维度展开，博纳特（Bonnet，2014）等人则分层面设计了体面工作的衡量指标，恩科尔（Anker，2015）将指标体系分为六个维度，班克德（Bescond，2016）等人设计了体面工作不足（Deficit）的指标。横向比较来看，体面就业指标中的参与率集中代表就业机会，男女就业率的比值说明就业的公平性，基尼系数则主要表示收入分配的公平程度，而社会对话属于劳资关系的内容。值得注意的是指标中的劳动报酬、社会保障等内容，这些指标一方面，反映了劳动者参与劳动后的人力资本回报率的高低；另一方面，也反映了劳动力市场的发达程度以及为劳动者提供的社会保障条件，而人力资本的合理利用与劳动力市场发展之间的协调程度是就业质量的重要组成部分。

表 8-1 　　　　　　　　　国外研究人员提出的体面就业指标维度

设计者	维度指标
盖（Ghai，2013）	基本权利（妇女参与率，男性／女性就业率的比值，在技术、管理和行政工作领域女性的比例）；就业（劳动力参与率、失业率、基尼系数）；社会保障（公众社会花费占 GDP 的比例）；社会对话（工会密度）
博纳特（Bonnet，2014）	宏观方面包括输入、过程和结果三个方面（劳动力市场保障、基础保障、岗位保障、工作保障、技能再造保障、收入保障、话语权保障）；中观层面是衡量工作地的状况；微观层面是衡量个人体面工作状况
恩科尔（Anker，2015）	工作机会，在自由条件下工作、多产性工作、工作公平、工作保障、工作尊严
班克德（Bescond，2016）等	低小时工作报酬、过量工作时间、国家失业率、儿童不在校、青年失业率、劳动参与中的男女差异、没有养老金的老年人

资料来源：根据已有研究文献的内容整理得到。

　　另一个与衡量就业质量相关的内容是工作质量指标体系。欧盟（European Union）于 2000 年开始推广"工作质量"的概念，2001 年，欧盟公布了工作质量的指标，主要考虑了工作质量在广义上所涵盖的四个方面。如表 8-2 所示，工作质量考察的主要内容是岗位设置的科学性和劳动者的工作效率，反映了人力资本水平与工作岗位要求的匹配程度。

表 8-2 　　　　　　　　　欧盟的工作质量指标维度

组织	指标维度
欧盟（EU，2001）	与就业相联系的客观特征，包括：工作本身的具体特征和工作场所的具体特征上、就业岗位上的人的特点，就业岗位上人和工作的匹配程度，就业者对上述特征的主观评价（工作满意度）

资料来源：根据已有研究文献的内容整理得到。

　　国际上广泛使用和接受的就业质量指标主要有欧洲基金会（European Foundation，EF）、加拿大、新西兰、联合国欧洲经济委员会（United Nations Economic Commission for Europe，UNECE）以及美国所建立的体系。如表 8-3 所示，欧洲基金会的就业质量指标体系由四个维度构成，并对每个维度进行细分，建立三级指标 13 个。该指标的构建侧重于劳动者对工作的评价，反映了就业满意度等信息，可以被称为就业质量的主体受益者指标体系。加拿大就业质量指标体系主要有 16 类维度指标。各指标统计时按照如下信息进行分类：性别、年龄、教育程度、是否大学毕业生、收入、企业人数、雇佣类型（兼职工作、全职工作、自雇佣、有偿工作）、行业类型、职业类型、地区、重新找工作的打算、每天自觉工作的意愿。该指标体系的二级指标较多，对就业质量的因素考察非常全面，主要采用问卷调查的方法获取数据。联合国欧洲经济委员会《就业质量测评报告 2010》对就业质量指标也做出了明确规定。该机构构建了七个维度的评价体系。美国则基于对大学生就业质量的研究，根据对大学毕业生的跟踪调查数据，建立了一套完整的评价指标体系，因为该调查分为三次，最长跟踪时间为十年。结合经验判断，在这个时期的研究已经属于对国家层面就业质量的评价研究了，只是研究的方式相对简单，对于问题的分析也比较粗浅。该指标体系分为三个评价维度，工作收入是一级指标，表明劳动者的人力资本回报是反映就业质量极其重要的一项内容，这一点在上述几种评价指标中也有所体现。最后，值得一提的是加拿大非营利部门（Canadian Non-profit Sections，CNPS）的就业质量指标，其选取外部奖赏、内在动力、工作关系、工时、组织结构、技术使用和提升、工作设计以及健康和安全作为主要指标，下设 25 个二级指标，其中突出"尊重""沟通""信任"等对劳动者工作积极性影响较大的几个因素是其主要特点。这与非营利部门的经济属性和特点有密切关系。

表 8-3 国外有代表性的就业质量维度指标

组织或地区	指标维度
欧洲基金会（EF）	就业稳定性、技能和职业发展、健康与福利、工作和生活平衡度
加拿大	沟通机会和员工意见的影响力、工作中计算机的使用、工作报酬、工作稳定感、工作设计、工作环境、工作时间、工作关系、工作需求、工作与生活之间的平衡、薪水、技能培训、工会指标、国际比照、性别与工作质量、不同地区工作生活平衡程度的比较
新西兰	工作外在特征、工作内在特征、其他特征、更宽泛的劳动力市场状况

续表

组织或地区	指标维度
联合国欧洲经济委员会（UNECE）	劳动安全与规范、劳动报酬、工作时间及工作与生活平衡度、工作稳定性与社会保护、社会对话、技能培训与发展、员工关系及工作动机
美国	工作收入、工作稳定性、工作满意度
加拿大非营利部门（CNPS）	外部奖赏、内在动力、工作关系、工时、组织结构、技术使用和提升、工作设计、健康和安全

资料来源：根据已有研究文献的内容整理得到。

此外，国外的一些学者在研究就业质量时也给出了各自的就业质量的评价指标体系。根据田永坡和满子会（2013）的研究，鲁帕里·约荷瑞（2005）对新西兰的就业质量从薪酬、工作满意程度（对工作内容、提升机会、收入水平及社会保障的感受）、雇佣关系（信赖度、应承担的义务、员工对工作决策的影响、沟通）三个方面进行衡量，并且认为工作满意度已经取代工资成为衡量就业质量的主要指标。卢切·迪沃恩（Lucie Davoine）和克里斯汀·乙烯利（Christine Ehrel）（2008）通过回顾以前的研究，认为就业质量作为一个多维的概念，由四个基本评级指标来衡量：体面的工资和工资的不平等性、技能和培训、工作条件、兼顾工作和家庭的能力以及性别平等。这一指标综合了主观和客观指标，可以从动态和静态的角度对就业质量进行衡量。珍妮·莱斯赫（Janine Leschke）和安德烈·瓦特（Andrew Watt）（2008）提出的工作质量指标（Job quality index）包括六个子指标：工资、非正规就业率、工作和生活的平衡和工作时间、工作条件和工作保障、获得培训的机会和职业发展、集体利益的代表权和发言权。

（二）国内研究文献的综述

与国外相比，我国对就业质量的研究比较滞后。有学者对我国的体面就业质量衡量体系进行了研究，建立了包括就业、社会保障、基本权利和社会对话四个维度的体系结构，并利用调查数据对我国体面就业进行了评价（宋国学，2010）。赖德胜和石丹淅（2013）从宏观层面上对就业质量进行测度，建立了一个包括 6 个维度指标、20 个二级指标和 50 个三级指标的就业质量评价指标体系，使用公开出版的官方的统计年鉴数据，采用主成分分析法对我国内地各地区 2007 年和 2008 年的就业质量状况进行了系统的实证研究，认为除少数经济发达省份外，全国就业质量的总体水平不高，大部分省份的就业质量指数较低。

劳动科学研究所课题组（2013）认为，建立适合我国国情的就业质量评价体系可以重点从五个维度进行评价：一是就业机会。可重点考察新增就业、就业人口总量、劳动参与率、失业率、就业结构等因素。二是就业状况。包括工作本身的具体特征和工作场所的具体特征，是否能够使劳动者通过就业改善家庭生活。可重点考察劳动者的工资薪酬和工资增长、社会保险覆盖及待遇、劳动者的工作时间、就业安全、禁止使用童工等因素。三是劳动关系。主要看劳动者就业权益是否得到充分保障，重点考察劳动合同覆盖率，是否有平等协商和社会对话机制等因素。四是就业能力。主要看劳动者是否得到有效的职业培训，从而提高职业技能水平及参与企业管理的能力。五是就业环境。重点考察劳动力市场基础作用的发挥、就业服务的覆盖面和质量、有利于劳动者就业创业的政策环境、劳动者的就业观念、就业公平等因素。

王阳（2014）将就业质量状况细分为劳动力市场、就业稳定性、工作安全性、就业保护、工资收入、社会保险和劳资关系等 7 个维度，并选取 7 个具体的经济指标构建评价体系，构建了我国就业质量水平指数，使用 1994—2012 年全国样本数据，评估我国就业质量水平及分析当前主要的就业质量问题。朱火云（2014）从就业水平、就业能力、就业保护、就业服务四个维度，选取 11 个二级指标，构建了我国就业质量综合评价指标体系，并对 2005—2011 年我国 30 个省（市、自治区）的就业质量及其地区差异进行评估。

其他的研究文献还重点关注了经济结构转型中的一些群体的就业质量。如杨河清和李佳（2007）、谭璐和陈志波（2009）建立了就业质量评价指标体系对大学毕业生的就业质量进行测量。彭国胜（2008）、石丹淅等（2014）对农民工群体构建了就业质量评价指标进行测量。李军峰（2003）、张抗私和盈帅（2012）从性别的角度建立了就业质量评价指标体系对我国女性的就业质量进行测量。如表 8-4 所示，对我国已有的研究文献关于就业质量指标设计做一归纳，分为全社会角度的和大中专毕业生角度的。

　　早期的文献对就业质量的影响因素研究主要集中在毕业生所在学校的特征等方面，近年来有学者开始考虑就业问题对用人单位和社会的影响，加入了社会认可度这一指标，用来反映大学生就业质量的高低对其社会贡献大小的影响，而且认为指标数据主要应该由社会反馈得到。另外，结合我国经济发展的阶段性特征，还加入了自主创业率等指标，用来说明大学生就业对市场导向的适应程度。其他指标与上述研究的结果没有明显区别，大部分指标集中体现了就业机会、劳动报酬、社会保障、工作稳定性等方面的质量问题，但指标选取的角度有很大不同。

表 8-4　　　　　　　　　我国已有研究文献对就业质量指标的设计

目标群体	选取指标的角度	指标内容
全社会	体面就业（就业、社会保障、基本权利、社会对话）	劳动参与率、城镇登记失业率、失业人员中年轻人占比、工作收入低于生活保障的人员比例、基尼系数、工伤事故率、工伤死亡率、加班加点率、财政社保支出占 GDP 比例、最低生活保障率、医疗保险覆盖率、养老保险覆盖率、生育保险覆盖率、工伤保险覆盖率、失业保险覆盖率、劳动合同签订率、儿童入学率、女性相对就业率、女性中有技能的岗位配置率、女性中管理和高层岗位配置率、残疾人就业率、农民工签订劳动合同的比例、特殊保护条款的女性覆盖率、工会密度、农民工中工会会员百分比、集体工资谈判覆盖率、集体合同覆盖率、三方协调机制覆盖率
大中专毕业生	就业前提；岗位状况；满意度；个人因素；高校因素；用人单位因素和社会因素；简单、可衡量、可获得、可靠、时效；宏观、微观；就业环境、生产效率、经济生活	就业率、工作条件、劳动关系、社会保障、聘用条件、毕业生供需比、薪金水平、就业结构、社会认可度、就业机会的可获得性、工作稳定性、工作场所的尊严和安全、机会平等、个人发展、就业单位的规模、工作单位声誉、工作环境舒适程度、工作与专业的关联程度、决策的参与度、培训机会和职业生涯前景、自主创业率

资料来源：根据已有研究文献的内容整理得到。

　　实际上，表 8-4 所列举的评价指标，还可以从其他的角度加以划分。具体的设想如下：第一种主要考虑就业的时间阶段特征，第二种主要从就业活动的相关主体来分析指标内容，第三种是从指标选取和计量的角度考虑问题，第四种注重指标的层次结构，第五种是从就业与社会、企业和家庭关系角度来考察就业质量。当然，这些选取指标的角度都蕴含了一定的经济理论与就业之间的逻辑关系，但是，仅仅从某一个方面考虑选取指标仍然很难将就业质量的全部内涵都容纳进来。所以，就业质量指标的选取应该同时考虑多个角度，以尽可能地建立全面的就业质量指标体系。

四　就业质量水平的评价

（一）国外研究文献的综述

就业质量作为反映宏观经济运行效果和劳动力市场发展程度的重要指标，其评价问题是国际组织近年来关注的重点内容。根据就业质量的定义，国际劳动组织、欧盟等组织开始对相关国家的就业质量进行评价（ILO，2002；United Nations，2010）。典型的代表是《就业质量测评报告》，该报告每年一期，从七个维度（劳动安全与规范、劳动报酬、工作时间及工作与生活平衡度、工作稳定性与社会保护、社会对话、技能培训与发展、员工关系及工作动机）对九个国家（加拿大、芬兰、法国、德国、以色列、意大利、墨西哥、摩尔多瓦、乌克兰）的就业质量进行分析比较。根据对各国的调查问卷和访问数据，该组织对就业质量的各个方面进行了统计，形成数据图表，并对各国不同年份的指标数据做了详细对比，给出各指标的变化趋势，综合成各国的就业质量综合评价报告。该报告对就业质量的分析主要基于经验做法，通过调查访问的方法不断调整指标，最后形成确定的评价维度，下设二级指标55个，在调查对象的选取上也尽量保证抽样的随机性，以保证数据的客观性和代表性。从2010年报告的结果看，相关国家的就业质量都不同程度地受到了金融危机的影响，主要表现在劳动报酬和工作稳定性方面，其他指标总体稳定。同样的人力资本在不同经济发展阶段获得的劳动报酬却明显不同，这直接影响了劳动者的就业质量。这主要归结于经济的繁荣和衰退对劳动力市场的直接冲击，改变了劳动力供求结构关系，最终导致劳动报酬水平的波动。

国际上比较规范的就业质量评价还有加拿大、新西兰、美国等的评价，其评价的数据都通过问卷方式得到，并对独立指标进行统计分析，重点考察并体现了就业者自身对就业质量的满意度等信息。

（二）国内研究文献的综述

综观我国劳动力市场发展的阶段性特征，可以将我国的就业格局总结为三个主要的发展阶段。第一阶段是改革开放以前，在以国家统包统配为主的就业格局下，就业具有低水平的货币收入和全面的福利保险等特点。第二阶段是改革开放以后到20世纪90年代末期，国企发展，吸纳就业增加，同时非国有企业迅速成长，吸纳大量就业，其间虽然国企改革减员造成社会再就业矛盾突出，但这个阶段总体上就业质量提升较快。第三阶段是21世纪以来，经济结构转型加快，非正规就业、农民工就业、大学生就业、女性就业等问题凸显，就业质量稳中有升，但就业差异呈现增大的趋势，如行业收入分配、社会保障等因素差距迅速增大，造成就业不公平。从现有的研究文献来看，已有研究主要包括以下几个方面。

下岗职工再就业是我国国企改革过程中出现的阶段性就业问题。国企改革短期内给就业带来很大压力，影响了就业质量。从制度层面考虑，出现这样的问题是因为我国还存在劳动力市场制度不健全、劳动力流动制度障碍明显等因素，所以解决问题的办法应该主要依靠制度变革。但是，只有人力资本生产制度、流动制度和激励制度的共同有效调整，才可以从根本上解决下岗职工再就业的问题。比如，建立有效的人力资本激励制度，激励劳动力进行跨部门流动，逐渐降低制度性分割的劳动力市场之间存在的分割性收益，使主要劳动力市场和次要劳动力市场之间完成互联互通（赖德胜、孟大虎，2006）。

在经济发展的不同阶段，正规就业的就业质量是不断提升的，这可以在正规就业部门收入的不断提高和社会保障的逐步完善等方面得到印证。相比之下，非正规就业者的就业质量则经历了几个不同的阶段：首先是改革开放初期没有被正规部门吸收的劳动力开始自谋出路，大部分成为非正规就业人员，其就业质量问题也随之而来；其次是90年代中期以后，随着经济增长速度减缓，正规部门的就业人数减少，而包括农村进城务工人员和城市失业者在内的非正规就业人数大幅增加。总体来看，因为非正规就业者的工作技术水平较低，相应的工作稳定性也较差，发展空间小，社会保障不健全，因此就业质量较低（多丽梅，2007）。随着经济的发展，非正规就业的劳动者会随着劳动力市场制度的不断完善而逐步减少，但我国现阶段非正规就业中的矛盾还很突出，不仅影响了劳动效率，还会对社会稳定造成负面影响。

农民工作为我国经济发展过程中一个特殊的劳动群体，近年来其就业质量备受关注。对农民工的就业质量和权益保护问题的相关研究发现，劳动力市场供大于求、多元劳动力市场仍未改善、农民工自身受教育水平低等原因，导致了农民工就业质量低下（程蹊、尹宁波，2003）。另外，农民工由乡村迁移到城市，脱离了其熟悉的社会生活环境，导致社会资本缺失，使得农民工在城市的就业行为、就业保障、就业质量均不同程度地受到影响，进而影响农民工的生活质量（赵立新，2005）。虽然国家的最低社会保障等制度在不断健全，农民工等低收入群体的生活状况有所改善，但对收入差距的缩小并无明显效果（李实、杨穗，2009），所以横向比较，农民工的就业质量约束不仅不利于农民工的自由流动，还会降低就业的稳定性和他们的社会融合度，从而影响就业质量。

对大学生就业质量的考察可以从就业满意度等方面入手。有研究发现，大学生不自主就业方式负面地影响了大学生就业满意度；大学生对就业起薪的期望越高，越难对其签约单位满意或满意程度越低；专业对口是大学生实现就业高满意度的关键，专业不对口会导致就业后的额外投入和对新工作的不适应感，从而降低大学生的就业满意度（涂晓明，2007）。还有研究从大学生专业选择的角度入手，发现专业选择可以在远期影响就业质量（孟大虎，2005），这可能是基于这样一种假设，即大学生选择专业和选择职业的偏好是一致的，选择了感兴趣的专业可以为选择职业服务并在就业后对工作的贡献更大。另外，从人力资本对大学生就业影响的视角入手，已有研究发现大学生要想获得更高的就业质量，必须挖掘人力资本的深度，从而拥有一个更高的人力资本质量（乔明睿等，2009）。

从性别角度对就业质量的研究得到的结论如下：农村妇女劳动力在农业经营中的报酬率高于男性劳动力，相反在非农业经营领域其报酬率明显低于男性劳动力（邢春冰，2006），而非农就业的就业质量普遍高于农业就业，所以农村女性的就业质量较低。另外，因为女性在劳动力市场中的地位是影响其就业质量的重要因素，所以社会经济的发展是提高妇女就业质量的基础（费红娟，2001）。从造成就业质量较低的起因来看，女性受教育程度、社会性别观念和性别歧视等因素是造成女性职工就业质量低于男性的主要原因（李军峰，2003）。还有研究发现，尽管经济发展迅速，但是经济发展对女性就业的促进作用被其他负面影响所抵消，而且虽然教育对女性就业有促进作用，但制造业等就业集中的行业并不要求教育程度很高，这也使得女性就业质量整体上提高不大（郝冉，2009）。就业质量的性别差异是国际社会高度关注的问题，其不仅反映就业质量，而且涵盖社会公平等其他因素，所以女性就业质量普遍较低的状况对于就业质量乃至整个社会公平程度的提升都具有很强的政策建议意义。

（三）本研究的观点

从国内外现有文献看，可以得出：第一，国外关于就业质量的研究历史较长，研究的内容深入系统，包含了就业质量释义、就业质量评价指标体系、就业质量的测算及与宏观经济的联动机制等诸方面。第二，国内关于就业质量的研究相对来说起步较晚，但发展比较迅速，对于就业质量内涵、不同就业群体的就业质量指标体系探究的成果日益增多。但是，在国内就业质量指标体系研究中也存在一些不足。首先，在评价指标方面，已有研究中使用的就业质量评价指标多具有松散性和主观性，缺乏同时囊括就业环境、就业状况（就业机会、就业结构、就业效率、就业稳定性）、劳动者报酬、社会保护和劳动关系等方面的评价指标体系；其次，在数据方面，使用宏观数据（如各类年鉴数据）分析就业质量的研究相对丰富，而基于微观数据的研究缺乏，尤其是全国范围内的大样本问卷调查数据则几乎没有；最后，在研究内容方面，针对特殊就业群体的就业质量问题研究不断涌现，但缺乏对全国范围内整体上就业质量状况的关注，如区域、行业、职业等。

五 就业质量的测量方法

测算就业质量的基本思路是，用就业质量分项指标合成就业质量总指数，具体来讲，即由所选取的就业质量指标得分对应的权重（或者解释的贡献度）来计算总指数，这个权重可以是回归分析的系数，也可以是主观判断的权重，还可以是利用统计方法计算得到的权重，其反映相应指标对总指数的贡献程度，决定指数合成中的量纲。因而对权重的计算过程应该客观严谨，按照计算权重的过程，可以将就业质量的测算方法归纳为以下几类。

建立线性回归模型，用就业质量指标作为解释变量对就业质量进行回归是考量就业质量指标贡献大小的方法之一。解释变量是就业质量，通常用平均工资等作为代理变量进行衡量，比如衡量大学生的就业质量，可以使用大学生就业起薪的平均工资作为代理变量。根据刘素华（2005）的研究，工资是大学生自身价值及社会对大学生贡献认可程度的反映，工资水平是衡量大学生就业质量的核心指标。解释变量有大学毕业生数量、经济发展水平、高校教育经费投入、经济结构、大学扩招政策。建立回归方程可以较为客观地反映就业质量指标对就业质量的影响，但选取被解释变量的难度扩大，因为就业质量不是单一的概念，其涵盖的信息非常广泛，用工资等单一的变量来衡量就业质量会大大降低结果的可信度，另外，即使选择多个变量来解释就业质量，也会因为解释变量之间存在相关性而难以避免回归模型的内生性问题。

用打分法（德尔菲法）确定权重是另一个计算指标贡献的方法，按照评价指标采用打分确定权重的方法，对每个等级的指标予以质和量的规定并进行相应的评分。最后，按照指标权重和所在类型的等级计算指标指数。打分法是最常见的方法，国内学者大多采用这种方法对就业质量进行评价。另外，层次分析法也是常见的计算权重的方法之一，层次分析法以专家的评判打分为基础，然后对权重进行合成计算，最终生成指数（柯羽，2007；方焕新等，2011），可见层次分析法中有主观判断打分的环节，所以也将其归入打分法。樊纲等（2009）用主成分分析法计算了我国市场化进程指数，赖德胜等（2011）也利用主成分分析法对我国 2007 年和 2008 年各地区就业质量评价体系的指标权重进行了测算。另外，简单算术平均法也是一种常用的方法，其优点是可以直接进行时间维度的结果比较，这主要见于对市场化进程（樊纲等，2009）、国家创新（纪宝成、赵彦云，2008）、中国经济社会发展（袁卫，2010）等指数的研究。简单算术平均法具有权重平均和确定的优点，有利于提高调整指标数量的灵活性，而且具有直观和可比性强等特点，适用于连续年份的就业质量测算与比较。

就业质量权重测算的客观方法有主成分分析法、因子分析法、熵值法和模糊层次分析法等。它们都是根据数据相关性进行统计分析的方法，具有分析过程客观、结果可靠的优点，但因子分析法需要较强假设，所以较少被使用，主成分分析法则因其计算过程客观、约束条件较少而被使用得更多。张瑶祥（2013）运用模糊层次分析法确定高校毕业生就业质量评价指标体系中各级指标的权重，并进行评价。郭琦（2015）用就业满意度、职业健康和可行能力评价就业质量的方法是多维度的分析方法，从各维度指标到综合就业质量的计算涉及加总方式的选择。潘琰和毛腾飞（2015）采用组合评价法对就业质量进行评价，从而弥补单一评价方法的局限。首先利用德尔菲法确定相关指标的权重；其次，采用层次分析法再次确定各项指标的权重；再次，将两种方法确定的权重加权平均，以此作为各项指标的最后权重；最后运用模糊综合评价法对就业质量进行评价。

参考文献

1. Bergemann A., A. Mertens, "Job Stability Trends, Layoffs, and Transitions to Unemployment: An Empirical Analysis for West Germany", *IZA Discussion Paper*, No. 1368, 2014.

2. Espen Bratberg, Kjell G. Salvanes, Kjell Vaage, "Has Job Stability Decreased? Population Data from a Small Open Economy", *Scandinavian Journal of Economics*, Vol.1, No.3, 2010.

3. ILO, "Decent Work，Report of the Direct General", International Labor Conference, 87th Session, Geneva, 1999, http://www.ilo.org/public/english/standards/relm/ilc/ilc87/rep-i.htm.

4. Roopali Johri, "Work Values and the Quality of Employment: A Literature Review", *Department of Labor*, 2005.

5. Fredric K. Schroeder, "Workplace Issues and Placement: What is High Quality Employment?", *Work*, Vol.29, No.4, 2007.

6. Beatson, Mark, "Job 'Quality' and Forms of Employment: Concepts and the UK Statistical Evidence", Invited paper submitted by the Office for National Statistics, UK. Joint ECE-Eurostat-ILO Seminar on Measurement of the Quality of Employment, Geneva, 3-5 May, 2007.

7. The Quality Employment Indicators Project of the Canadian Policy Research Net-works, 2010, http://www.jobquality.ca.

8. Tangian, A., "Analysis of the Third European Survey on Working Conditions With Composite Indicators", *European Journal of Operational Research*, No.181, 2007.

9. Bescond, D., Chataignier, A., Mehran, F., "Seven Indicators to Measure Decent Work: an International Comparison", *International Labor Review*, Vol.2, No.142, 2016.

10. Ministers, H. "European Foundation for the Improvement of Living and Working Conditions, Annual Review of Working Conditions in the EU", *Office of Official Publications of the Ec*, Vol.59, No.1, 2006.

11. Anker, "Measuring Decent Work with Statistical Indicators", *International Labor Review*, Vol.2, No.142, 2015.

12. Ghai, D., "Decent Work: Concept and Indicators", *International Labor Review*, Vol.2, No.34, 2013.

13. Bonnet, F., Figueiredo, B., Standing, G., "A Family of Decent Work Indexes", *International Labor Review*, Vol.4, No.142, 2014.

14. European Foundation, "Work and Employment in Europe: Issues and Challenges", *European Foundation Paper Number* 1, 2002.

15. UNECE, "Measuring Quality of Employment: Country Pilot Reports", 2010, http://www.unece.org/publications/oes/STATS_Measuring QualityEmploment.E. pdf.

16. ILO, "Decent Work and the Informal Economy", International Labor Conference, 90th Session, Geneva, 2002.

17. United Nations, Measuring the Quality of Employment in the EU-country Pilot Reports, 2010.

18. 曾湘泉：《深化对就业质量问题的理论探讨和政策研究》，《中国劳动保障报》2012 年 12 月 22 日第 3 版。

19. 国福丽：《国外劳动领域的质量探讨：就业质量的相关范畴》，《北京行政学院学报》2009 年第 1 期。

20. 翁仁木：《国外就业质量评价指标体系比较研究》，《中国劳动》2016 年第 10 期。

21. 杨宜勇：《城市化创造就业机会与城市就业空间分析》，《管理世界》2000 年第 2 期。

22. 李军峰：《就业质量的性别比较分析》，《市场与人口分析》2003 年第 11 期

23. 刘素华：《就业质量：内涵及其与就业数量的关系》，《内蒙古社会科学》（汉文版）2005 年第 9 期。

24. 杨河清、李佳:《大学毕业生就业质量评价指标体系的建立与应用》,《中国人才》2007 年第 8 期。

25. 秦建国:《就业质量评价指标体系探析》,《广东行政学院院报》2011 年第 4 期。

26. 信长星:《努力推动实现更高质量的就业》,《中国人口科学》2012 年第 12 期。

27. 赖德胜、石丹淅:《推动实现更高质量的就业:理论探讨与政策建议》,《第一资源》2013 年第 2 期。

28. 唐美玲:《青年农民工的就业质量:与城市青年的比较》,《中州学刊》2013 年第 1 期。

29. 劳动科学研究所课题组:《就业质量要与经济发展水平相适应》,《中国劳动保障报》2013 年 1 月 19 日第 3 版。

30. 朱火云、丁煜、王翻羽:《中国就业质量及地区差异研究》,《西北人口》2014 年第 2 期。

31. 张凯:《就业质量的概念内涵及其理论基础》,《社会发展研究》2015 年第 1 期。

32. 苏丽锋:《中国转型时期就业质量研究》,社会科学文献出版社 2015 年版。

33. 田永坡、满子会:《就业质量内涵及测量:基于国际对比的研究》,《第一资源》2013 年第 8 期。

34. 赖德胜、石丹淅:《我国就业质量状况研究:基于问卷数据的分析》,《中国经济问题》2013 年第 5 期。

35. 宋国学:《中国社会体面工作的衡量指标体系研究》,《生产力研究》2010 年第 1 期。

36. 王阳:《我国就业质量水平评价研究——兼析实现更高质量就业的政策取向》,《经济体制改革》2014 年第 5 期。

37. 谭璐、陈志波:《地方高校本科毕业生就业质量评价方法研究及实践》,《继续教育研究》2009 年第 8 期。

38. 彭国胜:《青年农民工的就业质量与阶层认同——基于长沙市的实证调查》,《青年研究》2008 年第 1 期。

39. 石丹淅、赖德胜、李宏兵：《新生代农民工就业质量及其影响因素研究》，《经济经纬》2014 年第 3 期。

40. 张抗私、盈帅：《性别如何影响就业质量？——基于女大学生就业评价指标体系的经验研究》，《财经问题研究》2012 年第 3 期。

41. 赖德胜、孟大虎：《专用性人力资本、劳动力转移与区域经济发展》，《中国人口科学》2006 年第 1 期。

42. 多丽梅：《我国非正规就业者的就业质量分析》，《经济视角》2007 年第 10 期。

43. 程蹊、尹宁波：《浅析农民工的就业质量与权益保护》，《农业经济》2003 年第 5 期。

44. 赵立新：《从社会资本视角透视城市农民工就业》，《兰州学刊》2005 年第 2 期。

45. 李实、杨穗：《中国城市低保政策对收入分配和贫困的影响作用》，《中国人口科学》2009 年第 5 期。

46. 涂晓明：《大学毕业生就业满意度影响因素的实证分析》，《高教探索》2007 年第 2 期。

47. 孟大虎：《拥有专业选择权对大学生就业质量的影响》，《现代大学教育》2005 年第 5 期。

48. 乔明睿、钱雪亚、姚先国：《劳动力市场分割、户口与城乡就业差异》，《中国人口科学》2009 年第 1 期。

49. 邢春冰：《中国农村非农就业机会的代际流动》，《经济研究》2006 年第 9 期。

50. 费红娟：《提高妇女就业质量的根本是发展社会生产力》，《探索与争鸣》2001 年第 2 期。

51. 郝冉：《我国女性就业的影响因素分析》，《山东社会科学》2009 年第 1 期。

52. 刘素华：《建立我国就业质量量化评价体系的步骤与方法》，《人口与经济》2005 年第 6 期。

53. 柯羽：《高校毕业生就业质量评价指标体系的构建》，《中国高教研究》2007 年第 4 期。

54. 方焕新、梁程妙、曾杰豪：《构建大学生就业质量评价体系》，《职业》2011 年第 7 期。

55. 樊纲、王小鲁、朱恒鹏：《中国市场化指数 2009》，经济科学出版社 2009 年版。

56. 赖德胜、孟大虎、李长安：《中国劳动力市场报告 2011》，北京师范大学出版社 2011 年版。

57. 纪宝成、赵彦云：《中国创新指数研究》，中国人民大学出版社 2008 年版。

58. 袁卫：《中国经济发展指数》，中国人民大学出版社 2010 年版。

59. 张瑶祥：《基于三方满意度的高校毕业生就业质量评价研究》，《中国高教研究》2013 年第 5 期。

60. 郭琦：《森的可行能力理论框架下的就业质量研究——基于中国大学毕业生调查数据的比较分析》，《云南财经大学学报》2015 年第 6 期。

61. 潘琰、毛腾飞：《就业质量的组合评价研究》，《东南学术》2015 年第 1 期。

第九章
国内外就业服务政策研究观点综述

就业服务政策是政府制定的关于就业服务质量和水平的准则，包括一系列的法律法规及政府条例、计划、项目、制度、措施、准则和办法。家庭发展能力指家庭凭借其所获取的资源满足每一个家庭成员生活与发展需要的能力（吴帆、李建民，2012：40）。在评判家庭发展能力时，资源的重要性凸显。越多的资源表明家庭拥有的利益越多，家庭的福利水平越高，家庭越有发展能力。为此，本项研究综述报告重点归纳兼及论述就业服务政策和促进家庭发展政策措施的研究文献的观点。

已有的研究文献大致分为两类，一是就业服务及相关政策研究文献，侧重探讨就业服务政策实施对家庭的影响；二是家庭维护和工作家庭平衡研究文献，侧重探讨家庭问题及对就业服务政策的需求。但兼顾乃至平衡两类主题的研究文献，则主要是"就业援助政策"，因该项政策是目前唯一以家庭为基本单位制定的就业服务政策。总体来看，已有的研究文献数量较多，学科领域广，其中不乏对国外做法和经验的介绍。本项研究综述报告以本章的需要为出发点，分五个部分安排主要内容，前四个部分对已有研究文献的结论做一梳理和概括，最后一个部分对已有研究的不足及本章的设想做一说明。

一 就业服务政策功能和效果的论述

就业服务政策的功能是其解决现实社会问题的依据，就业服务政策的效果则是在实践中被验证的解决社会问题的结果。已有研究文献对前者的探讨，大多蕴含于其他主题之中，是开展政策研究的基础；而对后者的探讨，则更趋向多元化。一方面，它是已有研究文献集中探讨和论证的重要主题；但另一方面，它又是促使一些研究文献关注政策的负面效果，对政策带来的不利影响进行反思和评判的主要论题。本项研究综合收集已有研究文献的结论，重点归纳其对功能和效果的判断。

（一）就业服务政策的功能

就业服务政策的功能是就业服务政策在经济和社会生活中某种固有的能力。政府要利用就业服务政策功能，来解决人们特别是就业困难人员的就业问题（李晶、孟繁元，2010：46）。

1. 导向功能

就业服务政策的目的是引导社会朝促进就业的方向前进，同时，对服务对象的行为施加限制、加强引导。就业援助政策分为强制性快速就业、培训和财政激励三种主要形式，要求服务对象必须在一定的推荐次数内就业，否则取消服务待遇。一些地方组织要求就业困难人员必须在社区从事清洁、绿化、治安维护等公益劳动，才能享受最低生活保障的权益（胡雅倩、李俊，2012：82）。

2. 财富分配与资源配置功能

就业服务政策能够对不同阶层、社会集团或社会成员进行收入或财富的再分配，还可以对公共资源进行重新配置，引导社会成员在索取资源的过程中保持可持续性。就业援助制度是就业服务政策财富分配与资源配置功能的一个最好体现，《就业促进法》规定采取税费减免、贷款贴息、社会保险补贴、岗位补贴等办法，及通过公益性岗位安置等途径，要为就业困难人员提供多方面的帮助（李晶、孟繁元，2010：46）。

3. 管理功能

就业服务政策还为各就业服务部门及其他各类主体提供工作范围、规章设计、工作流程等方面的依据。政府制定就业服务政策，明确职能定位和责任空间主要是平衡经济发展与就业结构的矛盾，解决市场竞争中失业人群的再就业问题，遏制劳动力市场中的不良竞争行为，保护弱势群体的生存权益（上海工程技术大学课题组，2014：57）。同时，规定各义务主体的职能分工，界定其职责或义务范围，确保在实施就业服务政策过程中各部门各司其职（宋健，2012：13）。

（二）就业服务政策的效果

就业服务政策与每个人的生活息息相关，任何人都不可能回避其影响和作用。从已有研究文献看，就业服务政策主要具有三个方面的积极效果：

1. 预防和解决失业问题

政府制定实施的财税、产业投资、金融货币和人力资源等政策，以及鼓励创业政策，有利于劳动者实现就业，同时也为失业人员开展再就业培训和创业培训，拓展了就业机会（上海工程技术大学课题组，2014：57）。就业是民生中的大事，政府强化责任目标，完善扶持政策，加大资金投入，加强就业服务，以建立就业援助工作的长效机制，作为解决失业问题的重要抓手（孟平原，2010：30）。

2. 维护和保持就业稳定

就业再就业工程是一项复杂的社会系统工程，对企业招聘和劳动者就业的动态做到及时掌握和更新，对包括零就业家庭在内的所有就业困难人员的劳动保障信息要进行入户调查，摸清底数，掌握基本情况，做好动态跟踪管理和就业服务工作（孟平原，2010：30—31）。在转移劳动力的工作中，关注培训需求，重建个人发展能力，是迁入地就业服务政策的有益探索（石智雷，2012：121）。

3. 促进和提升职业价值

社会发展新阶段的到来，促使人们工作价值观的变迁，从被工作（雇主）所选择，到有选择工作的权利。就业政策的调整和变迁，改善了就业环境，促使劳动者积极就业和体面就业，实现人生价值（王兆萍，2013：221）。农村劳动力外出务工，得到自身更好的发展机会，增加收入，提高素质，实现了人力资本的增值（曾艳华，2006：31）。

二 就业服务政策效果的观点综述和问题分析

从促进家庭发展的角度看，就业服务政策的"不利"可以从两个层面加以诠释，一是政策规定上的"不利"，即较少乃至没有照顾家庭的利益和需要；二是政策制定实施上的"不利"，即深层次上制度机制缺少乃至未能融入"家庭视角"。已有的研究文献或多或少地探讨了上述两个层面的"不利"，一些研究还作了比较深入、细致的剖析；同时，对于两者之间的关系，也有少量的研究文献作了论述和解释。本项研究广泛收集了已有研究文献在这两方面"不利"上的核心结论，摘编重要的分析，以组合的方式将已有研究成果进行整合。

（一）就业服务政策效果的观点综述

就业服务政策规定不能照顾家庭利益和需要，是直接影响家庭的重要方面。分三个方面归纳政策规定"不利"的观点如下：

1. 政策对象不利于家庭的观点

第一，农村迁移劳动力被"排斥"。城市劳动力市场"社会排斥"的存在，使农村劳动力进城务工所得收益以直接收入为主，而从城市公共服务、社会保障和企业福利中获得的间接收益较少（石智雷，2012：121）。

第二，中年失业者被"区别化"。绝大部分中年失业者都想找工作，并为找工作采取了一定行动，但缺少就业服务政策的专门扶助。家庭因素对中年失业者再就业行为的影响大，就业服务政策应作针对性设计（张旭升，2008：62—63）。

第三，用人单位被"忽视"。企业是劳动者就业的单位，公共就业服务投资的减少，以及对企业服务的不足，对有家庭责任的劳动者产生了负面影响，如男女工人就业机会和待遇不平等，难以在解决工作—家庭冲突中承担责任（刘伯红、张永英、李亚妮，2010：18）。

第四，服务于家庭的主体"少关注"。企业改制后，原来承担的福利和服务责任市场化和社会化，家庭责任提高，但市场和社会的提供却相对匮乏，为家庭提供福利和服务主体弱小且人才缺失，一个直接的原因是，就业服务政策缺少对这些单位发展的关注，造成有家庭责任的劳动者不堪重负（刘伯红、张永英、李亚妮，2010：19—20）。

2. 政策工具不利于家庭的观点

第一，政策工具不合理。我国就业援助政策的强制性较强，激励性较弱，往往通过行政手段推行，在具体实施中引起了服务对象的抵触情绪，出现"上有政策，下有对策"的行为（胡雅倩、李俊，2012：83）。

第二，政策工具少。就业服务政策以行政手段为主，导致服务输送主体的管理损耗，政府以纵向层级的治理结构推动政策实施，属地管理方式，使社会化的就业服务被强势的行政力量干预，社会力量难以有效发挥功能，影响服务质量和成效（余臣，2013：37—38）。

3. 政策方案不利于家庭的观点

第一，就业援助政策与援助对象的特点和需要不吻合。就业援助制度缺乏系统的研究，在援助对象、就业困难人员就业困难的表现和原因、适应的工作岗位、公益岗位就业安置人员管理等方面，缺少系统的规定（李晶、孟繁元，2010：46）。残疾人就业援助服务政策与残疾人需求不匹配，偏离就业服务的目标（余臣，2013：27）。

第二，就业培训政策不利于失业人员获得稳定的工作。就业培训多为短期培训，且过于集中，造成劳动力供给大于需求，不利于低保对象重返正规就业市场，获得远高于低保金的工资（胡雅倩、李俊，2012：84）。培训政策对下岗失业者再就业后的收入没有贡献，成本高昂的培训不是值得建议的政策方向（吴要武、蔡昉，2009：53）。

第三，职业介绍政策使劳动者远离家庭就业，给家庭福利供给带来影响。农民工是农村家庭的支柱成员，常年缺位于家庭生活，对老年人的生活照料、情感慰藉，对子女的亲子互动、教育等造成负面效应（彭大松，2012：31）。青壮年人口在距家庭较远地方工作，导致家庭成员各地分居，不能回家探望老人（钟育浩，2014：315）。

第四，就业援助政策缺少对政策对象家庭、社区资源的调动。残疾人就业援助政策在传输上存在内容失真、渠道阻塞等现象，是由传输主体参与不足、传输主体资源不足等问题引起，家庭和社区参与的不足困扰残疾人得到就业援助服务（余臣，2013：51—52）。

第五，就业服务政策缺少对服务家庭行业和企业的专门就业服务安排。承担家庭照顾的市场单位和社会主体并未受到就业服务政策的"照顾"，政府资金投入少，行业和企业自身发展迟缓、管理落后、人才匮乏，无益于劳动者减少工作和家庭的双重负担（刘伯红、张永英、李亚妮，2010：20—21）。

（二）制约就业服务政策效果释放的问题分析

就业服务政策制定实施没能融入"家庭视角"、考虑家庭发展，是持续影响家庭的重要方面。分三个方面归纳政策制定实施"不利"的问题如下：

1. 政策主体的问题

第一，政府就业部门缺乏对政策对象的了解。就业援助政策在制定时没有将援助对象实际需求考虑在内，有些政策甚至缺乏实施的前提（胡雅倩、李俊，2012：83）。

第二，政府就业部门缺乏对家庭的重视。政府对公民平衡工作与家庭责任认识不足，促进就业的服务及法律政策缺乏对家庭的照顾（郭砾、赵云，2013：5）。

第三，工会、妇联、残联等社会组织和志愿合作单位参与不足。工会、妇女组织为员工争取家庭权利不足，在就业服务制度设计和实施上缺少话语权（郭砾、赵云，2013：6）。社会组织、志愿合作单位以及合作企业参与残疾人就业援助服务的决策匮乏，社会投资少（余臣，2013：43）。

2. 政策过程的问题

第一，政策法规制定部门之间协调配合不力。政策制定中缺少协调管理家庭且拥有实权的机构，就业服务部门制定政策前，缺少必要的论证和分析（宋健，2012：73）。

第二，政策实施缺少资金。再就业援助和职业培训的覆盖率低，表明地方政府执行政策缺乏资金。中央政府制定了为下岗者再就业提供优惠的政策，但再就业援助主要依靠地方财政投入，声称"财政困难"的地方政府执行再就业援助政策的积极性不高（吴要武、蔡昉，2009：53）。

第三，政策实施过程中各部门之间缺乏联动和配合。"零就业家庭"就业援助工作限于个别职能部门的工作范围，政府各职能部门之间的援助合力未体现（周冰，2010：22）。

第四，政策执行落实缺乏有效监督。中央政府对地方执行政策缺乏严厉的监督，地方政府不会"自觉""主动"执行政策（吴要武、蔡昉，2009：53）。社会主体监督就业服务政策匮乏，政府依然是唯一管理政策的主体，而不是有限责任的政府（余臣，2013：43）。

3. 执行落实的问题

第一，政府与其他主体在就业援助职能上的分工不清晰。就业援助制度对政府的援助职能缺乏系统的研究，已经颁布的各种文件都未能明确政府与企业、事业单位以及劳动者个人在职能上的分工，政府的人力资源和社会保障部门及其他相关部门在就业援助方面的职责分工等（李晶、孟繁元，2010：47）。

第二，相关配套政策不够完善。"零就业家庭"就业援助相关政策处于阶段性活动的层面，对相关工作的规定不明确，对就业途径的界定不明晰，对援助程序的规定不完整（周冰，2010：22）。

第三，社会力量参与政策实施不足。大学生创业政策实施中对高校、企业、社会组织、大学生自身等资源的调动不够，缺少对社会政策系统的考虑，各方主体的参与，缺乏创业政策的引导和设计（邹良影，2013：32）。

三　国外就业服务政策的做法介绍和经验总结

针对第二部分就业服务政策"不利"的两个层面，分别提炼、归纳和整理已有研究文献对其他国家特别是发达国家和地区做法的论述，适量摘编其中的分析和解释，展示国外经验中可能值得学习和借鉴的经验。

（一）国外就业服务政策比较可取的做法介绍

分三个方面归纳国外"有利"的政策规定如下：

1.政策对象有利于家庭的做法

第一，扩大保障家庭的范围。美国1962年将"儿童津贴"（ACD）项目更名为"对有子女家庭补助计划"（AFDC），将资助对象从单身母亲家庭，扩大至包含有劳动能力且失业的单身父亲家庭（胡雅倩、李俊，2012：81）。

第二，对特殊家庭加强服务。英国1998年推出"支援家庭"的系列政策，要求帮助儿童家庭的父母实现工作与生活的平衡，让就业的父母有较多时间与子女在一起。日本专门设立对单亲家庭的支援服务方案，在就业项目上，详细规定了实施主体、实施内容、实施对象及中长期目标等。新加坡推出以家庭为本的小规模计划，以改善儿童父母，及其他有需要的家庭成员失业及跨代贫穷等问题（陈涛、兰小伟，2010：384—385）。

第三，对妇女加强就业服务。德国鼓励妇女独立开办企业，并采取多项措施支持妇女创业。就业服务部门开发了"变化/机会"项目为接管公司的妇女提供信息和咨询（宋义丽，2004：67）。瑞典帮助女性劳动力从事有偿工作，从根本上改变了女性的生存状态，也使家庭拥有了两个赚钱者（蓝瑛波，1999：103）。

第四，为雇主提供服务。英国公共就业服务机构帮助雇主执行有益于企业、客户、雇员的工作—家庭平衡战略，聘请顾问帮助雇主评估灵活工作安排的商业利益，确认雇员需要，找出满足雇主、顾客和雇员三方的解决方法，有效地提高了企业生产率和顾客满意度，降低了加班成本、员工成本、旷工率、病假缺席率等。英国和新西兰还发布雇主指南，协助其评价工作—家庭平衡政策与组织整个商业计划的整合情况（郭砾、赵云，2013：3）。

第五，对提供家庭服务的主体提供服务。加拿大推出全国儿童计划（National Child Benefit Initiative），要求社区、非营利机构等为家庭提供幼儿照顾、医护服务、幼儿介入服务及针对高危儿童的服务等，同时要求当地政府的就业机构提供服务，所需资金在该项计划中列支。澳大利亚推出以家庭为本的全国性计划，旨在强化家庭及社区功能，政府在经济、就业、生活生育等方面提供服务（陈涛、兰小伟，2010：384）。

2. 政策工具有利于家庭的做法

第一，依托法律开展服务。英国、丹麦等国引入法律促进工作—生活平衡，支持雇员灵活工作，规定就业机构和雇主给予保障。荷兰的《时间调整法》赋予雇员缩短或延长正常工作时间的权利，而就业机构要为雇主提供人员上的服务。丹麦的《非全日制工作法》修正案要求政府加大非全日制工作的开发，促进形成家庭友好型劳动力市场（郭砾、赵云，2013：2—3）。德国的非全时工作法要求雇员可以减少工作时间，给有孩子的父母以选择的机会（宋义丽，2004：65）。

第二，利用财政资金奖励家庭友好行为。新加坡通过财政资金支持"灵活工作"活动，以非全日制或灵活工作安排的方式，帮助企业雇用新雇员。新西兰和澳大利亚对"工作—家庭平衡"的最佳实践雇主提供补贴奖励。英国政府建立挑战基金，帮助雇主执行有益于企业、顾客、雇员的工作—家庭平衡战略（郭砾、赵云，2013：3）。

第三，通过贷款优惠、降低利率等手段促进就业创业。德国就业服务政策规定，独立开办企业的妇女可以从该国银行获得贷款支持，多数创业女性优先选择了小规模创业计划，并获得了"启动资金"贷款（宋义丽，2004：67）。

3. 政策方案有利于家庭的做法

第一，为失业者创造工作机会，而不是直接依赖领取救济金生活。美国联邦政府于1967年出台《社会保障修正法案》，设立了"工作激励项目"（WIN），1988年出台《家庭援助法案》（FSA），强调福利受益者个人对社会应尽的责任，1996年出台《个人责任与工作机会法案》，结束为最贫困家庭提供现金资助的联邦保障计划（AFDC），上述政策在促进失业者重返就业上的效果显著（胡雅倩、李俊，2012：81）。

第二，采取多项措施服务失业者，激励其重返工作岗位。欧美国家"工作福利"政策中促进就业的主要活动有五项，即增加就业岗位，提供培训，心理咨询与信心重建，辅助性服务措施和经济处罚，对有劳动能力又未能就业者采取多种激励措施实现就业，增加了收入来源（尼尔·吉尔伯特、芮贝卡·范·沃黑斯，2004：37—38）。澳门鼓励失业的单亲母亲加入政府就业支援网络，参与各类讲座、工作坊、职业人士活动等，培养正面人生态度和抗逆能力，许多妇女因此重返了工作岗位（陈涛、兰小伟，2010：385）。

第三，就业信息服务中提供家庭生活信息，促进工作与生活平衡。德国拥有成熟的"工作—家庭平衡"网站，提供就业服务的同时，还可以查阅生活信息，提供家庭方面的通讯、案例研究、出版物、其他相关信息和立法的链接（郭砾、赵云，2013：2）。

第四，为家庭服务机构招聘和培养专业人员。德国就业服务的领域涉及对专业儿童照看者的雇佣、培训、职业化培养，对学校教师的招募、培训，对专业养老服务人员的培训和职业指导，对家庭服务人员的职业培训，推动家庭服务业创业，开发创业产品（宋义丽，2004：74）。

第五，为社区招聘和培养家庭服务工作者。瑞典就业服务项目的重要部分是为社区护理和服务工作提供服务，护士、护理员、学龄前教师、家庭服务员等可以进入家庭提供服务的社区工作岗位，是政府公共部门服务的重点，这些岗位工作报酬的绝大部分也是由政府支付的（蓝瑛波，1999：102）。

（二）国外就业服务政策的重要经验总结

分如下三个方面归纳国外"有利"的政策制定实施：

1. 政策主体的经验

第一，家庭管理专职部门参与制定政策。爱尔兰设立了家庭支援局，负责家庭调解、关系辅导及亲职教育等服务及支援家庭政策制定（陈涛、兰小伟，2010：385）。

第二，跨部门联合单位负责家庭相关政策制定。在法国，与家庭问题和服务相关的法律、经济、公共服务等一些政府部门，在合意的基础上通过法律规定的形式，成立了跨部门家庭问题委员会和跨部门代表团，共同参与家庭相关社会政策的制定和执行（和建花，2008：74）。

第三，邀请关注家庭的社团协会参与决策分析。法国协会 UNAF 的目的和作用是向国家政策部门表达家庭利益上的愿望，并提供相当数量的服务和补助金。为就业服务政策制定提供家庭需要信息和资金支持（和建花，2008：74—75）。

第四，雇主组织参与协调家庭友好政策。菲律宾、泰国等的雇主联合会与就业服务管理机构建立网络联系，将成员采取工作—家庭协调措施情况提供给政府，并对就业服务提出建议（郭砾、赵云，2013：4）。

第五，工会参与政策论证。新西兰工会是就业服务政策分析的重要参与者，他们了解雇员照顾家庭的需要，从而使政府能照顾到托儿、养老等服务机构的就业服务需要（郭砾、赵云，2013：4）。

2. 政策过程的经验

第一，依照福利和服务的总体设计指导具体政策制定。英国工党政府正式出版了代表布莱尔福利改革方向和原则的绿皮书《英国的新蓝图：一种新的福利契约》，以此为指导制定就业援助制度，单亲父母、年轻失业人员、长期失业人员和残疾人或长期患病的人等四类人员成为政策扶持的重点（陈成文、邓婷，2009：91）。

第二，拓宽资金来源，增加中央政府投入，保证政策实施。美国就业援助的资金来源主要是联邦政府。资金主要用于下列项目：公共或私人部门的工资补助；在职培训；工作安置和雇用之后的服务；社区服务；工作支持服务等（陈成文、邓婷，2009：92）。

第三，邀请家庭管理部门定义和起草政策，组织政策论证。法国跨部门家庭问题委员会负责国家促进家庭政策方面，而跨部委代表团的任务之一是激励和协调政府部门制定政策时关注家庭，以及参与其他政府部门的政策制定（和建花，2008：74）。

第四，政策制定实施中向家庭管理部门咨询和寻求建议。法国跨部委代表团主要的工作领域是协调、监督所有类型关系家庭的政策，并提供必需的咨询（和建花，2008：74）。

3. 执行落实的经验

第一，颁布法律制度确保政策执行到位。英国政府先后颁布《教育改革法案》和《继续教育和高等教育改革法案》，规定在全国范围内实施职业资格证书制度，有力地保证了英国再就业培训的健康发展；此外，建立健全再就业培训管理与实施机构，并加强对再就业培训的质量管理，为再就业培训工作的开展提供有效的管理保障（陈成文、邓婷，2009：92）。

第二，推动、扶持企业和社会力量参与提供就业服务，将政策执行的责任分散化。日本将正规的国家公共服务管理部门的机能尽可能向非正规的部门转移，把以往强调的以政府为重点的就业服务政策改为由非正规部门主要实施，即国家政策采用了将提供服务的范围扩展为家庭、社区、市场的服务，以及对民间企业的活用的分散化策略。特别是在20世纪90年代的政策性文件中，社区、义务奉献活动、NPO等社会服务被大力提倡（王海燕，2008：161）。

四　主要的政策建议

从政策主体、政策过程和政策安排等三个维度，对已有研究文献提出的政策建议进行归类和整理，主要的政策建议如下：

（一）政策主体

第一，工会、妇联、社区等更多地参与政策制定和提出建议，为女性及家庭争取权利，提供服务（郭砾、赵云，2013：7）。

第二，科学界定政府相关部门与工会、共青团、妇女联合会、残疾人联合会以及其他社会组织在实施就业援助方面的职责（李晶、孟繁元，2010：47）。就业服务部门承担就业服务职能，其他主体在职责范围内配合政府有关部门提供相应的服务。

第三，政策对象参与决策。就业服务政策的深层次工作是建设劳动者的发展能力，这要求政策制定实施中对政策对象赋权，政策相关者要拥有制定政策和实践的决策参与权，迁移劳动力要有决定自身发展的权利，要对政策制定有决定权（石智雷，2012：122）。

第四，调动企业、学校等各方面力量推动政策实施。大学生创业服务政策应调动政策相关主体的积极性，整合师资、硬件、经费、学生自身、社会、企业等资源为大学生服务（邹良影，2013：32）。

（二）政策过程

第一，升级就业服务政策的理念，将"以人为本"的理念落实到具体政策中。从"要素导向"的追求经济发展的理念，升级为"需求导向"的追求"人的全面发展"的理念（王兆萍，2013：226）。

第二，从利益均衡和利益表达两方面优化就业服务政策制定的路径，在政策制定过程中，政策对象要有合适的参与表达方式（王兆萍，2013：227）。

第三，政策制定中加强部门之间协调沟通，及对政策影响的预估。建立一个长期的专门协调管理机构，且拥有实权。在就业服务部门制定出台政策前，通过协调管理机构审查（宋健，2012：75）。

（三）政策安排

政策安排包括政策对象、政策工具、政策方案等要素。为此，将政策安排上的建议再做分类和归纳。具体内容如下：

1. 政策对象

第一，青年人。就业培训政策应侧重于青年人和低保家庭的子女，防止低保的"代际传递"（胡雅倩、李俊，2012：90）。

第二，农村劳动力。就业服务政策应解决农村劳动力的就业问题，保障其获得公共服务的基本权益（彭大松，2012：37）。

第三，失地农民。组织开展针对性、实用性强的技能培训，提高转业转岗能力，并通过给予税费减免、社保补贴和岗位补贴等优惠政策，扶持其实现就业和再就业（上海工程技术大学课题组，2014：60）。

第四，女性劳动力。就业服务政策应保护和促进女性就业，照顾女性权益，提高人力资本，拥有平等就业机会（宋健，2012：83）。

第五，社区、非营利组织和企业。支持社区、非营利组织和企业提供儿童家庭服务，培养社会工作者，培训专业家庭服务人员，协助招聘专业社会工作者（陈涛、兰小伟，2010：387）。

第六，家政服务产业。大力培育家政从业者，改善社会地位，提高就业组织化、稳定性、标准化和保障性等；政府就业部门深入研究行业市场需求、从业标准、创业政策等，为从业者提供创业、职业指导（戚功、李春勤，2013：53）。

第七，养老产业。发掘养老产业的就业岗位，在老年服务产业的具体运作上，引入"4050 工程"中的"五人运作体系"模式，制定和实行非正规劳动组织就业的优惠政策、免费的职业技能培训和贷款担保等政策（上海工程技术大学课题组，2014：60）。

2. 政策工具

第一，健全就业服务政策制定的法律法规。制定《公平就业机会法》《公平工资法》《反怀孕歧视法》等法律，建立国家"公平就业委员会"作为反就业歧视的专门机构，用公共权力扫除歧视，推进各项公共服务政策落实机会平等（宋健，2012：84）。

第二，通过税费减免、社会保险补贴、岗位补贴等办法引导本地区企业、事业单位雇用就业困难人员及促进就业困难人员自主创业（李晶、孟繁元，2010：47）。通过税费减免政策，鼓励零就业家庭成员自主创业；对申报就业或自谋职业的零就业家庭成员给予职业介绍补贴（孟平原，2010：31）。

第三，发放"职业培训教育券"，为失业人员参加培训、提高职业技能，提供支持（胡雅倩、李俊，2012：90）。

第四，增加财政投入直接雇用受助对象，或以间接投入的方式，购买公益性岗位（李晶、孟繁元，2010：47）。

第五，给予企业贷款贴息，鼓励企业吸纳零就业家庭成员（孟平原，2010：31）。

第六，鼓励零就业家庭成员自主创业，对符合小额担保贷款条件的，贷款额度可适当提高（孟平原，2010：31）。

3. 政策方案

第一，就业培训的内容应在充分调查培训对象的主要特征、就业障碍、个人需要以及社会需求等方面的基础上，综合确定培训课题的内容（胡雅倩、李俊，2012：90）。

第二，加强对用人单位的就业服务。在各类用人单位推行"有益于家庭"的工作政策，支持生育和抚养期间的男女两性更好地分担家庭责任（方英，2012：419）。"有益于家庭"的工作政策必须致力于让雇员满足家庭与工作两方面的需要（吉登斯，2003：165）。就业服务政策既要服务雇员，又要为雇主做好服务，在双方服务需要之间达成平衡，使双方都能获益（刘伯红、张永英、李亚妮，2010：27）。

第三，增加政府所属部门或事业单位，如街道办事处、交通管理部门、社区、环卫、园林绿化等单位，直接雇用就业困难人员的方式（李晶、孟繁元，2010：47）。

第四，完善职业介绍政策，为特殊群体拓展就业形式。建立灵活就业制度，为一些自身或家庭有特殊原因不能实现全日制就业的劳动者增加就业机会。加快对非全时工作、临时工作、季节性工作、弹性工作以及劳务派遣、家内劳动等就业形式的探索和推进（上海工程技术大学课题组，2014：60）。

第五，就业服务政策要为女性平等就业提供服务并落实政策规定（宋健，2012：84）。就业服务政策应依照法律法规要求确保男女有平等的就业权利，并细化配套政策法规，对企业招聘行为加强监督和制约，在服务上关照女性在家庭责任上的需要，对雇用女性超过一定比例的雇主给予服务优惠和特殊照顾。

第六，就业服务政策要为家庭式迁移农民工提供服务（钱文荣、张黎莉，2009：77）。农民工在工作与家庭两个领域之间存在角色行为的冲突，简单的体力劳动和低技术含量的高强度劳动使他们感受到没有高水平的工作—家庭促进和工作满意度，且缺乏知识和技能。迁入地就业服务政策应加大政策宣传和咨询力度，为农民工提高素质能力创造条件。

第七，加强为家庭服务的机构提供就业服务。为提供养老服务的农村机构培养专业服务人员，满足留守老人服务需求；大力培养农村医疗保障服务人员，提高农村医疗服务水平；为农村学校招聘优质师资和管理人员，加大培训力度；为基层社会组织培养专业社会工作者，为留守儿童提供日常监护服务和心理疏导（彭大松，2012：37，42）。

第八，瞄准家庭服务产业调整方向，优化职业培训内容。满足家庭服务产业发展对劳动力的需求，加强职业培训和指导，培养劳动者良好的就业能力；通过市场机制充分发挥各种社会力量的积极性，以招标或者购买的方式授权一些符合资质的培训机构组织实施培训项目，而政府的作用主要为分配培训资金、监督办学质量和考核办学成果（上海工程技术大学课题组，2014：58；刘伯红、张永英、李亚妮，2010：26）。

第九，健全就业援助政策，实现困难群体充分就业。对"4050"下岗失业人员、"零就业家庭"要完善托底安置工作，创造公共就业岗位和公益性就业岗位，健全就业承诺制度，创建充分就业社区；对年纪较轻的失地劳动力，因其技能单一或无特长而成为特困人员的，应加大援助力度，制定鼓励其参加各类培训的定向性补贴政策；对年龄接近退休又难以安置的人员，通过失业保险政策的延伸、接续，让其过渡到退休；对贫困家庭子女、复员退伍军人等群体，要开展专项技能培训，帮助他们至少掌握一门初、中级技能（上海工程技术大学课题组，2014：60）。

第十，创业培训政策应对创业者增加心理疏导培训，提高创业绩效（田莉、秦剑，2013：859）。创业活动侵占家庭活动的时间投入而发生冲突，弱化创业者的心理效能，创业培训政策增加心理疏导培训，有助于调节创业者自我效能，引导其平衡创业初期创业与家庭的冲突，提高新生企业初期绩效。

五　已有研究的不足和本研究的设想

已有的研究文献在"就业服务政策规定"和"就业服务政策制定实施"两方面，都作了比较广泛而细致的研究，特别是基于家庭现实需求的分析，以及对当前政策安排问题的分析，都具有一定的深度和参考价值，为本项研究的开展奠定了必要且重要的基础。然而，已有的研究文献还缺少将"增加家庭利益""提高家庭福利"等作为目标，融入就业服务政策的相关探讨，使得"家庭的发展"只能是评判政策效果的视角和立场，却不是作为政策目标，理应达到或完善的方向。

社会政策的制定和完善，其目标归根结底是要实现人的发展。通过资源的分配和配置，提高人的福祉，促进人的不断自由全面发展。家庭是社会的细胞和基本单位，是人的福祉的重要来源。提高家庭发展能力，使家庭获得更多的利益和资源，其最终的获益者正是每个个体——人。因此，本项研究报告将以"增加家庭福利和服务"为就业服务政策目标，解决"就业服务政策增加家庭福利和服务低效和失效"的问题，促使来自政府、市场和社会的多方主体关注家庭需要，扩大向家庭提供福利和服务，使家庭发展能力获得提高。

参考文献

1. 吴帆、李建民：《家庭发展能力建设的政策路径分析》，《人口研究》2012 年第 4 期。

2. ［英］安东尼·吉登斯：《社会学》，北京大学出版社 2003 年版。

3. ［美］尼尔·吉尔伯特、芮贝卡·范·沃黑斯：《激活失业者——工作导向型政策跨国比较研究》，中国劳动保障出版社 2004 年版。

4. 宋健：《社会性别视角下的中国社会政策》，社会科学文献出版社 2012 年版。

5. 李晶、孟繁元：《完善政府就业援助职能的建议》，《辽宁经济》2010 年第 1 期。

6. 胡雅倩、李俊：《"中国式福利依赖"与"工作福利"政策的完善》，载杨团、岳经纶《当代社会政策研究Ⅶ，第七届社会政策国际论坛论文集》，中国劳动社会保障出版社 2012 年版。

7. 方英：《女性主体性的困境及其破解之道》，载杨团、岳经纶《当代社会政策研究Ⅶ，第七届社会政策国际论坛论文集》。中国劳动社会保障出版社 2012 年版。

8. 陈涛、兰小伟：《关于在我国实施儿童家庭社会救助政策的探讨》，载杨团、高鉴国《当代社会政策研究 V，"第五届社会政策国际论坛暨系列讲座"文集》，中国劳动社会保障出版社 2010 年版。

9. 郭砾、赵云：《平衡工作与家庭：国际视角与中国政策》，《山西师大学报》（社会科学版）2013 年第 2 期。

10. 王兆萍：《工作价值观变化与我国劳动就业政策改革趋向》，《经济社会体制比较》2013 年第 3 期。

11. 彭大松：《农村劳动力流动对家庭福利的影响》，《南京人口管理干部学院学报》2012 年第 2 期。

12. 戚功、李春勤：《发展重庆市现代家政服务产业，培育现代社会组织体系的八项建议》，《重庆行政》（公共论坛）2013 年第 4 期。

13. 上海工程技术大学课题组：《新形势下上海促进就业的机制研究》，《科学发展》2014 年第 2 期。

14. 孟平原：《零就业家庭就业援助长效机制的建立与运行》，《中国就业》2010 年第 7 期。

15. 石智雷：《乡城迁移过程中劳动力个人发展能力的损失与重建》，《哈尔滨工业大学学报（社会科学版）》2012 年第 6 期。

16. 曾艳华：《农民发展能力的问题与对策》，《改革与战略》2006 年第 6 期。

17. 钟育浩：《就近就业与家庭重建》，《价值工程》2014 年第 15 期。

18. 钱文荣、张黎莉：《农民工的工作—家庭关系及其对工作满意度的影响——基于家庭式迁移至杭州、宁波、温州三地农民工的实证研究》，《中国农村经济》2009 年第 5 期。

19. 田莉、秦剑：《创业—家庭冲突与新生企业初期绩效关系研究》，《管理学报》2013 年第 6 期。

20. 邹良影：《社会工作视角下的家庭经济困难大学生就业创业指导服务研究——以温州科技职业学院为例》，硕士学位论文，华中农业大学，2013 年。

21. 吴要武、蔡昉：《中国城镇劳动力市场政策：覆盖、瞄准与成效——以失业严重地区为例》，《中国劳动经济学》2009 年第 1 期。

22. 余臣：《残疾人就业援助服务的输送困境研究——以上海市"阳光

基地"为例》，硕士学位论文，华东理工大学，2013 年。

23. 周冰：《"零就业家庭"就业援助研究——以岳阳市为例》，中南大学，2010 年。

24. 刘伯红、张永英、李亚妮：《从工作与家庭的平衡看公共政策的改革与完善》，《中华女子学院学报》2010 年第 6 期。

25. 和建花：《法国家庭政策及其对支持妇女平衡工作家庭的作用》，《妇女研究论丛》2008 年第 6 期。

26. 宋义丽：《职业和家庭——两难选择中的德国妇女》，《德国研究》2004 年第 4 期。

27. 蓝瑛波：《瑞典的家庭政策和妇女就业》，《学海》1999 年第 3 期。

28. 陈成文、邓婷：《就业援助：英、美、日三国的实践模式及其启示》，《湖南师范大学社会科学学报》2009 年第 2 期。

29. 王海燕：《战后日本家庭福利政策的选择》，载《中国社会服务政策与家庭福利国际研讨会论文集》，2008 年。

北京市主要就业创业政策的目录

颁布年份	文件名称	文件编号
1996	北京市劳动局关于转发东城区劳动局《关于加强就业服务体系整体功能运作的实施意见》的通知	京劳就发〔1996〕254号
1997	关于做好驻京部队军官随军家属安置工作的通知	
1998	北京市人才市场管理条例	北京市人民代表大会常务委员会公告第102号
1998	北京市劳动力市场管理条例	北京市人民代表大会常务委员会公告第5号
1998	北京市人才市场中介服务机构管理办法	北京市人民政府令第13号
2000	北京市职业介绍管理规定	北京市人民政府令第57号
2001	北京市人民政府印发关于完善本市城镇社会保障体系意见的通知	京政发〔2001〕16号
2001	北京市劳动和社会保障局、北京市财政局关于大龄下岗职工保护性政策有关问题的通知	京劳社就发〔2001〕117号
2002	中共北京市委、北京市人民政府关于贯彻落实中共中央国务院关于进一步做好下岗失业人员再就业工作文件的通知	京发〔2002〕18号
2002	北京市城镇失业人员自谋职业社会保险费补助办法	京劳社服发〔2002〕50号
2003	北京市人民政府关于加大政策扶持力度 进一步促进失业人员再就业工作的通知	京政发〔2003〕19号
2003	北京市国家税务局转发《财政部、国家税务总局关于下岗失业人员再就业有关税收政策问题的通知》的通知	京国税发〔2003〕9号

续表

颁布年份	文件名称	文件编号
2003	北京市国家税务局、北京市地方税务局、北京市劳动和社会保障局转发《国家税务总局、劳动和社会保障部关于促进下岗失业人员再就业税收政策具体实施意见的通知》的通知	京国税发〔2003〕20 号
	北京市国家税务局转发《财政部、国家税务总局关于下岗失业人员再就业税收政策的补充通知》的通知	京国税发〔2003〕199 号
	北京市财政局、北京市国家税务局、北京市地方税务局、北京市劳动和社会保障局转发《财政部、国家税务总局关于下岗失业人员再就业有关税收政策问题的通知和国家税务总局、劳动和社会保障部关于促进下岗失业人员再就业税收政策具体实施意见的通知》	京财税〔2003〕173 号
	北京市财政局、北京市地方税务局转发《财政部、国家税务总局关于下岗失业人员再就业税收政策问题的补充通知》	京财税〔2003〕1321 号
	关于印发北京市促进下岗失业人员再就业资金管理办法的通知	京财社〔2003〕454 号
	北京市地方税务局关于全面贯彻落实下岗失业人员再就业政策的通知	京地税再〔2003〕550 号
	关于建立"4050"就业困难人员再就业援助制度的通知	京劳社就发〔2003〕19 号
	关于建立用人单位空岗报告制度的通知	京劳社就发〔2003〕128 号
	北京市社区公益性就业组织安置就业困难人员专项补助办法	京劳社服发〔2003〕92 号
2004	关于印发《建立促进城市低保就业服务对象就业机制暂行办法实施细则》的通知	京劳社就发〔2004〕187 号
	关于加强全市街道(乡镇)劳动保障工作行风建设的意见	京劳社纪发〔2004〕104 号
	关于印发《市级财政补助困难区县再就业专项资金管理办法》的通知	京财社〔2004〕1399 号
	关于印发《北京市街道(乡镇)社会保障事务所管理办法》的通知	京劳社服发〔2004〕36 号
2005	北京市人民政府办公厅转发市人事局市财政局关于《北京市吸引高级人才奖励管理规定》的通知	京政办发〔2005〕18 号

续表

颁布年份	文件名称	文件编号
2005	北京市委办公厅、北京市人民政府办公厅关于引导和鼓励高校毕业生面向基层就业的实施意见	京办发〔2005〕32号
	北京市人事局关于印发《北京市吸引高级人才奖励管理规定实施办法》的通知	京人发〔2005〕57号
2006	北京市人民政府贯彻落实国务院关于进一步加强就业再就业工作文件的通知	京政发〔2006〕4号
	关于印发《鼓励用人单位招用本市农村就业困难人员岗位补贴试行办法》的通知	京劳社就发〔2006〕53号
	关于印发《北京市农村劳动力转移就业管理办法》的通知	京劳社就发〔2006〕86号
	北京市劳动和社会保障局关于印发《用人单位招用失业人员社会保险和岗位补贴办法》的通知	京劳社就发〔2006〕89号
	关于印发《北京市城镇失业人员灵活就业社会保险补贴办法》的通知	京劳社就发〔2006〕160号
	关于印发《北京市鼓励城镇就业困难人员自谋职业（自主创业）社会保险补贴办法》的通知	京劳社服发〔2006〕45号
	关于印发《关于完善小额担保贷款办法促进创业工作的实施意见》的通知	京劳社服发〔2006〕54号
	关于印发《北京市街道、乡镇社会保障事务所评估工作方案》的通知	京劳社服发〔2006〕64号
2007	北京市人民政府关于修改《北京市失业保险规定》的决定	北京市人民政府令第190号
	北京市劳动就业服务企业管理实施办法	北京市人民政府令第200号
	关于促进"零就业家庭"劳动力就业的通知	京劳社就发〔2007〕53号
	关于用人单位招用失业人员享受工资性岗位补贴有关问题的通知	京劳社就发〔2007〕170号
	北京市劳动和社会保障局、北京市人事局、北京市财政局关于促进随军家属就业有关问题的通知	京劳社就发〔2007〕179号
	北京市街道、乡镇社会保障事务工作管理制度	京劳社服发〔2007〕214号
	北京市公共就业服务机构综合性服务场所功能手册	

颁布年份	文件名称	文件编号
2007	北京市财政局、北京市国家税务局、北京市地方税务局转发《财政部国家税务总局关于促进残疾人就业税收优惠政策的通知》	京财税〔2007〕1362号
	关于印发《北京市残疾人就业保障金管理使用暂行办法》的通知	京财社〔2007〕252号
2008	北京市人民政府办公厅转发《北京市劳动保障局关于促进农村劳动力转移就业工作指导意见的通知》	京政办发〔2008〕57号
	关于继续执行各项促进就业政策的通知	京劳社就发〔2008〕195号
	关于进一步规范全市社保所劳动保障业务工作台账的通知	京劳社服发〔2008〕235号
2009	北京市人民政府《关于实施稳定就业扩大就业六项措施的通知》	京政发〔2009〕6号
	北京市人民政府关于印发《北京市鼓励海外高层次人才来京创业和工作暂行办法》和《北京市促进留学人员来京创业和工作暂行办法》的通知	京政办发〔2009〕14号
	北京市人民政府办公厅《关于做好2009年普通高等学校毕业生就业工作的通知》	京政办发〔2009〕16号
	北京市财政局、北京市人力资源和社会保障局关于印发《北京市就业再就业资金管理办法》的通知	京财社〔2009〕703号
	关于印发《北京市发挥劳动密集型小企业对促进失业人员就业辐射带动作用政府支持政策实施办法》的通知	京财金融〔2009〕735号
	关于印发《鼓励用人单位招用本市农村就业困难人员的岗位补贴和社会保险补贴办法》的通知	京劳社就发〔2009〕15号
	关于加强本市农村劳动力转移就业基础管理工作有关问题的通知	京劳社就发〔2009〕48号
	关于印发《北京市职业培训补贴管理办法》的通知	京人社办发〔2009〕5号
	关于印发《北京市社区公益性就业组织安置就业特困人员专项补贴管理办法》	京人社办发〔2009〕7号
	北京市人力资源和社会保障局、北京市财政局关于印发《鼓励职业中介机构开展公共就业服务的职业介绍补贴试行办法》的通知	京人社办发〔2009〕113号

续表

颁布年份	文件名称	文件编号
	关于印发《北京市扶持残疾人自主创业个体就业暂行办法》的通知	京残发〔2009〕25 号
	关于印发《北京市残疾人职业培训补贴暂行办法》的通知	京残发〔2009〕100 号
2010	关于深入推进选聘高校毕业生到农村工作的意见	京办发〔2010〕23 号
	关于印发《北京市"纯农就业家庭"转移就业援助工作意见》的通知	京人社就发〔2010〕97 号
	关于印发《促进就业资金监督管理办法（试行）》的通知	京人社就发〔2010〕110 号
	关于进一步做好驻京部队随军家属就业安置工作的通知	京人社调发〔2010〕187 号
	关于印发《北京市职业培训补贴资金管理办法（试行）》的通知	京人社能发〔2010〕233 号
	北京市财政局、北京市国家税务局、北京市地方税务局转发《财政部、国家税务总局关于支持和促进就业有关税收政策》的通知	京财税〔2010〕2961 号
	关于印发《北京市妇女创业就业小额担保贷款财政贴息管理办法》的通知	京财金融〔2010〕145 号
	北京市财政局、北京市人力资源和社会保障局、中国人民银行营业管理部、北京市妇女联合会关于印发《北京市妇女创业小额担保贷款实施暂行办法》的通知	京财经一〔2010〕889 号
2011	北京市人民政府关于进一步加强职业培训工作的意见	京政发〔2011〕33 号
	北京市人民政府、北京卫戍区关于落实国务院中央军委文件精神加强退役士兵职业教育和技能培训工作的通知	京政发〔2011〕40 号
	北京市人民政府关于进一步做好普通高等学校毕业生就业工作的通知	京政发〔2011〕52 号
	北京市人民政府办公厅转发市人力社保局《关于营造创新创业环境推进创业带动就业工作指导意见的通知》	京政办发〔2011〕66 号
	北京市财政局、北京市地方税务局转发《财政部、国家税务总局关于安置残疾人就业单位城镇土地使用税等政策》的通知	京财税〔2011〕157 号

颁布年份	文件名称	文件编号
2011	关于印发《北京市就业失业登记管理暂行办法》的通知	京人社就发〔2011〕79号
	关于印发《北京市〈就业失业登记证〉管理暂行办法》的通知	京人社就发〔2011〕80号
	关于城市化建设地区农村劳动力纳入就业失业管理制度有关问题的通知	京人社就发〔2011〕233号
	关于印发《北京市员工制家政服务企业享受社会保险补贴实施办法》的通知	京人社就发〔2011〕234号
	关于进一步做好我市军人家属随军工作有关问题的通知	京人社调发〔2011〕216号
2012	北京市实施《中华人民共和国残疾人保障法》办法	北京市人民代表大会常务委员会公告第19号
	北京市就业援助规定	北京市人民代表大会常务委员会公告第21号
	北京市人民政府关于进一步支持小型微型企业发展的意见	京政发〔2012〕40号
	关于开展创业培训工作有关问题的通知	京人社能发〔2012〕34号
	关于开展员工制家政服务员职业技能培训有关工作的通知	京人社能发〔2012〕35号
	关于印发《用人单位岗位补贴和社会保险补贴管理办法》的通知	京人社就发〔2012〕308号
	北京市财政局、北京市人力资源和社会保障局、中国人民银行营业管理部关于印发《北京市失业人员从事微利项目小额担保贷款财政贴息管理办法》的通知	京财金融〔2012〕1082号
	北京市小额担保贷款担保基金管理实施办法	京财经一〔2012〕862号
	关于印发《北京市用人单位安排残疾人就业岗位补贴和超比例奖励办法》的通知	京残发〔2012〕44号
	关于印发《北京市扶持集中安置残疾人就业单位实施意见》的通知	京残发〔2012〕48号
	关于进一步推进市属国有及国有控股企业安排残疾人就业工作的指导意见	京国资发〔2012〕12号
	北京市退役士兵职业教育和技能培训工作暂行办法	京民安发〔2012〕29号

续表

颁布年份	文件名称	文件编号
2013	关于加强小额担保贷款财政贴息资金管理的通知	财金〔2013〕84号
	北京市人民政府办公厅印发北京市贯彻落实国务院办公厅关于做好2013年全国普通高等学校毕业生就业工作文件实施意见的通知	京政办发〔2013〕28号
	北京市人力资源和社会保障局关于实施离校未就业高校毕业生就业促进计划的通知	京人社毕发〔2013〕174号
2014	北京市人民政府关于加快发展人力资源服务业的意见	京政发〔2014〕31号
	北京市人民政府办公厅关于做好2014年普通高等学校毕业生就业创业工作的实施方案	京政办发〔2014〕45号
	关于印发《北京市社会公益性就业组织管理试行办法》的通知	京人社就发〔2014〕170号
	关于贯彻落实《北京市社会公益性就业组织管理试行办法》有关工作的通知	京人社就发〔2014〕182号
	北京市财政局、北京市国家税务局、北京市地方税务局、北京市民政局转发财政部、国家税务总局、民政部关于调整完善扶持自主就业退役士兵创业就业有关税收政策的通知	京财税〔2014〕1404号
	北京市财政局、北京市国家税务局、北京市地方税务局、北京市人力资源和社会保障局转发财政部、国家税务总局、人力资源社会保障部关于继续实施支持和促进重点群体创业就业有关税收政策的通知	京财税〔2014〕1763号
	关于印发《关于进一步加大创业孵化基地扶持力度　鼓励创新创业的意见》的通知	京人社服发〔2014〕83号
	关于印发《北京市职业技能鉴定费及实操材料费收支管理办法》的通知	京人社职鉴发〔2014〕173号
2015	关于失业保险支持企业稳定岗位有关问题的通知	京人社就发〔2015〕186号
	关于转发人力资源和社会保障部中央综治办《关于加强专业性劳动争议调解工作的意见》的通知	京人社仲发〔2015〕266号
	关于开展家庭服务业规范化职业化建设的通知	京人社农工发〔2015〕232号
	关于实现创业的毕业年度内高校在校生办理《就业创业证》有关问题的通知	京人社就发〔2015〕220号

续表

颁布年份	文件名称	文件编号
2015	北京市人力资源服务机构 2016 年组织小型定期招聘会的行政许可通告	京人社发〔2015〕9 号
2016	关于开展 2016 年北京市留学人员回国创业启动支持计划申报工作的通知	京人社调发〔2016〕12 号
	关于开展 2016 年度北京市留学人员科技活动项目择优资助申报工作的通知	京人社调发〔2016〕26 号
	关于开展 2015 年度稳岗补贴申报工作的通知	京人社就发〔2016〕57 号
	关于调整北京市 2016 年最低工资标准的通知	京人社劳发〔2016〕128 号
	关于阶段性降低本市用人单位招用社会保险补贴比例的通知	京人社就发〔2016〕141 号
	关于发布 2016 年北京市行业工资指导线的通知	京人社劳发〔2016〕147 号
	关于进一步推进创业培训有关工作的通知	京人社能发〔2016〕150 号
	关于实施大学生村官和选调生工作并轨的通知	京人社毕发〔2016〕215 号
	关于取消招聘会行政许可　加强事中事后监管的通知	京人社市场发〔2016〕248 号
	关于用人单位招用本市高校毕业生、退役士兵等人员享受岗位补贴、社会保险补贴有关问题的通知	京人社就发〔2016〕264 号
2017	关于调整城乡就业制度有关问题的通知	京人社就发〔2017〕32 号
	关于印发《京津冀地区拖欠劳动者工资异地投诉办法（试行）》的通知	京人社监发〔2017〕50 号
	关于开展 2016 年度稳岗补贴申报工作的通知	京人社就发〔2017〕63 号
	关于深化推进民办职业培训机构审批管理工作的通知	京人社能发〔2017〕26 号
	关于支持和鼓励高校、科研机构等事业单位专业技术人员创新创业的实施意见	京人社专技发〔2017〕117 号
	关于进一步完善机关事业单位工勤技能人员职业技能培训鉴定工作的通知	京人社专技发〔2017〕118 号
	北京市人力资源社会保障局 北京市财政局关于参加失业保险的企业职工享受技能提升补贴有关问题的通知	京人社就发〔2017〕169 号
	关于进一步调整城乡就业管理制度有关问题的通知	京人社就发〔2017〕171 号

附件 2

北京市现行就业创业政策对象及待遇标准

类别	政策名称（实施时间）	政策对象	待遇标准
1. 职业介绍补贴政策	1.1《鼓励职业中介机构开展公共就业服务的职业介绍补贴试行办法》（2009年9月1日）	依法取得职业中介行政许可，经市人力资源保障局以公开招投标或资质认定的方式择优确认的职业中介机构，为本市城镇登记失业人员、有转移就业要求的农村劳动力和未京农民工提供免费职业介绍等公共就业服务，使其成功在本市用人单位稳定就业的	第三条 职业介绍补贴为日常职业介绍服务补贴和公共就业服务专项活动补贴，由市就业再就业资金列支。日常职业介绍服务补贴：职业中介机构免费为服务对象提供求职登记、职业指导、岗位推荐，政策咨询，跟踪辅导等系列职业介绍服务，成功向服务对象与用人单位签订一年及以上劳动合同，且用人单位实际履行合同3个月及以上并按相关规定为服务对象缴纳社会保险的，按每人300元标准给予补贴。服务对象属于本市城乡就业困难人员的，按每人500元的标准给予补贴。公共就业服务专项活动补贴：职业中介机构参加市人力资源保障局统一开展的公共就业服务专项活动，免费提供职业招聘洽谈和政策咨询服务的，按每次2000元的标准给予公共就业服务专项活动补贴。

续表

类别	政策名称（实施时间）	政策对象	待遇标准
2. 职业培训补贴政策（开展职业指导培训、职业技能培训、创业培训、职业技能鉴定的补贴）	2.1《北京市人民政府〈关于实施稳定就业扩大就业六项措施的通知〉》（2009年4月1日）	企业和职工参加失业保险并履行了缴费义务，对享受稳定就业社会保险补贴和岗位补贴的企业，组织职工开展待岗转岗技能培训的	一、按照每人每月100元的标准给予企业最长不超过6个月的稳定就业培训补贴。凡经过培训获得职业资格等级证书的，在每人每月100元的基础上，初级工每人每月再给予200元，中级工每人每月再给予300元，高级工及以上每人每月再给予400元的培训补贴。
		定点职业技能培训机构	四、对城镇失业人员、本市有转移就业意愿的农村劳动力，提高免费职业技能培训补贴标准，由人均每次550元提高到每次1100元。提高免费创业培训补贴标准，由每人次1329元提高到每人次2400元。
	2.2《北京市职业培训补贴管理办法》（2009年4月1日）	具备资质条件并经确定的培训机构，承担本市城镇失业人员和农村转移就业劳动力免费职业培训任务的	第四条 职业培训补贴包括：职业指导培训补贴、职业技能培训补贴、职业技能鉴定补贴和创业培训补贴。职业技能培训补贴、职业技能鉴定补贴由培训机构根据开展职业培训的人数、培训质量和就业效果申请；职业指导培训补贴由区县劳动保障局职业介绍服务中心根据开展职业培训人数负责申请。职业指导培训补贴纳入财政预算管理使用。 第十二条 职业指导培训补贴标准按实际培训人数给予20元/人的补助。 第十六条 职业培训补贴标准由市人力资源和社会保障局、市财政局根据职业培训的人数、培训教学、实际操作训练、技能考核鉴定等成本费用的浮动做出相应调整，并定期公布。
	2.3《北京市残疾人职业培训补贴暂行办法》（2009年9月27日）	各级残联和残疾人就业服务机构、各级残联和残疾人就业服务机构或用人单位	第三条 本办法适用于具有本市户籍，持有"中华人民共和国残疾人证"，男年满16周岁未满60周岁、女年满16周岁未满50周岁（不含在校学生）自愿参加职业培训的残疾人。 第五条 职业培训补贴标准、考核、资金申请及拨付程序等按照《关于印发〈北京市职业培训补贴管理办法〉的通知》规定执行。

类别	政策名称（实施时间）	政策对象	待遇标准
2. 职业培训补贴政策（开展职业指导与培训、职业技能培训、创业培训、职业技能鉴定的补贴）	2.3《北京市残疾人职业培训补贴暂行办法》（2009年9月27日）	各级残联和残疾人就业服务机构，各级残联和残疾人就业服务机构委托残疾人就业服务或用人单位	城镇登记失业残疾人和农村转移就业残疾人享受各级残联和残疾人就业服务机构组织的免费培训政策取得结业或职业资格证书后6个月内未实现就业的，当年再到市残联与市人力资源和社会保障局认定的残疾人职业培训机构参加一次职业技能培训并取得职业资格证书的，按照培训费标准的90%给予培训补贴。 第六条 在职残疾人参加本单位组织的培训后，为提高职业技能水平，参加从事职业（工种）培训并取得高一等级职业资格证书的，每取得一次高一等级职业资格证书的，按照培训费标准的60%给予补贴；在职残疾人参加本市职业（工种）之外的职业资格培训与市人力资源和社会保障局认定的职业资格证书的，参加培训费用标准的50%给予补贴。 （一）参加培训的机构必须为市残联与市人力资源和社会保障局认定的残疾人职业培训机构； （二）在职残疾人享受培训的补贴次数最多不超过3次。
	2.4《关于深入推进选聘高校毕业生到村任职工作的意见》（2010年1月13日）	招用合同期满大学生"村官"的企业	20. 可按规定申请享受岗位补贴、社会保险补贴。
	2.5《北京市职业培训补贴资金管理办法（试行）》（2011年1月1日）	本市各级各类职业院校和职业技能培训机构，由区县人力社保局以资质认定或公开招标等方式确定为定点职业技能培训机构，对符合条件的本市城镇失业人员、农村转移就业劳动力和外来农民工，开展职业技能培训、职业技能鉴定和创业培训的	第十九条 职业技能培训补贴根据每个班级的实际培训人数，按照《北京市职业技能培训职业（工种）补贴标准目录》①及下列考核标准进行补贴： （一）本市城镇失业人员和农村转移就业劳动力；培训合格率达到90%，培训以取得《结业证书》、其他培训以取得《国家职业资格证书》或《特种设备作业证》，就业率达到90%的，按补贴标准给予全额补助；培训合格率未达到90%或就业率未达到90%的，按补贴标准的60%给予补助。

193

类别	政策名称（实施时间）	政策对象	待遇标准
2. 职业培训补贴政策（开展职业指导培训、职业技能培训、创业培训、职业技能鉴定的补贴）	2.5《北京市职业培训补贴资金管理办法（试行）》（2011年1月1日）	本市各级各类职业院校和职业技能培训机构，由区县人力社保局以资质认定或公开招标等方式确定为定点职业技能培训机构，对符合条件的本市城镇失业人员、农村转移就业劳动力和外来农民工，开展职业技能培训、职业培训指导和创业培训、职业技能鉴定和创业培训的	（二）外来农民工：培训合格率达到90%的（职业资格证书《结业证书》为准；岗前培训以取得《结业证书》《国家职业资格证书》为准），按补贴标准的60%给予补助。培训合格率未达到90%的，按补贴标准的实际培训人数，按照市人力资源和社会保障、价格管理部门规定的收费标准给予全额补助。 第二十条　职业技能鉴定补贴按照市人力资源和社会保障、价格管理部门规定的收费标准②，根据参加职业技能鉴定的实际人数先垫付后申报。 第二十一条　创业培训补贴根据每个班级的实际合格人数，按照2400元/人的标准分两个阶段进行申请和补助。培训合格率达到80%的，按补贴标准的40%给予补助。培训一年内，经后续跟踪和开业指导，创业成功率达到30%的，按补贴标准的60%给予补助；创业成功率不足30%的，按补贴标准的20%给予补助。 注：①北京市职业技能培训职业（工种）补贴标准目录，培训补贴标准（职业类别）有四个：1200元（A类），1000元（B类），800元（C类），400元（非职业培训）。②参照《北京市职业技能鉴定费及实操材料费收支管理办法》（2014年8月20日起施行）。
	2.6《关于开展员工制家政服务员职业技能培训有关工作的通知》（2012年2月9日）	员工制家政服务企业招用法定劳动年龄内的外省市来京务工人员、本市城镇失业人员及本市农村转移就业劳动力为员工制家政服务员的	一、员工制家政服务员可以由员工制家政服务企业组织参加一次免费职业技能培训和职业技能鉴定。 四、职业培训补贴标准为初级每人1500元、中级每人1800元，按照补贴标准全额补助。取得《北京市家政服务职业资格证书》的，按照补贴标准的70%给予补助。未取得《北京市家政服务职业资格证书》的，按照补贴标准的收费标准，根据参加职业技能鉴定的实际人数给予补助。本市城镇失业人员及本市农村转移就业劳动力培训及鉴定补贴所需资金，由失业保险基金负担；外省市来京务工人员的培训及鉴定补贴所需资金，由财政就业专项资金负担。

类别	政策名称（实施时间）	政策对象	待遇标准
2. 职业培训补贴政策（开展职业指导培训、职业技能培训、创业培训、职业技能鉴定的补贴）	2.7《北京市贯彻落实国务院办公厅关于做好2013年全国普通高等学校毕业生就业工作的实施意见》（2013年6月19日）	毕业学年及毕业2年内未就业的高校毕业生参加创业培训的	三、对于毕业学年（即从毕业前一年7月1日起的12个月）及毕业2年内未就业的高校毕业生参加创业培训的，按本市规定给予培训补贴，所需资金由就业专项资金支出。
		离校未就业高校毕业生	五、在毕业年度内参加职业技能培训的，根据其取得职业资格证书（未颁布国家职业技能标准的职业应取得专项职业能力证书或培训合格证书）或就业情况，按照规定给予培训补贴；对在毕业年度内通过初次职业技能鉴定并取得职业资格证书的，按照规定给予一次性职业技能鉴定补贴，所需资金由就业专项资金支出。
	2.8《军人随军家属就业安置办法》（2013年10月8日）	随军家属	第十五条 对参加职业培训的，按规定给予职业培训补贴；通过初次职业技能鉴定并取得职业资格证书的，按规定给予职业技能鉴定补贴。
	2.9《关于进一步加大创业孵化基地创新创业扶持力度鼓励新创业的意见》（2014年4月4日）	孵化基地内的初创企业法定代表人或主要负责人	三、对参加培训的创业者给予培训补贴。
	2.10《北京市人民政府办公厅关于做好2014年普通高等学校毕业生就业创业工作的实施方案》（2014年9月19日）	小型微型企业新招用本市高校毕业生的	三、从招用之日起6个月内开展岗前培训或职业资格培训的，按规定给予培训补贴。
		在见习期间参加职业培训的本市高校毕业生	五、在高校毕业生就业服务部门申请就业见习，并在见习期间参加见习，凭职业资格证书及相关证明，可享受一次性职业培训补贴。培训的本市高校毕业生，凭职业资格证书及相关证明，可享受一次性职业培训补贴。

续表

类别	政策名称（实施时间）	政策对象	待遇标准
	2.11《关于开展规范化家庭服务业职业化建设的通知》（2015年10月28日）	医院、养老机构、家政服务业企业开展医院陪护人员（护工）、养老护理员、家政服务员岗前培训和职业资格培训	三、推进家庭服务业"两化"建设的重点任务（四）大力开展家庭服务业职业技能培训、鉴定。以家政服务员、养老护理员和病患陪护人员为重点，实施农民工职业技能提升计划。鼓励医院、养老机构，家政服务企业结合岗位需求，依托专业培训机构及行业协会或发挥自身优势，开展医院陪护人员（护工）、养老护理员、家政服务员岗前培训和职业资格培训，组织参加相应行业考核和职业技能鉴定，提高职业素质和技能水平。对符合条件的，按规定给予职业技能培训和职业技能鉴定补贴。
2. 职业培训补贴政策（开展职业指导培训、职业技能培训、创业培训、职业技能鉴定的补贴）	2.12《关于进一步推进创业培训有关工作的通知》（2016年10月1日）	参加创业培训取得《北京市创业培训合格证书》的人员	四、建立绩效评估制度 从2016年10月1日起，创业培训补贴方式由原来的按班级考核调整为按人考核。参加创业培训取得《北京市创业培训合格证书》的人员，按照补贴标准的40%给予补贴；创业成功的，再按照补贴标准的60%给予补贴，创业不成功的，不予补贴。创业培训的补贴标准按照《关于印发北京市职业培训补贴资金管理办法（试行）的通知》（京人社就发〔2010〕233号）执行。
	2.13《北京市人力资源社会保障局 北京市财政局关于参加失业保险职工享受技能提升补贴有关问题的通知》（2017年7月1日）	依法参加失业保险三年以上，取得技能人员职业资格证书或职业技能等级证书的企业职工	一、自2017年1月1日起，依法参加失业保险三年以上，取得技能人员职业资格证书或职业技能等级证书，可申请参保职工技能提升补贴（以下简称"技能提升补贴"）。二、企业职工申请技能提升补贴应同时符合以下条件：（一）取得技能人员职业资格证书或职业技能等级证书，属于企业职工的；（二）在本市依法参加失业保险并累计缴纳失业保险费36个月（含36个月）以上的；（三）技能（三级）、高级（三级）职业技能等级证书自2017年1月1日起取得或职业资格证书或职业技能等级证书的。

类别	政策名称（实施时间）	政策对象	待遇标准
2. 职业培训补贴政策（开展职业指导、职业培训、创业培训、职业技能培训、职业技能鉴定的补贴）	2.13《北京市人力资源社会保障局 北京市财政局关于参加失业保险的企业职工受技能提升补贴有关问题的通知》（2017年7月1日）	依法参加失业保险三年以上，取得技能人员职业资格证书或职业技能等级证书的企业职工	三、技能提升补贴标准按照取得的等级分为三档：取得初级（五级）职业资格证书或职业技能等级证书的，补贴标准为1000元；取得中级（四级）职业资格证书或职业技能等级证书的，补贴标准为1500元；取得高级（三级）职业资格证书或职业技能等级证书的，补贴标准为2000元。同一职业（工种）同一等级只能申请并享受一次技能提升补贴。技能提升补贴标准将根据我市失业保险基金运行情况、职业技能培训、职业技能鉴定收费标准等因素，适时调整。四、符合条件的企业职工可在职业资格证书或职业技能等级证书核发之日起12个月内，到本人户籍地或居住地所在街道（乡镇）社保所申请技能提升补贴。六、市人力资源社会保障局、财政局根据首都功能定位、产业发展方向及人力资源市场需求，适时研究出台紧缺急需的职业（工种）目录。对人力资源社会保障部门确定为我市紧缺急需职业（工种）予以倾斜。
3. 岗位补贴和社会保险补贴政策	3.1《北京市鼓励城镇就业困难人员自谋职业（自主创业）社会保险补贴办法》（2006年5月1日）	从事个体经营的本市城镇登记失业人员（自主创业）符合下列条件的：（一）女年满40周岁以上，男年满50周岁以上，及在法定劳动年龄内的中、重度残疾人；（二）在失业期间依法申领《个体工商户营业执照》《税务登记证》，正常经营3个月以上，并按规定办理了就业登记手续；（三）在市或区、县职业介绍服务中心办理了个人委托存档手续。	第四条 自谋职业（自主创业）社会保险补贴标准：（一）基本养老保险：以本市上年末职工月平均工资标准为缴费基数，按照28%的费率，补助20%，个人缴纳8%。自谋职业（自主创业）人员达到国家规定的退休年龄时，按照本市最低工资标准享受基本养老保险待遇。（二）失业保险：以本市上年末职工月平均工资的70%为缴费基数，按照2%的费率，补助1.5%，个人缴纳0.5%。人员失业后，自谋职业（自主创业）人员享受失业保险待遇。（三）基本医疗保险：以本市上年末职工月平均工资的70%为缴费基数，按照7%的费率，补助6%，个人缴纳1%。自谋职业（自主创业）人员享受基本医疗保险待遇。患病时，按照《北京市个人委托存档人员参加基本医疗保险暂行办法》（京劳医发〔2001〕186号）的规定享受基本医疗保险待遇。上述标准市有关规定调整时，按新标准执行。

续表

类别	政策名称（实施时间）	政策对象	待遇标准
3. 岗位补贴和社会保险补贴政策	3.1《北京市鼓励城镇就业困难人员自谋职业（自主创业）社会保险补贴办法》（2006年5月1日）	从事个体经营的本市城镇登记失业人员符合下列条件的：（一）女年满40周岁、男年满50周岁以上及在法定劳动年龄内的；（二）在失业期间依法申领《个体工商户营业执照》《税务登记证》，正常经营3个月以上，并按规定办理了就业登记手续；（三）在市或县城户籍社区、县职业介绍服务中心办理了个人委托存档手续	第五条 自谋职业（自主创业）可申请补贴的社会保险补贴期限：（一）申请补贴时，女年满40周岁、男年满50周岁的及中度残疾人，可按第四条规定的标准连续享受3年的社会保险补贴。享受期满后，对经营状况良好并吸纳5名以上本市城镇失业人员就业的，可再享受2年的社会保险补贴；（二）申请补贴时，女年满45周岁、男年满55周岁的及重度残疾人，可按第四条规定的标准连续享受最长5年的社会保险补贴。
	3.2《用人单位招用失业人员社会保险和岗位补贴办法》（2006年7月1日）	企业事业单位、国家机关、社会团体、个体工商户等各类用人单位，招用城镇登记失业人员的	第四条 用人单位招用持《再就业优惠证》的失业人员且符合下列条件的，给予社会保险补贴、岗位补贴：（一）商贸企业、服务型企业（国家限制的广告业、房屋中介、典当、桑拿、按摩、氧吧除外），招用女满35周岁、男满40周岁以上的失业人员，签订1年及以上期限劳动合同的，在合同期内给予最长不超过3年的社会保险补贴；用人单位招用女满40周岁，男满50周岁以上的失业人员（以下简称"4050"失业人员，享受社区公益性就业组织安排的公益岗位以及国家机关、事业单位中财政已安排单位缴纳社会保险费的人员除外），签订1年及以上期限劳动合同的，在合同期内给予最长不超过5年的社会保险补贴。（二）用人单位招用"4050"失业人员，签订3年及以上期限劳动合同的，除按上述规定给予社会保险补贴外，每招用1人再给予5000元的岗位补贴。

续表

类别	政策名称（实施时间）	政策对象	待遇标准
3. 岗位补贴和社会保险补贴政策	3.2《用人单位招用失业人员社会保险和岗位补贴办法》（2006年7月1日）	企业事业单位、国家机关、社会团体、个体工商户各类用人单位，招用城镇登记失业人员的	（三）用人单位招用中度残疾失业人员，签订1年及以上期限劳动合同的，在合同期内给予最长不超过3年的社会保险补贴；招用重度残疾失业人员，签订1年及以上期限劳动合同的，在合同期内给予最长不超过5年的社会保险补贴。 用人单位招用中、重度残疾失业人员，签订3年及以上期限劳动合同的，除按上述规定给予社会保险补贴外，每招用1人再给予5000元的岗位补贴。 第五条 用人单位招用失业人员后，按规定为其缴纳社会保险费，并代扣代缴个人应缴部分。社会保险补贴按以下标准计算： （一）基本养老保险以上年本市最低工资标准为基数，补助20%。 （二）失业保险补贴以上年本市最低工资标准为基数，补助1.5%。 （三）基本医疗保险补贴以本市上年度职工平均工资标准的60%为基数，补助9%。 上述补贴标准遇本市进行调整时，按新规定执行。 第七条 岗位补贴采取"先期安置、分期拨付"的方法，即：各类用人单位招用"4050"失业人员中、重度残疾失业人员，签订3年以上劳动合同，缴纳和代扣代缴社会保险费，履行劳动合同满1年后，于次月1日起30日内向单位所在地区（县）劳动保障局提出申请，经市劳动保障局批准先补助3000元，待履行劳动合同满2年后，再次补助2000元。
	3.3《北京市城镇登记失业人员灵活就业社会保险补贴办法》（2007年1月1日）	具有本市城镇户口的城镇登记失业人员符合下列条件的：（一）女满40周岁、男满45周岁以上及中、重度残疾人	第四条 灵活就业社会保险期限： （一）符合第三条规定的"4045"失业人员的，最长3年的社会保险补贴； （二）距法定退休年龄不足5年的城镇登记失业人员及重度残疾人员可以享受最长5年累计的社会保险补贴。

续表

类别	政策名称（实施时间）	政策对象	待遇标准
3. 岗位补贴和社会保险补贴政策	3.3 《北京市城镇登记失业人员灵活就业社会保险补贴办法》（2007年1月1日）	（二）在社区居民形成服务关系，或在区县、街道（乡镇）、社区统一安排下从事自行车修理、再生资源回收、便民理发、果蔬零售等社区服务性工作，以及没有固定工作单位、岗位不固定、工作时间不固定，取得合法收入的其他灵活就业人员；（三）已实现灵活就业满30日，并在户口所在区县劳动保障部门办理了个人就业登记	第五条 灵活就业社会保险补贴标准：（一）基本养老保险以本市上年末职工月最低工资标准为缴费基数，按照28%的比例，补贴20%，个人缴纳8%；（二）失业保险以本市上年末职工月最低工资标准为缴费基数，按照2%的比例，补贴1.5%，个人缴纳0.5%；（三）基本医疗保险以本市上年末职工月平均工资标准的70%为缴费基数，按照7%的比例，补贴6%，个人缴纳1%。本市社会保险缴费标准如有调整，按新标准执行。
	3.4 《关于用人单位招用失业人员享受工资性岗位补贴有关问题的通知》（2007年10月1日）	国家机关、企业事业单位、社会团体、个体工商户等各类用人单位，招用城镇登记失业人员并为其缴纳社会保险费的	二、用人单位招用女满40周岁不满50周岁、男满50周岁不满60周岁的失业人员，或者被招用的失业人员为城市低保人员、中重度残疾人、零就业家庭人员，初次来京的随军家属以及登记失业一年以上的其他失业人员的，可以申请工资性岗位补贴（享受社区公益性就业组织专项补贴的人员不享受工资性岗位补贴）。三、用人单位招用"4050"人员、城市低保人员、中重度残疾人、零就业家庭人员，初次来京的随军家属以及登记失业一年以上的其他失业人员，签订3年及以上期限劳动合同的，在合同期内给予最长不超过3年的工资性岗位补贴。四、工资性岗位补贴标准为每人每年3000元，从用人单位为被招用的失业人员缴纳社会保险费之月起开始计算（以整年为单位给予工资性岗位补贴）。

续表

类别	政策名称（实施时间）	政策对象	待遇标准
3. 岗位补贴和社会保险补贴政策	3.5《北京市劳动和社会保障局、北京市人事局、北京市财政局关于促进随军家属就业有关问题的通知》（2008年1月1日）	国家机关、社会团体、企事业单位，个体经济组织	一、招用随军家属，与其签订1年及以上期限劳动合同并缴纳社会保险费的，在合同期内给予3年的社会保险补贴；对距法定退休年龄不足5年的可给予最长不超过5年的社会保险补贴。招用随军家属，签订3年及以上期限劳动合同的，除按本条规定享受社会保险补贴外，在合同履行期内还给予3年的可给予最长不超过3年的工资性岗位补贴。
		随军家属自谋职业、自主创业的	二、对于依法申领个体工商户营业执照，从事经营的随军家属，由再就业资金给予3年的社会保险补贴。对距法定退休年龄不足5年的可给予最长不超过5年的社会保险补贴。
		在社区实现灵活就业的随军家属	三、由就业再就业资金给予最长不超过3年的社会保险补贴。对距法定退休年龄不足5年的可给予最长不超过5年的社会保险补贴。
	3.6《鼓励用人单位招用农村就业困难和社会保险补贴岗位补贴和社会保险补贴办法》（2009年1月1日）	北京市行政区域内的企业、民办非企业单位及社会团体，事业单位和事业单位招用北京市农村就业困难人员，签订一年及以上劳动合同，按规定为其缴纳社会保险费的	第二条 用人单位可在劳动合同期内申请享受最长不超过三年的岗位补贴；按城镇职工标准缴纳基本养老保险、基本医疗保险、失业保险的，可同时申请享受社会保险补贴。 个体工商户、各级政府公共管理服务项目、村集体组织公益性项目以及农民专业合作社，未经改制的村集体经济实体不列入补贴范围。 第五条 岗位补贴和社会保险补贴由失业保险基金支付。社会保险补贴标准为每人每年3000元，社会保险补贴标准为：其中：岗位补贴为北京市上一年度职工月平均工资的60%为基数； （一）城镇基本养老保险补贴以北京市上一年度职工月平均工资的60%为基数，补贴20%； （二）城镇基本医疗保险补贴以北京市上一年度职工月平均工资的60%为基数，补贴9%； （三）失业保险补贴以北京市上一年度职工月平均工资的60%为基数，补贴1%。

续表

类别	政策名称（实施时间）	政策对象	待遇标准
	3.6《鼓励用人单位招用农村就业困难人员的岗位补贴和社会保险补贴办法》（2009年1月1日）	北京市行政区域内的企业、民办非企业单位、事业单位及社会团体，招用北京市农村就业困难人员从事第二、三产业工作，签订一年及以上劳动合同且按规定为其缴纳社会保险费的	市劳动保障局、市财政局可根据实际情况，适时调整岗位补贴和社会保险补贴标准。 第六条 劳动合同期限届满，用人单位与农村就业困难人员签订劳动合同的期限继续申请享受，可根据签约劳动合同项目补贴享受不足三年的，直至累计三年期满。 用人单位招用同一农村就业困难人员补贴享受已满三年的，不再享受岗位补贴和社会保险补贴。 用人单位未按期申请或解除劳动合同的，视为自动放弃享受补贴。
3.岗位补贴和社会保险补贴政策	3.7《北京市用人单位安排残疾人就业岗位补贴和超比例奖励办法》（2012年8月24日）	本市行政区域内的机关、团体、企业、事业单位、民办非企业等各类用人单位，持有《残疾人证》，男年满16周岁、不满60周岁，女年满16周岁、不满50周岁的残疾人就业的	第二条 用人单位安排残疾人就业的，可按本办法规定享受残疾人就业岗位补贴（简称岗位补贴），对超过本单位职工总数1.7%比例安排残疾人就业的（简称超比例奖励），可享受税收优惠政策集中安排残疾人就业的个体工商户和享受超比例奖励。补贴，但不享受超比例奖励。 第三条 用人单位安排残疾人就业，按照与残疾人职工签订劳动合同和下列标准给予岗位补贴和超比例奖励情况（事业单位、机关）和下列标准给予岗位补贴和超比例奖励： 1.对与残疾人职工签订劳动合同1年以上（含1年）固定期限劳动合同的，在合同存续期间按照每人每年5000元的标准给予岗位补贴； 2.对与残疾人职工签订无固定期限劳动合同的，在合同存续期间按照每人每年6000元的标准给予岗位补贴； 3.对超过本单位职工总数1.7%比例安排残疾人就业的，在上述岗位补贴的基础上，每安排1名残疾人就业，再按照每人每年6000元的标准给予超比例奖励； 4.与残疾人职工签订固定期限劳动合同且享受人力资源和社会保障部门岗位补贴的用人单位，不得同时享受本办法规定的岗位补贴；享受人力资源和社会保障部门岗位补贴且与残疾人职工签订无固定期限劳动合同的，可按照本办法规定的岗位补贴标准享受差额部分的补贴。

续表

类别	政策名称（实施时间）	政策对象	待遇标准
	3.7《北京市用人单位安排残疾人就业岗位补贴和超比例奖励办法》（2012年8月24日）	本市行政区域内的机关、团体、企业、事业单位、民办非企业等各类用人单位，安排具有本市户籍、持有《残疾人证》，男年满16周岁、不满60周岁，女年满16周岁、不满50周岁的残疾人就业的	5. 岗位补贴和超比例奖励标准将参照本市促进就业优惠政策相关政策标准视情况调整。 第四条 用人单位享受岗位补贴和超比例奖励，必须符合下列条件： 1. 与残疾人职工签订了劳动合同； 2. 残疾人职工有确定的工作岗位； 3. 按工作岗位支付残疾人职工合法的劳动报酬； 4. 为残疾人职工按时足额缴纳了社会保险费； 5. 安排残疾人就业满一年。 6. 按规定申报了安排残疾人就业情况（有缴纳残疾人就业保障金义务的，还应按规定缴纳残疾人就业保障金）。 第五条 岗位补贴和超比例奖励按年度发放。用人单位安排残疾人就业每满一年，可在申报审核安排残疾人就业情况后一个月内向审核地的区（县）残疾人就业服务机构申领岗位补贴和超比例奖励。
3. 岗位补贴和社会保险补贴政策	3.8《北京市扶持集中安置残疾人就业单位实施意见》（2012年9月12日）	集中安置残疾人就业的单位	第二条 集中安置残疾人就业的单位（包括福利企业、盲人按摩机构、工疗机构和其他单位），同时符合以下条件并经过有关部门的资格审核，申请审批后，均可按本意见执行： （一）依法与安置的每位残疾人职工签订了一年以上（含一年）的劳动合同，并且安置的每位残疾人职工在单位实际在岗工作； （二）月平均实际安置的每位残疾人职工占单位在职职工总数的比例应高于25%（含25%），并且实际安置的残疾人职工人数多于10人（含10人）； （三）为安置的每位残疾人职工按月足额缴纳基本养老保险、基本医疗保险、失业保险、工伤保险和生育保险； （四）通过银行等金融机构按月向安置的每位残疾人职工实际支付了不低于本市最低工资标准的工资； （五）具备安置残疾人职工上岗工作的基本设施。

类别	政策名称（实施时间）	政策对象	待遇标准
	3.8《北京市扶持集中安置残疾人就业单位实施意见》（2012年9月12日）	集中安置残疾人就业的单位	（六）符合以上条件，且未享受盲人按摩相关扶持政策的盲人按摩机构。 第四条 本办法所称残疾人职工是指持有《中华人民共和国残疾人证》或持有《中华人民共和国残疾军人证（1至8级）》的残疾人与集中就业单位建立劳动关系并依法签订一年（含）以上的劳动合同，从事本市全日制工作，具有本市户籍的在职职工。 第五条 集中就业单位按规定为残疾人职工缴纳的社会保险，包括基本养老保险、基本医疗保险、失业保险、工伤保险和生育保险。按照其上一年度实际缴费用总额的50%给予社会保险补贴。 第七条 集中就业单位自愿安置精神残疾人职工的，可按照上一年度残疾人就业保障金最低缴费标准给予该用人单位精神残疾人职工岗位补贴。
3. 岗位补贴和社会保险补贴政策	3.9《北京市人民政府关于进一步支持小型微型企业发展的意见》（2012年11月30日）	小型微型企业新招用毕业年度内北京生源高校毕业生，签订1年以上劳动合同并按时足额缴纳社会保险费的	六、给予1年的社会保险补贴，政策执行期限截至2014年。
	3.10《用人单位岗位补贴和社会保险补贴管理办法》（2013年4月1日）	本市行政区域内的企业、民办非企业单位、社会团体及个体工商户等各类用人单位，招用本市登记失业人员和本市农村劳动力，依法签订一年及以上期限劳动合同，按规定缴纳职工社会保险，按月足额发放不低于当年本市职工最低工资标准1.2倍工资的	第二条 国家机关、全额拨款事业单位，各级政府组织公益性项目以及农民专业合作社，未经济改制的村集体经济实体不列入岗位补贴和社会保险补贴范围。 第五条 用人单位可按以下条件申请享受岗位补贴和社会保险补贴： （一）招用进行了失业登记或农村劳动力转移就业登记的本市城乡"4050"人员、残疾人、低保人员、初次进京随军家属，登记失业一年以上人员、"零就业家庭"劳动力、"纯农就业家庭"劳动力的，在劳动合同期限内可申请享受最长不超过五年的岗位补贴和社会保险补贴。

续表

类别	政策名称（实施时间）	政策对象	待遇标准
3. 岗位补贴和社会保险补贴政策	3.10《用人单位岗位补贴和社会保险补贴管理办法》（2013年4月1日）	本市行政区域内的企业、民办非企业单位、事业单位、社会团体及个体工商户等各类用人单位，招用本市登记失业人员和农村就业困难人员，依法签订一年及以上期限劳动合同，按月足额缴纳职工社会保险，按月足额发放不低于当年本市最低工资标准1.2倍工资的	（二）招用未实行就业失业管理制度的绿化隔离建设、资源枯竭、矿山关闭或保护性限制就业困难地区，且进行了转移就业登记的农村劳动力的，在劳动合同期限内可申请享受最长不超过五年的岗位补贴和社会保险补贴。 （三）招用除本条第（一）项规定外本市其他登记失业人员，在劳动合同期限内可申请享受最长不超过三年的社会保险补贴。 合同期限内申请享受岗位补贴和社会保险补贴的劳动对象出现退休、死亡等情况的，可根据用人单位与其实际履行的劳动合同，申请享受岗位补贴和社会保险补贴。 第六条 岗位补贴标准为每人每年5000元。社会保险补贴以本市上年度职工月平均工资标准的60%为最高补贴基数，低于本市上年度职工月平均工资标准60%的，按照实际缴费基数予以补贴。基本养老保险费以本市社会保险最低缴费基数为补贴基数。 用人单位和劳动者个人缴费比例分别为：基本养老保险20%，医疗保险补贴10%，失业保险补贴1%。 本办法第（三）项规定的社会保险补贴，以本市社会保险最低缴费基数为补贴基数。 第七条 劳动合同期限届满，用人单位与补贴对象续签劳动合同的，可根据续签劳动合同的期限继续申请享受岗位补贴和社会保险补贴，直至累计达到最长补贴期限。 用人单位与补贴对象终止或解除劳动关系后，重新招用的不能申请享受岗位补贴和社会保险补贴。
	3.11《北京市人民政府办公厅关于做好2014年普通高等学校毕业生就业创业工作的实施方案》（2014年9月19日）	小型微型企业新招用毕业年度高校毕业生，签订1年以上劳动合同并按时足额缴纳社会保险费的	三、给予1年的社会保险补贴，政策执行期限截至2015年年底。

续表

类别	政策名称（实施时间）	政策对象	待遇标准
3. 岗位补贴和社会保险补贴政策	3.11《北京市人民政府办公厅关于做好2014年普通高等学校毕业生就业创业工作的实施方案》（2014年9月19日）	离校未就业高校毕业生实现灵活就业的，在公共就业人才服务机构办理实名登记并按规定缴纳社会保险费的	六、给予不超过2年、不超过其实际缴费2/3的社会保险补贴，所需资金从就业专项资金中列支。
	3.12《关于失业保险支持企业稳定岗位有关问题的通知》（2015年8月26日）	企业依法参加失业保险并足额缴纳失业保险费，且上年度未裁员或裁员率低于上年末全市城镇登记失业率、采取有效措施不裁岗员、少裁员、稳定就业岗位	三、对符合条件的企业，按照企业及其职工上年度实际缴纳失业保险费（依据北京市社会保险管理信息系统中记载的数据确定）的40%给予稳岗补贴。稳岗补贴主要用于职工生活补助、缴纳社会保险费、转岗培训、技能提升培训等相关支出。
	3.13《关于开展2015年度稳岗补贴申报工作的通知》（2016年3月31日）	全市所有符合条件的企业，依法参加失业保险并足额缴纳失业保险费；2015年度未裁员或裁员率低于全市全年末全市城镇登记失业率1.39%	稳岗补贴。
	3.14《关于阶段性降低本市用人单位招用本市社会保险补贴比例的通知》（2016年5月1日）	符合享受〔2012〕308号文件规定社会保险补贴的用人单位	一、自2016年5月1日起，符合享受308号文件规定社会保险补贴的用人单位，在按照《北京市人力资源和社会保障局、北京市财政局关于阶段性降低本市社会保险费率的通知》（京人社保发〔2016〕98号）规定费率缴纳社会保险费期间，对其职工基本养老保险补贴比例由20%调整为19%，失业保险补贴比例由1%调整为0.8%，医疗保险补贴比例不变，为10%。

续表

类别	政策名称（实施时间）	政策对象	待遇标准
3．岗位补贴和社会保险补贴政策	3.15《关于用人单位招用本市高校毕业生、退役士兵等人员享受岗位补贴、社会保险补贴有关问题的通知》（2016年12月26日）	（一）毕业年度内普通高等学校、技师学院高级工班，预备技师班的本市毕业生和特殊教育学院应届职业教育类的本市毕业生；（二）由本市接收的批准退出现役时尚未超过一年的退役士兵；（三）与本市社会公益性就业组织建立劳动关系且享受失业保险基金公益性就业组织岗位补贴的人员；（四）按照国家及本市有关规定实施以及其他全市重大调整改革项目，疏解搬迁正以及其他全市重大调整改革项目备案的本市职工，需分流的本市职工，在人力社保部门备案的企业中，需分流的本市职工。上述人员统称为"扩大范围人员"	二，社会公益性就业组织通过认定的公益性岗位、非公益性岗位，按规定招用308号文件补贴人员和扩大范围人员，可作为用人单位申请享受岗位补贴、社会保险补贴。三，用人单位直接招用应届高校毕业生、可申请享受最长不超过三年的社会保险补贴，补贴标准按照308号文件规定人员享受标准执行；用人单位直接招用退役士兵、公益性就业组织安置人员，本市分流职工的，可申请享受最长不超过五年的岗位补贴、社会保险补贴，补贴标准按照308号文件第五条第（一）项规定享受标准执行。四，自主创办企业（含个体工商户），按规定招用308号文件补贴人员和扩大范围人员，并通过单位参加社会保险的，可随所招用人员一并申请享受岗位补贴、社会保险补贴。补贴项目、期限和标准按照308号文件及本通知第三条规定执行。
	3.16《关于开展2016年度稳岗补贴申报工作的通知》（2017年3月10日）	全市所有符合条件的企业，依法参加失业保险并足额缴纳失业保险费；2016年度未裁员或裁员率低于本市全年末城镇登记失业率1.41%	稳岗补贴。

207

类别	政策名称（实施时间）	政策对象	待遇标准
4. 社区公益性就业组织安置就业困难人员专项补助政策	4.1《北京市社区公益性就业组织安置就业特困人员专项补贴管理办法》（2009年4月1日）	社区公益性就业组织通过开发社区公益性就业岗位，安置本市城镇就业特困人员的	第二十条　专项补贴标准按劳动合同签订之日本市上年职工平均工资的50%—70%，由区县劳动保障、财政部门确定本地区的专项补贴标准，并报市人力资源和社会保障、财政部门备案。
	4.2《北京市社区公益性就业组织管理试行办法》（2014年10月1日）	经市人力资源和社会保障局认定的公益性就业岗位安置符合条件的城乡就业困难人员，按时足额发放工资且按规定缴纳职工社会保险的社会公益性就业组织	第四条　公益性就业组织补贴的人员范围和标准由市人力资源和社会保障局，市财政局根据城乡就业形势和促进就业的需要确定并适时调整。第二十二条　公益性就业组织岗位补贴为每人每月1900元。重点帮扶地区的公益性就业组织岗位补贴为每人每月3250元。补贴期限在社会公益性就业组织与安置人员签订或续签的劳动合同期限内确定。
	5.1《北京市人民政府贯彻落实国务院关于进一步加强就业再就业工作文件的通知》（2006年2月28日）	国有大中型企业进行主辅分离、辅业改制的	五、对于产权明晰并逐步实现产权多元化，吸纳本企业富余人员达到本企业职工总数70%以上，并与其变更或签订新的劳动合同，从事工程总承包以外的建筑企业吸纳原企业富余人员的，经有关部门认定，税务部门审核，2年内免征企业所得税。
5. 税收减免政策	5.2《北京市财政局、北京市国家税务局、北京市地方税务局〈转发财政部国家税务总局关于促进残疾人就业税收优惠政策的通知〉》（2007年7月1日）	税务登记为各类所有制企业（包括个人独资企业、合伙企业和个体经营户）、事业单位、社会团体和民办非企业单位	一、对安置残疾人的单位，实行由税务机关按单位实际安置残疾人的人数，限额即征即退增值税或减征营业税的办法。实际安置的每位残疾人每年可退还的增值税或减征的营业税的具体限额，由县级以上税务机关根据单位所在区县（含县级市、旗，下同）适用的经省（含自治区、直辖市、计划单列市，下同）级人民政府批准的最低工资标准的6倍确定，但最高不得超过每人每年3.5万元。

续表

类别	政策名称（实施时间）	政策对象	待遇标准
	5.2《北京市财政局、北京市国家税务局、北京市地方税务局〈转发财政部国家税务总局关于促进残疾人就业税收优惠政策的通知〉》（2007 年 7 月 1 日）	税务登记为各类所有制企业（不包括个人独资企业、合伙企业和个体经营户）、事业单位、社会团体和民办非企业单位	二、安置残疾人单位支付给残疾人的实际工资可在企业所得税前据实扣除，并可按支付给残疾人实际工资的 100% 加计扣除。单位在执行上述工资加计扣除应纳税所得额办法的同时，可以享受其他企业所得税优惠政策。对单位按第一条规定取得的增值税退税或营业税减税收入，免征企业所得税。
		残疾人个人就业的	三、对残疾人个人为社会提供的劳务免征营业税。对残疾人个人提供的加工、修理修配劳务免征增值税。 四、对残疾人个人取得的劳动所得，按照省（不含计划单列市）人民政府规定的减征幅度和期限减征个人所得税。
5. 税收减免政策	5.3《北京市劳动就业服务企业管理实施办法》（2007 年 11 月 23 日）	本市行政区域内劳动就业服务企业	第十条 劳动就业服务企业依法享受国家给予的各项税收优惠，具体办法按照国家和市税务主管机关的有关规定执行。 第十一条 劳动就业服务企业主办单位安置的富余人员，达到市政府规定比例的，经税务部门批准，按照市政府有关规定享受税收优惠。
	5.4《北京市劳动和社会保障局、北京市人事局、北京市财政局关于促进随军家属就业有关问题的通知》（2008 年 1 月 1 日）	国家机关、社会团体、企事业单位、个体经济组织	一、招用持《再就业优惠证》的随军家属，按实际招用人数，在劳动合同期限内定额依次减免营业税、城市维护建设税、教育费附加和企业所得税，期限最长不超过 3 年。
		随军家属自谋职业、自主创业的	二、对持《再就业优惠证》，并从事经营（国家限制的行业除外）的随军家属，在规定限额内依次减免营业税、城市维护建设税、教育费附加和个人所得税。
	5.5《北京市促进留学人员来京创业和工作暂行办法》（2009 年 5 月 13 日）	我国公派或自费出国留学一年以上并已于近期回国的留学人员	第九条 留学人员来京创业和工作，从事技术转让、技术开发业务和与之相关的技术咨询、技术服务取得的收入，经有关部门认定，可免征营业税。

续表

类别	政策名称（实施时间）	政策对象	待遇标准
	5.6《北京市财政局、北京市地方税务局转发财政部、国家税务总局关于安置残疾人就业单位城镇土地使用税政策等政策的通知》（2011年2月14日）	安置残疾人就业单位	一、对在一个纳税年度内月平均实际安置残疾人就业人数占单位在职职工总数的比例高于25%（含25%）且实际安置残疾人数高于10人（含10人）的单位，可减征或免征该年度城镇土地使用税。对于符合第一款规定条件的纳税人，免征当年的城镇土地使用税。 二、对出租房产，租赁双方签订的租赁合同约定有免收租金期限的，免收租金期间由产权所有人按照房产原值缴纳房产税。
5. 税收减免政策	5.7《北京市财政局、北京市国家税务局转发财政部、国家税务总局关于支持和促进就业有关税收政策的通知》（审批期限为2011年1月1日至2013年12月31日）	持《就业失业登记证》（注明"自主创业税收政策"或附着《高校毕业生自主创业证》）人员从事个体经营（除建筑业、娱乐业以及销售不动产、转让土地使用权、广告业、房屋中介、桑拿、按摩、网吧、氧吧外）的	一、在3年内按每户每年8000元为限额依次扣减其当年实际应缴纳的营业税、城市维护建设税、教育费附加和个人所得税。纳税人年度应缴纳税款小于上述扣减限额的，以其实际缴纳的税款为限；大于上述扣减限额的，应以上述扣减限额为限。
		商贸企业、服务型企业（除广告业、房屋中介、典当、桑拿、按摩、氧吧外）、劳动就业服务企业中的加工型企业中具有加工性质的小型企业实体，在新增加的岗位中	二、在3年内按实际招用人数予以定额依次扣减营业税、城市维护建设税、教育费附加和企业所得税优惠。定额标准上浮20%，为每人每年4800元。城市维护建设税、教育费附加和企业所得税优惠。按上述标准计算的企业所得税扣减额应在企业当年实际应缴纳营业税、城市维护建设税、教育费附加和企业所得税税额中扣减，当年扣减不足的，不得结转下年使用。

类别	政策名称（实施时间）	政策对象	待遇标准
5.税收减免政策	5.8《北京市财政局、北京市国家税务局、北京市地方税务局、北京市民政局转发财政部、国家税务总局、民政部关于调整完善扶持自主就业退役士兵创业就业有关税收政策的通知》（执行期限为2014年1月1日至2016年12月31日）	自主就业退役士兵从事个体经营的	一、在3年内按每人每年9600元（实行限额标准上浮20%）依次扣减其当年实际应缴纳的营业税、城市维护建设税、教育费附加、地方教育附加和个人所得税。 纳税人年度应缴纳税款小于上述扣减限额的，以其实际缴纳的税款为限；大于上述扣减限额的，应以上述扣减限额为限。纳税人的实际经营期不足一年的，应当以实际经营月份换算其减免税限额。换算公式为：减免税限额＝年度减免税限额÷12×实际经营月数。
		商贸企业、服务型企业、劳动就业服务企业中的加工型企业和街道社区具有加工性质的小型企业实体，在新增加的岗位中	二、当年新招用自主就业退役士兵，与其签订1年以上期限劳动合同并依法缴纳社会保险费的，在3年内按实际招用人数予以定额依次扣减营业税、城市维护建设税、教育费附加、地方教育附加和企业所得税优惠。 实行定额标准上浮50%，即每人每年6000元。纳税人实际应缴纳的营业税、城市维护建设税、教育费附加、地方教育附加和企业所得税小于核定减免税总额的，以实际缴纳的营业税、城市维护建设税、教育费附加、地方教育附加和企业所得税额为限；实际应缴纳的营业税、城市维护建设税、教育费附加、地方教育附加和企业所得税大于核定减免税总额的，以核定减免税总额为限。 纳税年度终了，如果企业实际减免的营业税、城市维护建设税、教育费附加和地方教育附加小于核定的减免税总额，企业在企业所得税汇算清缴时扣减企业所得税。当年扣减不足的，不再结转以后年度扣减。 计算公式为：企业减免税总额＝每名自主就业退役士兵本年度在本企业工作月份÷12×定额标准。

续表

类别	政策名称（实施时间）	政策对象	待遇标准
5. 税收减免政策	5.9《北京市财政局、北京市国家税务局、北京市地方税务局、北京市人力资源和社会保障局、国家税务总局、人力资源社会保障部关于继续实施支持和促进重点群体创业就业有关税收政策的通知》（执行期限为2014年1月1日至2016年12月31日）	持《就业失业登记证》（注明"自主创业税收政策"或附着《高校毕业生自主创业证》）人员从事个体经营的 商贸企业、服务型企业、劳动就业服务企业中的加工型企业的小型企业实体，在新增加的社区和街道社区有加工性质的小型企业岗位中	一、在3年内按每人每年9600元为限额（实行限额标准上浮20%）依次扣减其当年实际应缴纳的营业税、城市维护建设税、教育费附加和个人所得税。纳税人年度应缴纳税款小于上述扣减限额的，以其实际缴纳的税款为限；大于上述扣减限额的，应以上述扣减限额为限。 二、在3年内按实际招用人数予以定额依次扣减营业税、城市维护建设税、教育费附加、地方教育附加和企业所得税优惠。实行定额标准上浮30%，即每人每年5200元。按上述标准计算的税收扣减额应在企业当年实际应缴纳的营业税、城市维护建设税、教育费附加、地方教育附加，地方教育附加不足的，不得结转下年使用。
	5.10《北京市人民政府办公厅关于做好2014年普通高等学校毕业生就业创业工作的实施方案》（2014年9月19日）	高校毕业生创办的小型微型企业。 创业投资企业	四、按规定落实减半征收营业税和营业税等税收优惠政策。月销售额不超过2万元的暂免征收增值税和营业税等税收优惠政策。 四、鼓励企业、行业协会、群团组织、天使投资人等以多种方式向自主创业大学生提供资金支持，设立重点向扶持高校毕业生创业投资和创业投资基金。对支持创业早期企业的投资，符合条件的，可享受创业投资企业相关企业所得税优惠政策。
6. 行政事业性收费减免政策	6.1《关于建立空岗报告制度的通知》（2003年7月21日）	本市行政区域内的国家机关、企业、事业单位、社会团体、个体经济组织、履行空岗报告的	四、参加公共就业服务机构举办的各类招聘洽谈会的，可减免部分场地费和招聘费。
	6.2《北京市委办公厅、北京市人民政府办公厅关于引导和鼓励高校毕业生面向基层就业的实施意见》（2005年11月22日）	高校毕业生从事个体经营，自主创办企业的	二、除国家限制的行业外，自工商行政管理部门登记注册之日起3年内免交登记类、管理类和证照类的各项行政事业性收费。

续表

类别	政策名称（实施时间）	政策对象	待遇标准
	6.3《北京市人民政府贯彻落实国务院关于进一步加强就业再就业工作文件的通知》（2006年2月28日）	城镇登记失业人员、国有企业关闭破产、调整搬迁需要安置的城镇职工、自谋职业的	二、对持《再就业优惠证》依法申领个体工商户营业执照，并从事经营（国家限制的行业除外）的本市人员，在各项行政事业性收费收费，登记类和证照类准减免税政策执行。期限最长不超过3年。对2005年底前核准减免税政策执行。
6.行政事业性收费减免政策	6.4《北京市劳动和社会保障局、北京市人事局、北京市财政局关于促进随军家属就业有关问题的通知》（2008年1月1日）	随军家属自谋职业、自主创业的	二、按照现行《关于对从事个体经营的下岗失业人员和普通高校毕业生实行收费优惠政策的通知》享受收费优惠政策的行政事业性收费政策。
	6.5《关于促进农村劳动力转移就业工作的指导意见》（2009年1月1日）	本市农村劳动力	二、从事个体经营的（国家规定的行业除外），三年内免收属于管理类、登记类和证照类的各项行政事业性收费。
	6.6《退役士兵安置条例》（2011年11月1日）	从事个体经营的退役士兵	第二十三条 除国家限制行业外，自其在工商行政管理部门首次注册登记之日起3年内，免收管理类、登记类和证照类的行政事业性收费。
7.小额担保贷款政策	7.1《北京市劳动和社会保障局、北京市人事局、北京市财政局关于促进随军家属就业有关问题的通知》（2008年1月1日）	随军家属自谋职业、自主创业的	二、对本市持有《再就业优惠证》的依法申领个体工商户营业执照从事个体经营或自筹资金自主创业的随军家属，可申请小额担保贷款，贷款期限一般不超过2年，到期确需延长的，可展期1次。为从事个体经营提供的小额担保贷款金额一般不超过5万元，合伙创办小企业提供的小额担保贷款金额，按人均不超过20万元，最高不超过50万元，或根据安置本市城镇失业人员人数，可按规定申请财政贴息。取得小额担保贷款后，财政贴息期限根据贷款期限确定，最长不超过2年，展期不贴息。

续表

类别	政策名称（实施时间）	政策对象	待遇标准
	7.2《北京市促进留学人员来京创业和工作暂行办法》（2009年5月13日）	我国公派或自费出国留学人员一年以上并已于近期回国的留学人员	第六条 留学人员申请市、区县政府设立的各类中小型企业创业引导资金的，优先给予支持；取得银行贷款的，政府给予部分或全部贴息支持。
	7.3《北京市发挥劳动密集型小企业对促进失业人员就业辐射带动作用政府支持政策实施办法》（2009年5月28日）	劳动密集型的小企业（除广告业、按摩、网吧、氧吧以及其他国家资本密集型政策不鼓励和资本密集型的企业外）当年新招用现有在职职工人数达到100人的（超过15%）以上，并与其签订1年以上劳动合同的	第六条 本办法所称失业人员，是指具有本市户口，在法定劳动年龄内，办理失业登记并持有人力资源社会保障部门核发的《再就业证》或《毕业证》且尚未就业的大学毕业生、城镇登记失业人员，持有有效《毕业证书》军人自谋职业证明尚未就业的复员（转业）军人、在人力资源社会保障部门办理求职登记并持有《北京市农村劳动力转移就业证》的农村转移劳动力。本办法所称企业当年新招用的失业人员人数÷企业现有在职职工人数＝当年新招用失业人员人数×100%。第七条 适用本办法的符合条件小企业贷款最高限额不超过200万元，贷款期限不超过两年，借款企业提出展期申请的，可展期一次，展期期限不超过一年。经办银行应根据企业吸纳的失业人员数量合理确定贷款额度。
7.小额担保贷款政策	7.4《关于深入推进选聘高校毕业生到农村工作的意见》（2010年1月13日）	小企业招用合同期满大学生"村官"的	20. 达到现在职职工人数规定比例的，可按规定享受小额担保贷款。
	7.5《北京市妇女创业就业小额担保贷款财政贴息管理办法》（2010年3月12日）	具有本市户口，在法定劳动年龄内的女性。包括：农村妇女；在人力资源和社会保障部门办理了求职登记，并持有《北京市农村劳动力转移就业证》的	第三条 妇女创业就业小额担保贷款，对个体经营从事微利项目据实全额贴息，对合伙经营和组织起来创办的小企业，根据吸纳符合规定妇女人数情况，全额贴息或按一定比例贴息。贴息资金由市级财政预算安排。第五条 小额担保贷款从事微利项目的次贴息额度：个体经营从事本办法第四条借款人符合本办法初次贴息贷款额度不超过8万元，诚实守信按期还本付息的，再次贴息贷款额度不超过10万元；合伙经营和组织起来

续表

类别	政策名称（实施时间）	政策对象	待遇标准
	7.5《北京市妇女创业就业小额担保贷款财政贴息管理办法》（2010年3月12日）	女性农村转移劳动力；办理失业登记并持有人力资源和社会保障部门核发的城镇《再就业优惠证》的城镇登记女失业人员；持有有效《就业失业证》且尚未就业的女大学毕业生，持有《毕业证书》有就业困难的女性自谋职业者，持有《再就业优惠证》女性自谋职业人员，且尚未就业的女性大学毕业生、持有自谋职业证明尚未就业的女性妇女，农村妇女，在法定劳动年龄内持有《再就业优惠证》人员，是指具有本市户口，在法定劳动年龄内持有《毕业证书》人员，持有自谋职业证明尚未就业的农村劳动力的女复员（转业）军人	创办小企业的贴息贷款额度最高不超过50万元，贷款利率可在中国人民银行公布的同期贷款基准利率基础上最高上浮3个百分点，实际利率由经办银行与借款人以借款合同约定的贷款利率实际利率据实贴息，贷款期限一般不超过2年，展期和逾期不予贴息。 第六条 借款人在同一期间内，取得多笔符合财政贴息条件的贷款，市财政仅对一笔贷款予以贴息。 第十条 贴息贷款人为合伙经营和组织起来创办的企业，其法定代表人为符合条件妇女达到3人以上（含3人）10人以下的，在劳动合同或劳动协议期限内由市财政按实际组织起来创办的小企业的妇女达到10人以上（含10人）的，在劳动合同或劳动协议期限内由市财政按实际贴息。其法定代表人为符合条件妇女的小企业，其法定代表人为符合条件妇女的50%给予贴息。 第十一条 贴息贷款人为合伙经营条件的妇女，企业一次招用符合条件妇女达到10人以上（含10人）的，在劳动合同或劳动协议期限内由市财政按实际贷款数据据实全额贴息。
7.小额担保贷款政策	7.6《北京市妇女创业实施小额担保贷款暂行办法》（2010年6月26日）	符合条件的妇女自谋职业，依法开办的个体工商户；符合条件的妇女合伙创办的小企业或合伙经营人任法定代表人执行人的小企业。（房地产、广告、娱乐、按摩、网吧、氧吧、桑拿，除外）。符合条件的妇女是指具有本市户口，在法定劳动年龄内持有《再就业优惠证》人员，持有《毕业证书》人员，且尚未就业的女性大学毕业生，持有自谋职业证明尚未就业的女性妇女，农村妇女，女复员（转业）军人	第四条 对符合条件的妇女个体工商户借款人，申请小额担保贷款，提供的小额担保贷款额度不超过8万元，已经享受过小额担保贷款政策，且按时偿还贷款本息，无不良记录的妇女个体工商户再次申请小额担保贷款，提供小额担保贷款的担保额度可提高到10万元。 符合条件妇女自主、合伙创办的小企业和拥有现有本市失业人员和农村妇女总人数按人均不超过10万元提供小额担保贷款，或根据企业合伙人和现有小额担保贷款人实际情况合理确定担保贷款额度，最高不超过50万元。 担保机构或经办银行可根据借款人实际情况合理确定担保贷款额度。 第五条 小额担保贷款期限不超过2年，到期确实有《再就业优惠证》《毕业证书》人员的复员（转业）军人，办理了转移就业登记并取得相关证明的农村劳动力。 第五条 小额担保贷款期限不超过2年，到期确需延长的，可展期1次，展期期限不超过1年。

类别	政策名称（实施时间）	政策对象	待遇标准
	7.7《关于营造创新创业环境推进创业带动就业工作的指导意见》（2011年12月5日）	经主管大学生村官工作部门推荐的合同期满大学生村官、低保或低保边缘家庭的高校毕业生创业并符合规定条件的	二、本市高校毕业生创业符合规定条件的，可按规定享受注册资金优惠、税费减免、小额担保贷款等扶持政策。其中，经主管大学生村官工作部门推荐的合同期满大学生村官、低保或低保边缘家庭的高校毕业生开展自主创业并符合规定条件的，在使用北京市小额贷款担保基金办理贷款担保时，可免除反担保。
7.小额担保贷款政策	7.8《北京市小额担保贷款基金管理实施办法》（2012年6月16日）	本市失业人员自谋职业依法开办的个体工商户；本市失业人员自主、合伙创办的小型、微型企业；本市注册经营的劳动密集型小型、微型企业，当年新招用本市失业人员达到30%以上（超过100人的企业达到15%），并与失业人员签订1年以上期限劳动合同的。（房地产、娱乐、广告、按摩、桑拿、网吧、氧吧除外）	第四条 借款人为个体工商户的小额担保贷款最高担保额度一般不高于10万元，资信良好、还款能力强，符合本市产业导向，连续经营2年（含2年）以上的个体工商户可根据其生产经营状况将担保最高额度提高至20万元。借款人为自主、合伙创办小企业，有经营业绩证明具有相应还款能力，符合本市产业导向的合伙创办小企业，可按照企业合伙人和现有职工中本市失业人员人数，按人均不超过10万元提供小额担保贷款，最高不超过100万元。对劳动密集型小企业，根据企业当年新招用本市失业人员人数，按人均不超过10万元提供小额担保贷款，最高不超过200万元。担保机构和经办银行在不超过最高担保额度范围内根据借款人实际情况合理确定担保及贷款额度。 第五条 小额担保贷款期限不超过2年，到期确需延长的，可展期1次，展期期限不超过1年。
	7.9《北京市失业人员从事微利项目小额担保贷款财政贴息管理办法》（2012年7月15日）	本市失业人员自谋职业依法开办的个体工商户或自主、合伙创办的小企业	第三条 微利项目的小额担保贷款，符合本办法第四条的人员，从事个体经营的小额担保贷款不超过20万元，自主、合伙创办小企业小额担保贷款不超过100万元。小额担保贷款的利率一般按照中国人民银行公布的同期贷款基准利率执行，最高可上浮3个百分点。实际利率由经办银行与借款人以借款合同签订日约定的贷款利率执行，财政按实际利率据实贴息，贷款期限一般不超过2年，展期和逾期不贴息。

续表

类别	政策名称（实施时间）	政策对象	待遇标准
7.小额担保贷款政策	7.9《北京市失业人员从事微利项目小额担保贷款财政贴息管理办法》（2012年7月15日）	本市失业人员自谋职业依法开办的个体工商户或自主、合伙创办的小企业	第四条 本办法所称失业人员是指具有本市户口，在法定劳动年龄内持有《就业失业登记证》的登记失业人员，持有自谋职业证明的高校毕业生，持有《毕业证书》且尚未就业的高校毕业生，持有《复员（转业）军人、办理了转移就业登记并取得相关劳动证明的农村劳动力。本办法所称小企业是指按照国家企业划型标准规定的小型和微型企业。
	7.10《关于加强小额担保贷款财政贴息资金管理的通知》（自2013年10月1日起至2016年10月1日止执行）	符合规定条件的城镇登记失业人员，就业困难人员（一般指大龄、身有残疾、享受最低生活保障，连续失业一年以上，以及因失去土地等原因难以实现就业的人员），复员转业退役军人、高校毕业生，刑释解教人员，以及符合规定条件的劳动密集型小企业	（二）对符合规定条件的残疾人、高校毕业生、农村妇女申请小额担保贷款财政贴息资金，可以适度给予重点支持。 （三）财政贴息资金支持的小额担保贷款额度为，高校毕业生最高贷款额度10万元，妇女最高贷款额度8万元，其他符合条件的人员最高贷款额度5万元，劳动密集型小企业最高贷款额度200万元。对合伙经营和组织起来就业的，妇女最高人均贷款额度为10万元。 （四）财政贴息贷款支持的个人小额担保贷款利率为，中国人民银行公布的同期限贷款基准利率的基础上上浮不超过3个百分点。财政贴息贷款支持的小额担保贷款期限最长为2年，对展期和逾期的小额担保贷款，财政部门不予贴息。
	7.11《北京市人民政府办公厅关于做好2014年普通高等学校毕业生就业创业工作的实施方案》（2014年9月19日）	科技型小型微型企业招收毕业年度高校毕业生达到一定比例的	三，可申请最高不超过200万元的小额担保贷款，并享受财政贴息。
		在电子商务网络平台开办"网店"的高校毕业生	四，可按相关规定享受小额担保贷款和贴息政策。
8.资金补贴政策	8.1《北京市人民政府贯彻落实国务院关于进一步加强就业再就业工作的通知》（2006年2月28日）	劳务派遣企业	二，招用失业人员达到职工总数50%以上的，且劳动关系维持在3年以上（含3年）的，可自安置人数达到规定比例之日起享受最长3年期限的营业税等额补贴。

类别	政策名称（实施时间）	政策对象	待遇标准
8. 资金补贴政策	8.2《关于促进高失业率地区失业人员跨地区就业有关问题的通知》（2006年5月1日）	高失业率地区失业人员跨地区失业就业的	2. 可由本区县就业再就业资金给予一定的交通补助，具体标准及补助程序由高失业率区县自行制定。
	8.3《北京市失业保险规定》（1999年9月14日发布，2007年6月14日修改发布）	城镇企业、事业单位的失业人员	第二十条 失业人员在领取失业保险金期间从事个体经营、兴办企业，凭其营业执照、社会保险经办机构可以将其应领取的失业保险金一次性发给本人。
	8.4《北京市扶持残疾人自主创业和个体就业暂行办法》（2009年3月9日）	具有本市户籍，持有《中华人民共和国残疾人证》，在法定劳动年龄内（男年满16周岁、不满60周岁，女年满16周岁、不满50周岁）自主创业或从事个体经营实现就业的失业残疾人	1. 对自主创业并取得了《企业法人营业执照》的残疾人，按照最高不超过2万元的标准给予创业扶持；对租赁场地的，再给予最高不超过2万元的场地租赁费扶持。 2. 对从事个体经营（含农村民俗旅游经营）实现就业并取得了《个体工商户营业执照》的残疾人，按照最高不超过1万元的标准给予扶持；对租赁场地的，再给予最高不超过1万元的场地租赁费扶持。 3. 对进入市场从事个体经营或租赁社区内街道（乡镇）、社区安排，按照最高不超过5000元的标准给予扶持。 4. 以上均为一次性扶持。扶持实物的，应计入扶持资金。
	8.5《北京市鼓励海外高层次人才来京创业和工作行办法》（2009年5月13日）	引进的海外高层次人才在海外取得博士学位，超过55岁，引进后每年在京工作不少于6个月的	第六条 来京创办企业，通过北京海外学人中心评估的，由市级财政给予一次性资助。通过投资与担保绿色通道，提供担保费补助和担保贷款贴息支持。 第七条 创业企业在境内外资本市场上市，给予一定补助资金。 第十条 通过服务支撑体系建设，给予办公用房租金补贴等方式加大对孵化基地的扶持力度。 第十七条 海外高层次人才来京创业和工作，市政府给予引进人才每人100万元人民币的一次性奖励。 第二十一条 海外高层次人才来京创业和工作，在用人单位聘用期内，对其来京做出名义予以奖励。按其对地方财政收入做出的贡献，以市政府

续表

类别	政策名称（实施时间）	政策对象	待遇标准
8. 资金补贴政策	8.6《北京市促进留学人员来京创业和工作暂行办法》（2009年5月13日）	我国公派或自费出国留学一年以上并已于近期回国的留学人员	第六条 留学人员来京创办企业，通过北京海外学人中心评审的，政府提供10万元企业开办费。
	8.7《北京市人民政府关于进一步加强职业培训工作的意见》（2011年7月6日）	农村转移劳动力、就业困难人员	九、发放培训期间的生活费补贴。
	8.8《北京市人民政府关于进一步做好普通高等学校毕业生就业工作的通知》（2011年10月21日）	高校毕业生到中西部地区和艰苦边远地区县以下基层单位就业的，及参加入伍服义务兵役的	三、对到中西部地区和艰苦边远地区县以下基层单位就业，服务期达到3年以上（含3年）的高校毕业生，以及参加入伍服义务兵役的毕业生，按规定实施相应的学费和助学贷款代偿。
		高校毕业生参加见习实习的	五、合理确定并及时调整基本生活补助标准，基本生活补助费用由见习单位和地方政府分担。见习基地单位应加强见习场所的安全管理，并为参加见习的高校毕业生购买人身意外伤害保险。
		规模较大并有一定社会影响力的企业事业单位	五、鼓励和扶持企业事业单位提供见习机会。见习基地单位为有见习需求的未就业北京生源高校毕业生提供见习机会。见习基地单位支出的见习补贴相关费用，不计入社会保险缴费基数，但符合税收法律法规定的，可以在计算企业所得税应纳税所得额时扣除。
	8.9《退役士兵安置条例》（2011年11月1日）	退役士兵	第二十一条 县级以上地方人民政府退役士兵安置工作主管部门应当组织自主就业的退役士兵参加职业教育和技能培训，经考试考核合格的，发给相应的学历证书、职业资格证书并推荐就业。退役士兵退役1年内参加职业教育和技能培训的，费用由县级以上人民政府承担。第三十五条 退役士兵待安置工作期间，安置地人民政府应当按照不低于当地最低生活水平的标准，按月发给生活补助费。

续表

类别	政策名称（实施时间）	政策对象	待遇标准
8. 资金补贴政策	8.10《北京市扶持集中安置残疾人就业单位实施意见》（2012年9月12日）	集中安置残疾人就业的单位	第八条 为丰富残疾人职工业余文化体育生活，对有条件并自愿建立"残疾人职工之家"的集中就业单位，按购买设备实际支出金额的50%一次性给予设备购置补贴，补贴金额最高不超过10万元。第九条 集中就业单位安排残疾人职工总人数占企业在职职工总人数的25%（不含）以上且多于10人的，可按超出人数每人每年3000元的标准给予超过比例安置残疾人就业奖励。
	8.11《北京市贯彻落实国务院办公厅关于做好2013年全国普通高等学校毕业生就业工作的实施意见》（2013年6月19日）	招收高校毕业生达到一定数量的中小企业项目	二、对招收高校毕业生达到一定数量的中小企业项目，经评审通过的，市和区县两级财政优先考虑安排扶持中小企业发展资金，并优先提供技术改造项目的贷款贴息。
		享受城乡居民最低生活保障家庭的毕业年度内高校毕业生	五、从2013年起，对享受城乡居民最低生活保障家庭的毕业年度内高校毕业生，可给予一次性求职补贴，所需资金按照规定列入就业专项资金支出范围。
	8.12《关于进一步加大创业孵化基地扶持力度 鼓励创业的新创业的意见》（2014年4月4日）	孵化基地	三、鼓励孵化基地将预孵化服务延伸到创业培训工作中，建立创业培训与预孵化对接机制。孵化基地对创业培训定点机构培训学员提供创业项目评估论证、创业地支持、跟踪指导等预孵化服务的，给予一定额度的补助。
	8.13《北京市人民政府办公厅关于做好2014年普通高等学校毕业生就业创业工作的实施方案》（2014年9月19日）	高校毕业生创办企业的	四、提供创业经营场所支持，有条件的区县可制定经营场所租金补贴办法，对符合条件的自主创业大学生按规定给予经营场所租金补贴。
		在京高校内的残疾高校毕业生	六、享受城乡居民最低生活保障家庭的毕业年度内高校的求职补贴要在离校前全部发放到位，同时将在京高校内的残疾高校毕业生纳入享受求职补贴对象范围。
	8.14《关于开展2016年北京市留学人员回国创业启动支持计划申报工作的通知》（2016年1月18日）	符合条件的留学回国人员	四、申报要求（三）我市将组织专家围绕创业项目技术水平、市场前景、风险水平以及申报人和团队的创新能力、经营管理能力对申报材料进行综合评估，遴选出15个左右项目，每个给予约15万元的资金支持。

续表

类别	政策名称（实施时间）	政策对象	待遇标准
8. 资金补贴政策	8.15《关于开展 2016 年度北京市留学人员科技活动项目择优资助申报工作的通知》（2016 年 2 月 15 日）	符合条件的留学人员	二、申报说明 1. 申报项目类别。资助项目分重点、优秀、启动三类。其中，重点项目主要资助留学回国来京人员从事技术创新或科技攻关项目，重大技术改造项目，具有广泛应用前景的研究开发项目；优秀项目主要资助留学回国来京人员主持的省部级重点开发项目，或某一学科领域具有领先水平的研究开发项目；启动项目主要资助新近回国或即将回国的留学人员，从事某一学科或技术领域的研究。 2. 申报项目重点。各单位、各部门要坚持突出重点，围绕中国制造 2025，重点申报我国急需发展的新一代信息技术、高档数控机床和机器人、航空航天装备、海洋工程装备及高技术船舶、先进轨道交通装备、节能与新能源汽车、电力装备、新材料、生物医药及高性能医疗器械、农业机械装备以及环保、金融等领域的创新项目。 3. 项目评审程序。各单位在申报时可不对项目进行类别划分，统一按科研项目申报。在年已获得我市或留学回国人才资助项目经专家评审、领导小组审定，并遴选出 20 个左右优秀项目推荐参加国家人力社保部留学人员科技活动项目择优资助评选。
9. 免费服务政策	9.1《北京市劳动力市场管理条例》（1998 年 9 月 1 日）	持有《求职证》《下岗证》的人员	第二十八条 劳动行政部门指定的职业介绍机构对持有《求职证》《下岗证》的人员，免费提供职业咨询、职业指导和职业介绍。 第二十九条 劳动行政部门指定的职业培训机构对持有《求职证》《下岗证》的人员，免费提供一次职业培训；对培训结业的人员，由劳动行政部门指定的职业技能鉴定机构免费为其进行职业技能鉴定。

续表

类别	政策名称（实施时间）	政策对象	待遇标准
	9.2 《关于建立用人单位空岗报告制度的通知》（2003年7月21日）	本市行政区域内的国家机关、企业、事业单位、社会团体、个体经济组织，履行空岗报告的	四、免费享受公职介机构提供的政策咨询、个人求职信息网络查询、用人指导、工资价位指导和日常推荐服务。
	9.3 《北京市劳动和社会保障局、北京市人事局、北京市财政局关于促进随军家属就业有关问题的通知》（2008年1月1日）	随军家属	一、本通知所称随军家属，是指符合随军条件，经军队批准随军且初次进京落户的部队现役军官、文职干部和士官的配偶。 四、将随军家属纳入北京市就业服务体系。本市各级公共就业服务机构要根据随军家属的特点及求职意向，为其免费开展职业指导、职业介绍、职业培训等就业服务。
9. 免费服务政策	9.4 《北京市人民政府关于实施稳定就业扩大就业六项措施的通知》（2009年4月1日）	城镇失业人员、本市有转移就业愿望的农村劳动力、来京的农民工	四、扩大免费职业技能培训享受范围，由城镇就业转失业人员扩大到所有城镇失业人员；扩大免费创业培训享受范围，由本市有转移就业愿望的农村劳动力一并享受。提供岗位信息、就业推荐、职业指导、政策咨询、招聘洽谈等免费就业服务。全市各级公共就业服务机构全部免费开放，鼓励社会职业中介机构提供免费服务，并给予适当职业介绍补贴。启动来京农民工职业技能特别培训计划，鼓励来京农民工较集中的企业和居民生活急需的家政、护理等行业，开展免费职业技能培训，并给予适当职业培训补贴。
	9.5 《北京卫戍区关于落实国务院中央军委文件精神加强退役士兵职业教育和技能培训工作的通知》（2011年8月4日）	本市退役士兵	三、各类公共就业服务机构要及时为退役士兵免费提供就业信息、职业介绍等服务，搭建退役士兵就业平台。

续表

类别	政策名称（实施时间）	政策对象	待遇标准
	9.6《关于营造创新创业环境推进创业带动就业工作的指导意见》（2011年12月5日）	城镇登记失业人员、农村转移就业劳动力，本市户籍应届及毕业2年内未就业的高校毕业生、复员转业军人	三、可结合自身条件及创业需求，参加一次免费创业培训、创业培训补贴资金从就业再就业资金中按相关政策规定支出。
	9.7《北京市实施〈中华人民共和国残疾人保障法〉办法》（2012年3月1日）	残疾人	第三十条 政府举办的公共就业服务机构和各级残疾人联合会所属的残疾人就业服务机构应当免费为残疾人提供职业培训、岗位推荐等就业服务。
9.免费服务政策	9.8《关于实现创业的毕业年度内高校在校生办理〈就业创业证〉有关问题的通知》（2015年10月26日）	实现创业的毕业年度内高校在校生	二、本市实现创业的毕业年度内高校在校生免费申领《就业创业证》，可按规定申请享受税收优惠政策。本市对实现创业的毕业年度内普通高校在校生实行劳动力储备管理。 三、实现创业的毕业年度内高校在校生（本市生源成人高校在校生除外）可直接向创业地区县人力资源和社会保障局（以下简称区县人力社保局）申领《就业创业证》，或委托所在高校就业指导中心向高校所在地区县人力社保局代为申领。
	9.9《关于调整城乡就业制度有关问题的通知》（2017年2月9日）	办理实现灵活就业人员、"零就业家庭"认定、"纯农就业家庭"认定的申请人	二、相关的业务按照以下规定办理，办理结果应及时告知申请人。 （一）办理实现灵活就业人员个人就业登记、"零就业家庭"认定、"纯农就业家庭"认定业务时，对申请人提供的申请材料之日起3个工作日内，对申请人进行核实，经核实一致的，按照相关文件规定办理登记（或认定）手续；不一致的，不予办理登记（或认定）手续。 （二）"零就业家庭"认定中，申请人失业登记地与居住地不一致的，失业登记地街道（乡镇）社会保障事务所应向申请人居住地发出《关于协助核实"零就业家庭"劳动力情况的函》，居住地街道（乡镇）社会保障事务所应自收到之日起3个工作日内对有关情况进行核实，填写《"零就业家庭"社会（镇）劳动力调查核实记录表》。

续表

类别	政策名称（实施时间）	政策对象	待遇标准
	9.9《关于调整城乡就业制度有关问题的通知》（2017年2月9日）	办理实现灵活就业人员个人就业登记、"零就业家庭"认定、"纯农就业家庭"认定的申请人	（三）办理中止灵活就业人员失业登记业务时，街道（乡镇）社会保障事务所应根据申请人档案记载和个人声明，对申请人失业登记手续进行核实，经核实、经核实与个人提供情况不一致的，为申请人办理失业登记手续。街道（乡镇）社会保障事务所应告知申请人按照79号文件规定提交相关办理材料。
9.免费服务政策	9.10《关于进一步调整城乡就业管理服务的有关问题的通知》（2017年8月16日）	申请就业管理服务的城乡劳动者	三、上述业务经办材料调整或取消后，相应业务按照以下规定办理。 （一）79号文件规定的失业人员在个人档案转移前，须提交《关于调整城乡就业的个人声明》，个人档案转移地应与失业登记地一致。个人档案转移后，按照79号文件规定办理失业登记等相关手续。 （二）79号文件规定的登记失业人员申请办理失业登记地变更的，申请人须向原失业登记街道（乡镇）社会保障事务所（以下简称"街道""社保"）提交《个人居住地声明》，户口变迁证明。 （三）79号文件规定的退学学生申请办理就业登记或失业登记的，须向街道社保所提交《退学学生个人声明》，并按79号文件及《关于调整城乡就业的通知》（京人社就〔2017〕32号，以下简称32号文件）规定提交相关材料。街道社保所对申请人的退学学生身份，为其办理就业登记或失业登记等材料对其前身份进行核实。 （四）233号文件规定的城市化建设地区农村劳动力在常住地申请办理失业登记或换发证件的，申请人须向常住地街道社保所提交《个人居住地声明》，并按照79号文件和32号文件规定提供相关材料。 （五）48号文件规定的农村劳动力申请办理注销就业登记手续的，需提交本人签字的《注销农村劳动力登记申请》等材料，乡镇社会保障事务所对申请人提交的材料进行审核，审核无误的，依据本人申请，为其办理注销登记手续，并按照48号文件规定办理《转移就业证》整理封存及《转移就业证》回收、销毁等。

续表

类别	政策名称（实施时间）	政策对象	待遇标准
9. 免费服务政策	9.10《关于进一步调整城乡就业管理制度有关问题的通知》（2017年8月16日）	申请就业管理服务的城乡劳动者	（六）进一步贯彻落实北京市农村劳动力转移就业管理办法和 48 号文件规定，加强对农村劳动力的动态管理和跟踪服务。经村级就业服务站依据站走访发现农村登记劳动力具有下列情形的，乡镇社会保障事务所所依据相应法定证明材料，为其办理注销登记手续。妥善留存材料备查，村级就业服务站填写的《就业经历登记录表》应整理并归入农村劳动力《转移就业档案》。1. 取得本市非农业户口的；2. 办理经历登记手续的；3. 移居境外或取得外国籍的；4. 超过法定劳动年龄的；5. 完全丧失劳动能力的；6. 被判刑收监执行的；7. 其他不纳入农村劳动力转移就业管理范围的。
10. 开业管制政策	10.1《北京市人才市场管理条例》（1998年1月1日）	人才市场中介服务机构	第六条　设立人才市场中介服务机构（含兼营人才中介服务业务的单位）应当符合下列条件： （一）有与申请业务相适应的固定场所和开展人才市场中介服务业务必备的经费、设施等； （二）专职工作人员不少于五人，其中从事人才市场中介服务业务的人员需要具有大专以上学历，并接受过系统的人事管理专业培训； （三）有健全可行的工作规则； （四）国家和本市规定的其他条件。 个人不得设立人才市场中介服务机构。 第七条　设立人才市场中介服务机构须经市人事局批准。区、县所属单位以及民营单位设立人才市场中介服务机构，应当由所在区、县人事局初审后报市人事局审批，从其规定。 第八条　市人事局应当在接到申请之日起 30 日内对经审核符合规定条件的单位，予以批准，发给《北京市人才市场中介服务许可证》；对不符合规定条件的单位不予批准，并向申请单位说明理由。 本市对《许可证》实行年审制度。

225

类别	政策名称（实施时间）	政策对象	待遇标准
	10.2《北京市劳动力市场管理条例》（1998年9月1日）	法人、其他组织和公民开办的职业介绍机构	第十九条　开办职业介绍机构，必须向市劳动行政部门提出申请。市劳动行政部门自接到申请之日起30日内，对符合规定条件的予以批准，发给《北京市职业介绍许可证》；对不符合规定条件的不予批准，并说明理由。《许可证》由市劳动行政部门统一制作。 第二十条　市劳动行政部门对《许可证》实行年审制度。 职业介绍业务终止或者《许可证》变更，应当到原发证机关办理有关手续。
10.开业管制政策	10.3《北京市职业介绍管理规定》（2000年6月18日）	本市行政区域内开办职业介绍机构	第五条　开办以职业介绍为主营业务的职业介绍机构应当具备下列条件： （一）有明确的职业介绍服务对象、方式、内容等业务范围； （二）有与业务范围相适应的使用面积不少于50平方米的固定场所和办公设施； （三）有不少于10万元的资金； （四）有不少于5人的专职工作人员； （五）法律、法规规定的其他应当具备的条件。 兼营职业介绍业务的其他机构除应当具备规定的条件外，申办的职业介绍业务应当与主营业务相关。 第八条　申办者取得《许可证》和国家法律、法规规定程序报送相关资料。从事职业介绍活动。 职业介绍机构申请开办分支机构，应当按照规定程序报送相关资料。 第九条　职业介绍机构变更经营地点、业务范围应当报市劳动保障局批准，并办理变更手续。 第十条　职业介绍机构中从事职业介绍工作的人员必须接受市劳动保障局的资格考核，取得全市统一的《北京市职业介绍资格证书》后，方可从事职业介绍业务工作。 第十一条　市劳动保障局对《许可证》实行年审制度。

续表

类别	政策名称（实施时间）	政策对象	待遇标准
	10.4《北京市人民政府贯彻落实国务院关于进一步加强就业再就业工作文件的通知》（2006年2月28日）	有劳动能力和就业愿望的城镇登记失业人员，国有企业关闭破产、调整搬迁需要安置的城镇职工，自谋职业、自主创业、合伙创办小企业的	在城市规划建设和整治环境时，要统筹解决好其经营场地问题。
10. 开业管制政策	10.5《北京市劳动就业服务企业管理实施办法》（2007年11月23日）	本市行政区域内劳动就业服务企业	第四条 劳动就业服务企业必须符合下列条件：（一）企业开办时，城镇待业人员占从业人员的60%以上（含60%）；（二）企业存续期间留存的城镇待业人员的比例不低于从业人员的10%（含10%）。本条前款所称城镇待业人员，是指本市城镇居民中持有劳动行政部门核发的《求职证》的人员。第五条 开办劳动就业服务企业，经工商行政管理部门核准登记，领取《企业执照》或者《营业执照》后，由同级劳动行政部门认定劳动就业服务企业性质。第六条 经劳动行政部门认定劳动就业服务企业，由劳动行政部门颁发《劳动就业服务企业证书》。无《劳动就业服务企业证书》的企业，不得以劳动就业服务企业的名义进行生产经营活动，不得享受国家有关扶持政策。
	10.6《国务院办公厅转发人力资源社会保障部等部门〈关于促进以创业带动就业工作指导意见〉的通知》（2008年10月29日）	高校毕业生、失业人员、返乡农民工、军队复员员转业人员、留学回国人员	二、在法律、法规规定许可的范围内，对初创企业，可按照行业特点，合理设置资金、人员等准入条件，并允许注册资金分期到位。按照法律、法规规定的条件、程序和合同约定允许创业者将家庭住所、租借房、临时商业用房等作为创业经营场所。

续表

类别	政策名称（实施时间）	政策对象	待遇标准
10. 开业扶持政策	10.7《北京市贯彻落实国务院办公厅关于做好2013年全国普通高等学校毕业生就业工作文件的实施意见》（2013年6月19日）	高校毕业生创办公司制企业的	三、对于高校毕业生创办公司制企业的，投资人可以专利技术、非专利技术、股权等非货币资产出资；对其注册资本在50万元以下的，可按照出资人的约定，自公司成立之日起2年内分期缴足。
11. 经营管制政策	11.1《北京市人才市场管理条例》（1998年1月1日）	人才市场中介服务机构	第十条 人才市场中介服务机构经核准可以从事下列业务：（一）人才供求信息的收集、发布和咨询服务；（二）人才的登记、推荐服务；（三）开展人才素质测评，智力开发服务；（四）组织人才培训；（五）法律、法规允许的其他有关业务。第十一条 市和区、县人事局设立的人才市场中介服务机构，按照国家有关规定可以从事的人才流动人员人事档案管理及其相关业务。其他人才中介服务机构不得从事人员人事档案管理及相关业务。第十二条 人才市场中介服务机构必须持有《许可证》，不得超越《许可证》核准的业务范围经营。第十四条 举办人才招聘洽谈会，主办单位必须持有《许可证》并具有此项业务的人才中介服务机构，其名称、内容必须符合主办单位的业务范围以及国家和本市的有关规定。第十五条 举办人才招聘洽谈会的，主办单位应当写明洽谈会的名称、地点、时间、规模和内容，市人事局应当在接到申请之日起十日内作出决定。经审查批准的，发给《人才招聘洽谈会批准书》；不予批准的，应当向申请单位说明理由。

续表

类别	政策名称（实施时间）	政策对象	待遇标准
	11.2《北京市劳动力市场管理条例》（1998 年 9 月 1 日）	法人、其他组织和公民开办的职业介绍机构	第二十一条　职业介绍机构可以从事下列业务：（一）求职、用人登记，用人推荐；（二）职业指导、咨询服务；（三）职业供求、职业培训信息的收集和发布；（四）组织职业招聘洽谈会；（五）介绍地区之间、单位之间的劳务输出与输入；（六）介绍家政服务人员；（七）与职业介绍有关的其他业务。 职业介绍机构从事的业务范围，必须与劳动行政部门批准的业务范围相一致。 第二十二条　市和区、县劳动行政部门指定的职业介绍机构，可以从事人事档案管理及相关业务。 第二十三条　职业介绍机构组织各类职业招聘洽谈会，应当向市劳动行政部门提出书面申请，市劳动行政部门自接到申请之日起 10 日内作出批准或者不予批准的决定。批准的，发给《招聘洽谈会批准书》；不予批准的，说明理由。职业介绍机构应当持《招聘洽谈会批准书》向市公安部门申报送安全保卫方案，市公安部门自接到安全保卫方案之日起 10 日内，对符合条件的予以批准，对不符合条件的不予批准，并说明理由。 未经劳动行政部门和公安部门批准，职业介绍机构不得举办职业招聘洽谈会，也不得通过新闻媒体刊登、播放职业招聘洽谈会启事。
11. 经营管制政策	11.3《北京市职业介绍管理规定》（2000 年 6 月 18 日）	本市行政区域内开办职业介绍机构	第十二条　职业介绍机构举办职业介绍洽谈会，通过新闻媒介发布职业介绍洽谈会广告，必须经市劳动局批准。 第十六条　获准举办招聘会的单位，擅自变更招聘会内容的，视同未经批准举办招聘会。如确需变更有关内容，应当向市劳动保障局提出申请，说明变更项目及理由，并附有关证明材料。 第十七条　招聘会举办单位应于招聘会结束之日起 5 日内，将招聘会情况报告交市劳动保障局备案。 第十九条　在固定的地点举办日常定期小型招聘会（参展单位 200 家以下），应当向市劳动保障局提出申请，经批准后方可举办。

续表

类别	政策名称（实施时间）	政策对象	待遇标准
	11.3《北京市职业介绍管理规定》（2000年6月18日）	本市行政区域内开办职业介绍机构	定期小型招聘会的主办单位，要严格按照批准的规模、时间、地点、频率举办招聘会，不得擅自更改。 第二十一条 职业介绍机构及用人单位发布、刊播、张贴招工、招聘广告，需经市和区、县劳动保障局核准后按有关规定办理。
	11.4《鼓励职业中介机构开展公共就业服务的职业介绍补贴试行办法》（2009年8月7日）	取得职业中介行政许可的职业中介机构	第五条 职业中介机构开展公共就业服务需符合下列条件： （一）依法取得职业中介行政许可且正常开展职业介绍服务满三年及以上； （二）按照法律法规政策要求开展职业介绍服务且没有任何违法违规行为； （三）连续三年的年均职业介绍成功人数达到500人以上； （四）具备成为北京市劳动力市场信息系统网员单位的硬件设备及技术保障力量； （五）能够公开向社会承诺自愿开展公共就业服务； （六）市人力资源保障局要求的其他条件。 第六条 市人力资源保障局于每年年审期内，对自愿提供公共就业服务的职业中介机构进行集中评选，经确认职业中介机构应在批准的时限内按要求提供公共就业服务，享受职业介绍补贴。
11.经营管制政策	11.5《北京市人力资源服务机构2016年组织小型定期招聘会的行政许可通告》（2015年12月25日）	人力资源服务机构	根据人力资源市场相关法规，经审核，对北京市人才开发中心等27家人力资源服务机构于2016年1月1日至2016年12月31日组织小型定期招聘会的申请予以行政许可。各办会机构应严格按照现行政许可的办会规定，切实履行公共安全、卫生防疫等组织责任。因特殊情况不能如期举办招聘会，应按照相关规定提前向社会公告并向主管部门报告，同时妥善处理相关事宜。

续表

类别	政策名称（实施时间）	政策对象	待遇标准
	11.6 《关于取消招聘会行政许可 加强事中事后监管的通知》（2016年12月15日）	人力资源服务机构	一、取消招聘会行政许可 根据北京市第十四届人民代表大会常务委员会第28号公告《北京市人民代表大会常务委员会关于修改部分地方性法规的决定》，取消人才招聘洽谈会和职业介绍洽谈会行政许可。招聘会属于大型群众性活动的，人力资源服务机构应当按照大型群众性活动安全管理的相关规定，落实安全管理责任。 二、建立备案信息发布和统计制度 《人力资源服务许可证》有"招聘会"业务的人力资源服务机构（以下简称"办会机构"）举办定期招聘会或不定期招聘会实行分级管理。（一）备案；（二）信息发布；（三）统计。 三、加强招聘会监督管理 按照"谁主办、谁负责"的原则，办会机构对其举办招聘会的安全负责，办会机构主要负责人为招聘会的安全责任人。市、区人力社保局依法做好招聘会的业务指导和监管工作。
11. 经营管制政策	11.7 《关于深化推进民办职业技能培训机构审批管理工作的通知》（2017年1月24日）	北京市民办职业技能培训学校	一、按照深化推进行政审批制度改革的要求，将原《北京市民办职业技能培训学校管理办法（试行）》的名称调整为《北京市劳动和社会保障局关于民办职业技能培训学校管理办法》（京劳社培发〔2007〕77号）做出以下调整： （一）举办国家职业资格三级（高级）及以上职业（工种）、国家统考职业（工种）的民办培训学校，由区人力资源社会保障行政管理部门负责审批，并抄送同级教育行政部门备案。 （二）民办职业技能培训机构各项材料，市人力资源和社会保障行政管理部门不再备案。 （三）启用新版《北京市民办职业技能培训学校审批表》。

北京市就业质量水平评价指标重要性的调查问卷

北京市就业质量水平评价指标重要性的调查问卷

尊敬的专家:

　　您好!

　　感谢您抽出时间填写此份问卷。我们正在进行北京市社会科学基金项目"北京市就业质量水平评价及完善就业政策研究"(项目编号:15JGB132)的研究工作,鉴于您在就业质量研究或实践工作上的权威地位,我们特邀请您为北京市就业质量水平评价指标的重要性进行比较和评价。您的判断将为我们确定该项指标的权重,提供重要依据。同时,我们承诺,您的观点仅供本项课题研究使用!请您放心作答,并感谢您的支持!

课题组

说明:

　　1.以下是就业质量水平各项评价指标的两两比较表,请您在表格中打分,对应分值如下:

分值	1	3	5	7	9	2, 4, 6, 8,
指标 A 比指标 B	同样重要	略重要	较重要	非常重要	绝对重要	介于相邻分值中间
分值	—	1/3	1/5	1/7	1/9	1/2, 1/4, 1/6, 1/8
指标 A 比指标 B	—	略不重要	较不重要	非常不重要	绝对不重要	介于相邻分值之间

2. 纵列指标是指标 A，横列指标是指标 B。

表 1　　　　　北京市就业质量水平一级评价指标两两比较表

就业质量状况	1. 劳动力市场就业机会	2. 就业稳定性	3. 工作安全性	4. 收入保障性	5. 劳动关系和谐度
1. 劳动力市场就业机会	—				
2. 就业稳定性		—			
3. 工作安全性			—		
4. 收入保障性				—	
5. 劳动关系和谐度					—

表 2　　　　　北京市就业质量水平二级评价指标两两比较表

1. 劳动力市场就业机会	城镇登记失业率	城镇新增就业弹性	2. 就业稳定性	单位从业人数比例	工会会员人数比例
城镇登记失业率	—		单位从业人数比例	—	
城镇新增就业弹性		—	工会会员人数比例		—
3. 工作安全性	产均工伤事件发生率	工伤事故死亡率	4. 收入保障性	最低工资保护程度	社会保险保护程度
产均工伤事件发生率	—		最低工资保护程度	—	
工伤事故死亡率		—	社会保险保护程度		—
5. 劳动关系和谐度	劳均劳动争议案件发生率	劳动争议劳动者当事人数比例			
劳均劳动争议案件发生率	—				
劳动争议劳动者当事人数比例		—			

后　记

　　这部专著的缘起是我主持的北京市社会科学基金一般项目"北京市就业质量水平评价及完善就业政策研究"（项目编号：15JGB132）。北京市社会科学基金项目是我从事科研工作以来获得的第一个省部级项目，对我的事业发展具有里程碑式的意义。经过两年多的不懈努力，项目圆满结束，成果评审鉴定获得了"优秀"等级。

　　要做事，就应当付出百倍努力把事情做好，不留遗憾。尤其是对自己所钟爱的科研事业，要久久为功，一步一个脚印。《北京市实现更高质量就业评价研究》是我的第四本专著。值此著作付梓之际，表达我最诚挚的敬意和谢意！

　　感谢中国宏观经济研究院各位领导和同事的关心和帮助！能够在中国宏观经济研究院社会发展研究所工作，是我人生一大幸事。中国宏观经济研究院是国家发展和改革委员会直属的研究机构，2015年11月，宏观院成为首批国家高端智库建设试点单位。身为宏观院的一名科研人员，我怀有强烈的使命感和责任感。

　　感谢首都经济贸易大学劳动经济学院原院长、我的研究生导师杨河清教授！虽然离开校园已有多年，但是老师的关心和帮助却始终相伴，给了我克服困难的勇气和信心。老师严谨认真的治学态度和孜孜以求的探索精神，一直鼓舞着我前行，成为我攻克任何科研难关最宝贵的思想内核。

　　感谢在课题研究过程中以及成果转化的后续阶段给予我无私帮助

的老师、朋友、同学和师门的兄弟姐妹！是您们的存在，让我的人生色彩斑斓，温暖如春。

感谢我的父母和家人！我的每一点进步和成绩，都离不开家人的理解和支持。

新时代赋予了劳动科学研究者新的使命和任务，尤其是青年科研人员，应当勇于担当，无怨无悔。学无止境，研无尽头，青年科研人员要抓住机遇、迎接挑战，百尺竿头，更进一步！

感谢中国社会科学出版社编辑老师严谨负责、专业高效的工作态度。本书在写作中参考了大量的专著、论文、工作报告（含研究类和调研类）、互联网文章等公开出版或发布的文献材料。在每一章均以页下注和参考文献的方式列出。在此，向国内外学术界的诸位研究前辈和同行学者表达真诚的感谢和向您们致敬！本书难免存在疏漏之处，恳请广大读者批评指正。

王阳

2020 年 6 月